Jean RENOUF

Code Vagnon
Toutes les manœuvres du bateau à moteur

De quai, de mouillage et de gros temps

3e édition

VAGNON

L'éditeur remercie les organismes qui ont bien voulu lui donner leur accord pour des reproductions d'ouvrages.

Autorisations de reproduction :

- des cartes du SHOM n° 7032 et 7033 du Service hydrographique et océanographique de la Marine selon l'autorisation de reproduction n° 771/2000 - ne pas utiliser pour la navigation, en pages 107, 181, 182, 183, 186 et 188 de ce code ;

- de *l'Annuaire des marées 2000 - Tome 1 - Ports de France* du Service hydrographique et océanographique de la Marine, selon l'autorisation de reproduction n° 771/2000 - ne pas utiliser pour la navigation, en page 219 de ce code ;

- du catalogue Plastimo®, en pages 85 et 90 de ce code.

Crédits photographiques : © Jean Renouf sauf © Jeanlin Henry pages 31, 184, 233, 261 et une de couverture.

Crédits dessins : © Jacques Boutry (dessins au trait) ; © La Compagnie des éditions de la Lesse (colorisation).

ISBN : 978-2-85725-534-5

Sommaire

Encore neuf

Vedette en route.

Grosse unité.

Modèle récent.

... et accidenté

Abîmé contre un quai.

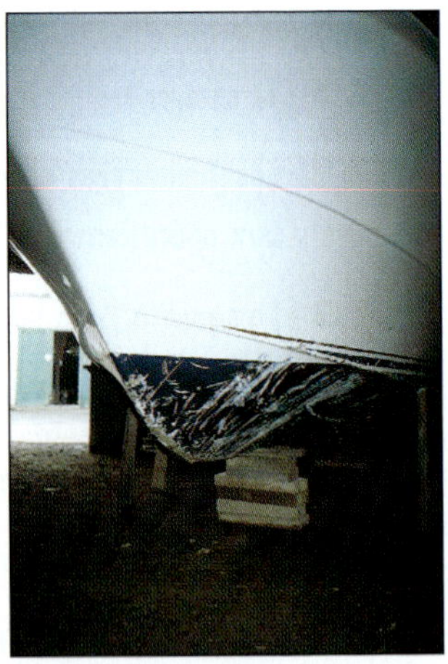

Choc sous étrave.

Le plus grand danger, pour un bateau neuf, reste son propriétaire dès lors qu'il veut s'en servir, sans connaître au moins la théorie.

Manœuvrer, nécessité de la théorie

Manœuvrer, c'est :
par excellence exercer sa fonction de capitaine,
montrer sa compétence et prendre le risque de l'échec,
assumer une responsabilité entière et constante,
et enfin savourer le plaisir de la manœuvre menée à bien
avec une assurance tranquille.

Pour nous, capitaines en plaisance, une journée de navigation est toujours un moment de bonheur. Malheureusement, pour la plupart d'entre nous, les programmes de loisirs nautiques sont fréquemment réduits pour toutes sortes de raisons familiales ou professionnelles. Il en résulte que les membres de notre honorable corporation, anciens comme nouveaux venus, souffrent d'un sous-entraînement chronique.

On voit ainsi de belles journées de navigation se terminer par une arrivée peu glorieuse au port. Il advient même que, malgré la dilution des responsabilités qui ont conduit à ce piètre résultat, on ne puisse empêcher que le prestige du capitaine en soit plus ou moins éclaboussé.

Le meilleur moyen de lutter contre cette situation regrettable, est d'acquérir de bonnes connaissances théoriques. Cette étude peut se faire au coin du feu par des temps où il aurait été incongru de suggérer une sortie en mer. On se replonge ainsi dans son loisir favori, sans impliquer la famille et tout est pour le mieux.

Tous les marins du monde commencent par la théorie et celle-ci occupe plus de la moitié du temps imparti à la formation à la manœuvre. Les marins en plaisance seraient bien les seuls à posséder une aptitude innée suffisante pour être brillants en se limitant à une pratique occasionnelle. Certes, le fait qu'ils soient en même temps capitaine et armateur limite beaucoup la dimension de leurs navires. Mais, sur les petits navires aussi, la connaissance des principes généraux reste essentielle. **C'est pourquoi sont réunies dans ce manuel les méthodes les plus couramment admises pour la manœuvre des vedettes à moteur.**

Celles énoncées ici s'adressent à des yachts n'excédant pas 18 à 20 mètres et déplaçant au plus 25 à 30 tonnes. Elles sont applicables avec profit à des bateaux de 5 mètres déplaçant 500 kg. Les nouveaux propriétaires pourront ainsi, par l'acquisition de connaissances théoriques de base et la lecture de nombreux exemples pratiques, rentabiliser au mieux leurs sorties en mer et compenser un manque éventuel d'accoutumance.

1. Théorie et principes généraux

Notions

Il faut parfois revenir à des notions mathématiques de base pour comprendre parfaitement des phénomènes dont nous avons une perception seulement intuitive et parfois confuse.

Chacun sait ce qu'est :
- une masse [1]
- une force [2]
- une accélération [3]

Le principe fondamental est que :
1. L'accélération est proportionnelle à la force
2. L'accélération est inversement proportionnelle à la masse[4]
d'où il résulte que la masse du bateau et la force propulsive sont deux éléments essentiels à prendre en compte pour la manœuvre.
L'inertie : un corps au repos à tendance à le rester, un corps en mouvement à tendance à continuer. La Masse caractérise l'inertie.
L'énergie cinétique : c'est la quantité de travail qui s'emmagasine dans un corps qu'on déplace. On démontre que l'énergie emmagasinée dans le bateau, qui se déplace, est fonction du carré de sa vitesse[5].

Quand on va deux fois plus vite, il faut quatre fois plus d'énergie pour s'arrêter.

Un bateau qui arrive près du quai à quatre nœuds au lieu d'arriver à un nœud, aura besoin de seize fois plus d'énergie pour s'arrêter.

Conclusion : la masse du bateau et la puissance du moteur sont des données essentielles de la manœuvrabilité. Une puissance installée importante, c'est la tendance actuelle, donnera un bateau très manœuvrant.

Mais on devra compter aussi avec l'effet évolutif de l'hélice, le comportement spécifique de la carène et des appendices, quilles, ailerons, flaps, etc.
Enfin, une superstructure importante viendra modifier considérablement le comportement dès qu'on évoluera dans un vent établi.

(1) *M exprimée en kg*

(2) *F exprimée en newton, qui modifiera la vitesse de M*

(3) *γ variation de la vitesse dans l'unité de temps, exprimée en mètres/seconde par seconde*

(4) $\gamma = \frac{F}{M}$ *ou* $F = M\gamma$

(5) $W : \frac{1}{2} M V^2$ *W énergie en joules, M masse en kg, V vitesse en mètres/seconde*

■ Corps libre, corps guidé

Un corps guidé a des liaisons ou des points de contact avec l'extérieur.
Exemples : un train avance en suivant ses rails, une automobile avance guidée par ses roues (tant qu'elles conservent leur adhérence sur le sol). Plus précisément, une automobile pivote autour de ses roues arrière et décrit une trajectoire obligée déterminée par l'orientation des roues avant.
Un corps libre n'a pas, par définition, de liaisons avec le sol. Il se déplace suivant la résultante des forces qui s'appliquent sur lui en son centre de gravité.

Un navire se comporte comme un corps libre.

Si les forces qui s'appliquent sur lui ne s'équilibrent pas, il se déplace suivant la force résultante, en un mouvement uniformément accéléré. Sa vitesse se stabilise quand la résistance de l'eau équilibre la force qui le met en mouvement.
Voici quelques-unes des raisons pour lesquelles notre bateau, contrairement à une automobile, suit avec inertie des trajectoires hors de la direction que montre l'étrave, et, pourquoi il lui arrive même sans vent ni courant de « marcher en crabe ».

Navire traversant un chenal avec courant

La trajectoire suivie par le navire ne correspond pas à la direction montrée par l'étrave (ici à cause du courant).

Voyons maintenant l'effet des éléments essentiels du navire sur lesquels nous pourrons agir : le gouvernail, le propulseur, les commandes accessoires = flaps ou trim.

LE GOUVERNAIL

Description du gouvernail

On appelle « gouvernail » ou safran de gouvernail le plan orientable qui sert à « gouverner » le navire. On appelle « mécanisme de gouvernail ou de barre » le dispositif de transmission quand il existe(1).
On appelle « barre ou roue de barre » la commande qui est sous la main du pilote (barreur). Cela peut être une barre de bois ou une roue ou un volant.
Le gouvernail a pour mission de permettre le contrôle des évolutions, de maintenir le bateau à son cap en route libre et de lutter contre les effets de la mer lorsqu'elle est agitée.
Les mécanismes de transmission sont variés :
- vis sans fin et pignons,
- ou pignon, chaîne et drosse,
- ou encore flexible et roue dentée.

Les navires plus importants sont équipés de transmissions hydrauliques ou mixtes (flexible plus hydraulique, électrique plus hydraulique).
Le safran de gouvernail est tantôt suspendu, c'est-à-dire tenu seulement d'en haut par son axe, tantôt renforcé par une mèche, tantôt repris en bas par une pièce en liaison avec la quille par une crapaudine (parfois démontable).

La barre franche.

(1) *Dans ce cas, le règlement français impose une barre de secours.*

Le volant.

La roue de barre.

Transmission par câbles sous gaine.

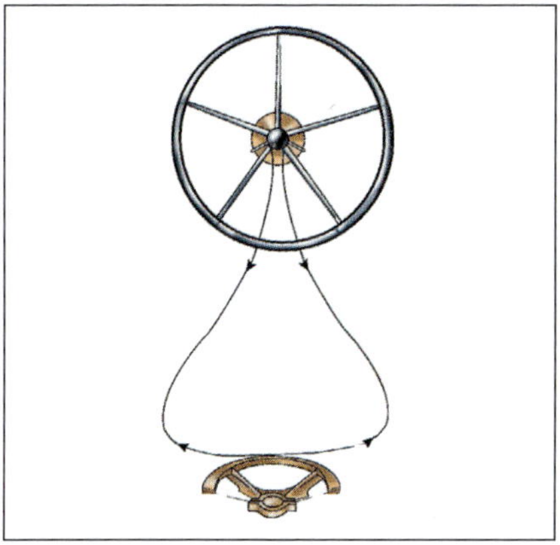

Drosses : montages de principe (procédé ancien).

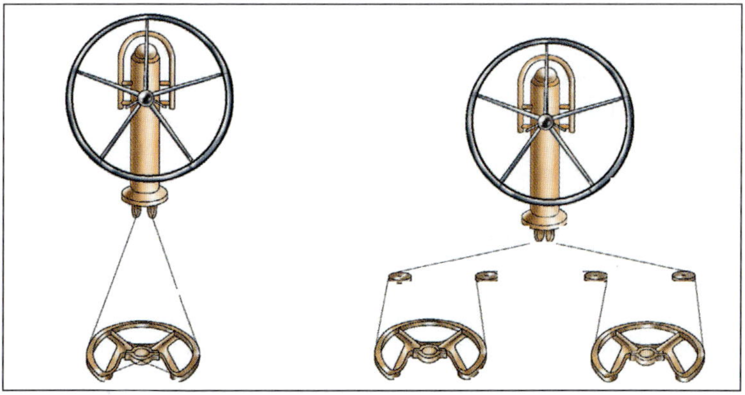

Un seul safran. *2 safrans.*

Souvent, il est légèrement compensé : la tôle du safran déborde un peu à l'avant de l'axe. Cette partie aide à la rotation du gouvernail quand elle se présente obliquement par rapport aux filets d'eau qui s'écoulent sous le navire.
Le gouvernail est en principe placé immédiatement derrière l'hélice. Il en résulte que son efficacité est directement liée à la vitesse et au sens de rotation de celle-ci, qui projette sur lui un flux d'eau. La vitesse de ce flux est parfois différente de la vitesse du navire lui-même.

Différents types de gouvernail

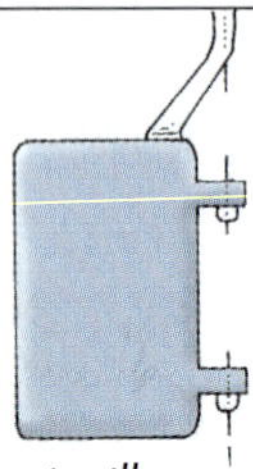
A deux aiguillots non compensé.

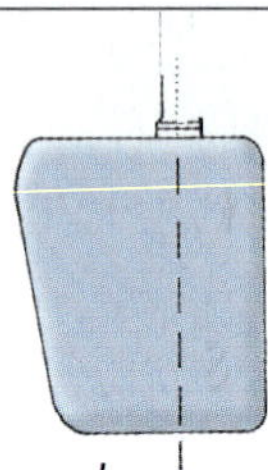
Suspendu et compensé.

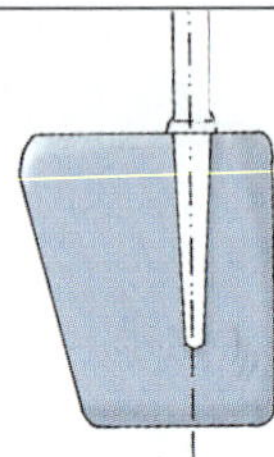
A mèche compensé.

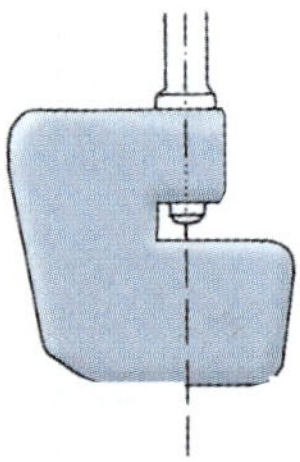
Semi-suspendu à bec de compensation.

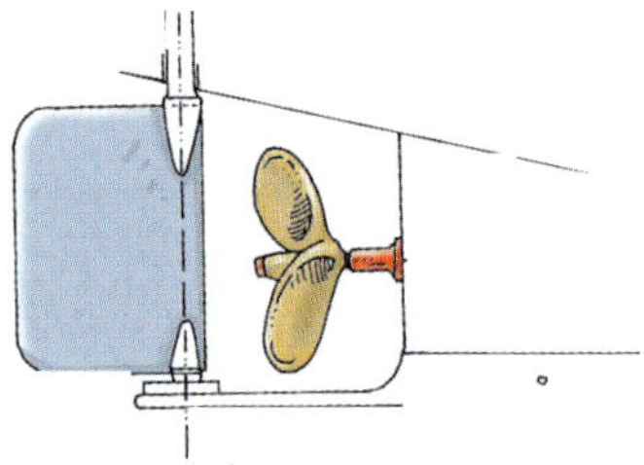
A crapaudine non compensé.

Il peut donc arriver sur un bateau en route en avant, mais dont l'hélice bat en arrière, que le gouvernail devienne inefficace. Enfin le gouvernail possède en général deux butées qui limitent son débattement à 35° de part et d'autre. L'expérience ayant montré que l'efficacité maximum est atteinte pour cet angle.

Principe

La poussée des filets d'eau sur le plan incliné que constitue le gouvernail orienté provoque un moment d'évolution qui est proportionnel :
- à la vitesse de l'eau,
- à la superficie du gouvernail,
- à l'angle de la barre,
- à la distance qui sépare le gouvernail du centre de gravité du navire.

On voit que :
- plus le bateau prend de la vitesse, plus il manœuvre facilement,
- plus le gouvernail est à l'arrière et plus il est grand, plus il est efficace.

C'est en l'orientant à l'angle maximum (en mettant « barre toute ») qu'on virera au plus court.
Mais les bateaux à moteur rapides sont munis de petits gouvernails car ils doivent être très robustes pour résister aux fortes contraintes des grandes vitesses. Leur barre est donc peu efficace à basse vitesse.

Enfin, l'orientation du gouvernail provoquera deux effets parasites :
- une force de résistance à l'avancement (r),
- une force de dérive vers l'extérieur du virage (d).

LE MOMENT D'ÉVOLUTION

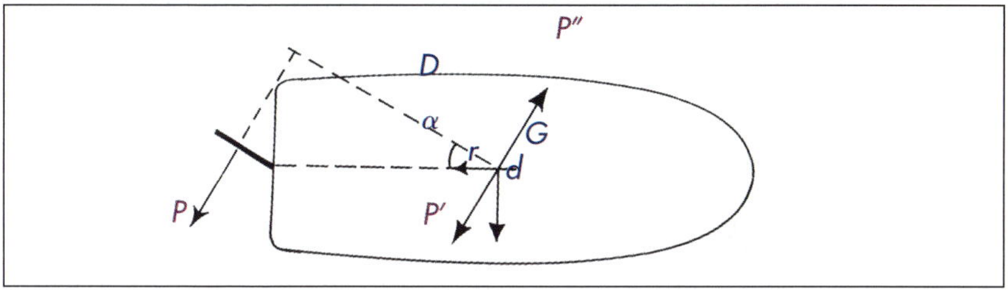

Conclusion : le croquis ci-dessus et les expériences qu'on peut faire sur l'eau, montrent que sur un bateau qui vire à gauche, ce n'est pas l'avant qui s'oriente vers la gauche, mais l'arrière qui chasse, qui dérape vers tribord.
Les conséquences sont bien sûr identiques, mais la trajectoire et l'espace nécessaire à l'évolution sont différents.

■ L'effet pratique

L'observation des évolutions d'un navire donné nous amène aux constatations suivantes :
- si **on augmente l'angle de barre**, le diamètre et la durée de la giration diminuent. Comme on pouvait s'y attendre, le navire tourne plus court et plus vite.
- si **on augmente la vitesse**, la durée de giration diminue, ce qui n'est pas très important; par contre, le diamètre de la giration augmente, ce qui peut être gênant, notre bateau tourne plus vite, mais plus large.

Notons donc qu'à l'inverse, **réduire la vitesse** en virage **réduit le rayon** du virage. On évoluera donc au plus court avec de grands angles de barre et à petite vitesse.

Deux navires identiques en virage à des vitesses différentes : celui ayant la plus faible vitesse décrit le virage le plus serré (au plus faible rayon). 1

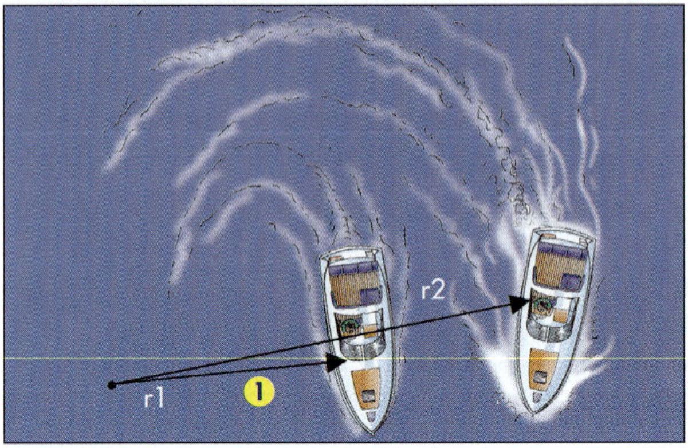

Avant/arrière

En avant comme en arrière, le gouvernail fait venir du bord où on l'a mis.
La barre, à gauche toute, fera venir sur bâbord un navire qui avance ou qui cule ; mais le navire qui cule devra avoir pris suffisamment d'erre en arrière.
Un navire qui a de l'erre vient du bord où est sa barre.

Notons que si le navire cule, le gouvernail est « surcompensé » et qu'il part tout de suite en butée. Une vitesse excessive en arrière exerce une pression considérable sur le safran et peut l'endommager.
Si une certaine vitesse du navire est nécessaire pour gouverner en arrière, il n'en va pas de même en avant.

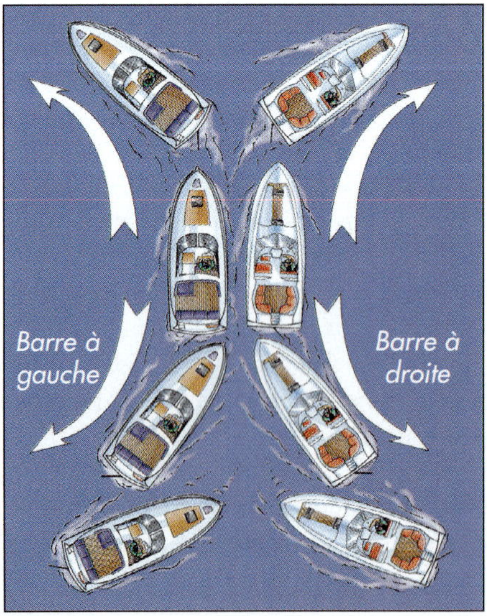

La barre fait venir du bord où on l'a mise en avant comme en arrière.

En avant, un navire gouverne sans erre. En effet, si on veut évoluer court en avant, on place d'abord toute la barre du bord où l'on veut virer et on met en avant. Le flux d'eau exerce une poussée sur la surface oblique du gouvernail qui écarte l'arrière, faisant pivoter le navire. Celui-ci évolue avant même d'avoir vaincu son inertie et pris une vitesse significative en avant.

Coup de fouet

On voit que par extension du procédé, on peut diminuer le diamètre de virage en mettant en avant puis en coupant aussitôt les gaz pour éviter le départ en avant. Le taux de virage acquis sera d'autant plus important que le coup de gaz aura été brutal. C'est ce que l'on appelle le coup de fouet. Cette méthode est utilisable en toute occasion.

Si vous chenalez dans une zone étroite se terminant par une courbe serrée, laissez tomber votre vitesse plus que nécessaire pour avoir le loisir de mettre, en entrant dans la courbe, un coup de gaz qui facilitera votre rotation.

Nota : il est évident que le coup de fouet en avant se fait sur « barre toute » pour obtenir le maximum d'efficacité.

LE PROPULSEUR

■ L'effet propulsif

La rotation des plans inclinés, que sont les pales d'une hélice, se traduit par une poussée transmise par l'arbre porte-hélice, à la butée d'inverseur et, par-là au bloc moteur et à la carène.

Le rendement de ce dispositif est de l'ordre de 50 à 60 % de la puissance absorbée pour les hélices modernes.

De plus, on admet généralement que 90 % seulement de la poussée, restituée par l'hélice, s'appliquent dans l'axe de l'arbre. Le reste produit, entre autres, un effet évolutif.

Une hélice qui tourne en marche avant, dans le sens des aiguilles d'une montre, quand on l'observe de l'arrière du navire, est dite **à pas à droite**. Une hélice qui, dans les mêmes conditions, tourne à l'inverse est dite **à pas à gauche**.

Sur un navire à une seule hélice lancé en marche avant à pleine puissance, on ressent un couple à virer à gauche si l'hélice est à pas à droite (et inversement, si l'hélice est à pas à gauche on ressent une tendance à venir à droite).

Ce couple pourrait être contré à la construction en désaxant légèrement l'arbre d'hélice. C'est une technique qui ne s'applique que pour des puissances de plusieurs milliers de kilowatts (pour des patrouilleurs rapides par exemple).

2 hélices supra-divergentes.

Hélice pas à droite.

Systèmes d'hélices contra-rotatives « Duo-prop » (Volvo®).

Afin de transformer le maximum de puissance en poussée dans l'axe du navire, certains motoristes installent, sur le même arbre moteur, deux hélices tournant en sens inverse (contra-rotatives). C'est un procédé ancien qui fut d'abord employé pour la propulsion des torpilles sous-marines. (Le couple à virer étant supprimé, la trajectoire reste rectiligne).

On trouve ce système sur certains propulseurs orientables dits « Z-Drive » qui sont des « gouvernails actifs » alliant propulsion et orientation du navire par un seul équipement. Les évolutions à faible vitesse se commandent au moteur. Elles sont plus délicates en marche arrière, car on ne gouverne pas sur son erre, on doit garder les hélices embrayées.

Les navires équipés de deux moteurs et de lignes d'arbres ont des hélices tournant en sens inverse et vers l'extérieur en marche avant (hélice tribord pas à droite, hélice bâbord pas à gauche). Elles sont dites « supra-divergentes ».
Leurs effets évolutifs s'annulent, en avant comme en arrière si les moteurs sont utilisés dans le même sens. Ils s'ajoutent lorsque les moteurs agissent en sens inverse. (Notons en passant la mésaventure instructive d'un ami propriétaire d'une vedette à deux moteurs : après un carénage et une intervention sur les hélices, le brave homme a la surprise de voir son bateau partir en arrière quand il met en avant. Après vérification des transmissions et des commandes, une explication s'impose : on a remonté à tribord l'hélice de bâbord et inversement).

■ L'effet évolutif

La résultante des forces développées par le propulseur ne passe pas généralement par le centre de gravité du bateau. Tout d'abord, quand deux moteurs sont installés, il est clair que la poussée de chaque moteur est fortement désaxée. C'est également le cas quand un seul moteur se trouve à bord, car il existe pour toute hélice en rotation, un effet de couple à virer qui est fonction du régime moteur et du sens de rotation.
Le phénomène a plusieurs origines dont la principale est l'augmentation rapide de la pression à mesure qu'on s'enfonce dans l'eau.

La pression augmente, en effet, au rythme de 100 g/m. Supposons, par hypothèse, une hélice bipale de 50 cm de diamètre en position verticale. La pression de l'eau au cm^2 à l'extrémité de la pale basse est de 50 g supérieure à la pression de l'eau à l'extrémité de la pale haute.
Il en résulte que l'action de la pale basse est prépondérante.

Hélice à pas de droite en marche avant.

Si l'hélice est « à pas à droite » : elle se « visse » dans l'eau et fait avancer le navire en tournant dans le « sens des aiguilles d'une montre ». Quand on inverse le sens de rotation, pour faire reculer le navire, la pale basse se déplace de la gauche vers la droite en s'appuyant sur l'eau (comme une pagaie ou un aviron de godille) et il s'ensuit par réaction un déplacement de l'arrière de la coque vers bâbord.
Ce mouvement est d'autant plus fort que l'hélice est grande, sa rotation rapide ou le navire léger.
Si l'arrière s'écarte vers bâbord, l'étrave vient à droite.
Il est donc plus facile de se souvenir :
- avec une hélice à pas de droite, le nez vient à droite quand on bat en arrière,
- il vient à gauche bien sûr avec une hélice à pas à gauche.

Hélice à pas à droite en marche arrière, réaction de coque.

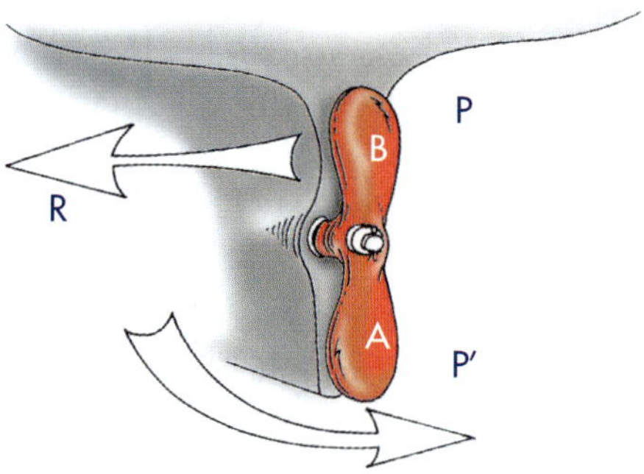

- La pression P' est supérieure à P.
- L'effet de la pale A est plus important que celui de la pale B.
- Il s'en suit une réaction R de la coque vers bâbord (donc une tendance à virer vers la droite).

Cet effet évolutif est exploité dans toutes les manœuvres où l'effet du gouvernail est insuffisant, c'est-à-dire à faible vitesse ou en arrière, pour les évolutions serrées et les accostages.

On voit ainsi les navires monomoteurs à pas d'hélice à droite, accoster de préférence « bâbord à quai » puisque l'usage de la marche arrière pour stopper le navire a pour effet secondaire de serrer l'arrière à quai. Les monomoteurs à pas d'hélice à gauche accostent de préférence tribord à quai.

LES COMMANDES ACCESSOIRES : FLAPS, TRIM

FLAPS, TRIM (volets, réglage d'assiette)
Sur les coques rapides, on trouve des flaps, généralement à commande hydraulique, articulés en bas du tableau arrière, dans le prolongement des lignes d'eau. Deux commandes (une par flap), marquées « BOW UP » « BOW DOWN » les inclinent pour rabaisser l'étrave d'une coque déjaugée afin qu'elle navigue horizontalement et décollée de l'eau. La vitesse augmente alors sensiblement car on ne « traîne » plus d'eau comme lorsqu'on est cabré. La surface mouillée à diminué ainsi que le volume d'eau déplacé.
Veiller au bon équilibrage de ces dispositifs qui peuvent fonctionner séparément et donner un couple à virer.

Des flaps fixes sur une coque semi-planante.

Hélices contra-rotatives et flaps.

Flaps et trim peuvent s'ajouter.

Les TRIM électriques des moteurs hors-bord et des Z-drive ont la même fonction. Dans ce dernier cas, c'est l'axe de l'hélice que l'on oriente dans le plan vertical. Relever légèrement les moteurs pour rabaisser l'étrave. Le bon réglage s'obtient par tâtonnement, la vitesse et le régime moteur doivent augmenter par diminution de la traînée et de la pression de l'eau, dans la zone où se trouve l'hélice.

L'INFLUENCE DE LA CARÈNE

Une part importante du comportement du navire est liée à son type de carène. On distinguera trois types principaux de carène :
- **Carène à déplacement** qui déplace son poids d'eau (principe d'Archimède),
- **Carène semi-planante** qui peut développer une portance hydrodynamique (déjauger),
- **Carène de vitesse** qui ne navigue bien que lorsqu'elle est déjaugée.

■ Les carènes à déplacement

Elles sont issues de la tradition. Ce sont des coques profondes de navires lourds et généralement confortables. Leurs formes sont dérivées de celles des navires de pêche. Leur vitesse ne peut excéder la vitesse de carène (8 à 10 nœuds pour des navires de 10 à 12 m). Elles sont faiblement motorisées et adaptées à un programme de croisière économique.
La coque se prolonge par une quille longue (facilitant l'échouage) qui augmente beaucoup le rayon de virage.
Ces navires ont une inertie importante et des moyens de défense limités même avec deux moteurs (puissance réduite). L'art de leur manœuvre est fait de réflexion et d'observation, les évolutions se font à faible vitesse, le secours d'un propulseur d'étrave est souvent le bien venu dans les zones étroites.

Coques à déplacement.

On voit l'importance de la partie immergée et de la longue quille.

Les carènes semi-planantes

Les carènes semi-planantes telles qu'on les trouve sur les pêche promenade modernes et sur les vedettes de petite croisière équipent des navires où l'on a recherché la légèreté pour conserver des performances intéressantes.
Par exemple sur une vedette de 6,50 m déplaçant moins de deux tonnes, on aura monté un moteur de 80/90 Cv pour obtenir 16 à 18 nœuds de vitesse de pointe et une vitesse de croisière de 11 à 12 nœuds avec une consommation de 8/9 litres/heure.
Ces carènes ont perdu la quille longue génératrice de vibrations et de frottements au profit d'appendices tronqués sur l'arrière ou sur l'avant. Il s'ensuit des comportements très différents et une forte tendance de l'étrave à tomber sous le vent à basse vitesse pour la carène qui ne conserve qu'un appendice arrière. Elles restent cependant faciles à manœuvrer grâce à une puissance importante.

Les carènes de vitesse ou planantes

Les carènes de vitesse ou planantes sont des coques où la légèreté et la finesse maxima ont été recherchées. Elles ont une forme en V sans aucun appendice, c'est-à-dire que lorsqu'elles ont des lignes d'arbre, on ne peut les échouer, c'est pourquoi elles sont très généralement équipées de propulseurs Z- Drive. Leur manœuvre est rendue délicate par l'absence d'appendices, en cas de vent traversier

La carène pénètre peu dans l'eau (bateau léger) ; aucune quille ou aileron ne vient limiter le déplacement latéral.

Les pneumatiques dits semi-rigides sont des coques planantes.

L'INFLUENCE DES SUPERSTRUCTURES

Il est évident qu'un faible tirant d'eau combiné avec d'importantes superstructures augmentera beaucoup la dérive au point de rendre le propulseur d'étrave (et pourquoi pas de poupe) indispensable dans les manœuvres par vent traversier.

2. L'effet des commandes conjuguées

Lors de la prise en main du bateau, la plus grande surprise pour les automobilistes que nous sommes, est **l'inertie**. La réponse ne se fait pas immédiatement, mais avec un certain retard. On augmente donc, entre temps, le placement des commandes et les choses se mettent à aller trop vite ou trop loin.
Cela se passe de la même façon qu'avec une automobile qui aurait beaucoup de jeu dans la direction, et qui prendrait un virage sur une surface glissante et suffisamment visqueuse pour que l'engin élargisse son virage dans un ample dérapage, sans pour autant devenir incontrôlable.
La barre ne ramène pas immédiatement le navire, mais elle le ramènera. Le placement de la barre est-il suffisant ? Seule l'expérience peut le dire.

L'apprentissage doit donc nous apporter rapidement un grand nombre de réponses sur la manœuvrabilité de notre bateau. Il faut multiplier les essais dans des circonstances précises afin de se créer des références :
- connaître les distances d'arrêt en fonction de la vitesse ou du régime moteur,
- apprécier le diamètre du virage pour une allure donnée, avec l'angle de barre habituel, avec toute la barre, etc.

Ces éléments sont essentiels pour se sentir rapidement à l'aise et profiter agréablement du bateau.
Enfin, toujours en référence à l'automobile, que tout le monde connaît, on verra au cours des manœuvres courantes que la difficulté est de **placer l'avant du bateau**, quand au contraire c'est plutôt l'arrière de l'auto qui est difficile à positionner dans les manœuvres en avant. Ceci vient du fait que le bateau se gouverne par l'arrière.

FAIRE AVANT

Mettre des gaz, embrayé en avant, sur un monomoteur dont la barre est au neutre, ne fait progresser en ligne droite, que pour un **régime moyen**.
A un régime moteur plus élevé, on constate une tendance à embarquer vers la gauche, à un régime plus faible on vient légèrement à droite. Ceci pour un pas d'hélice à droite (c'est l'inverse pour un pas à gauche).
Les bimoteurs à deux hélices à pas à droite (cas de certains propulseurs « Z-drive ») présentent les mêmes inconvénients.
Sur les bimoteurs à lignes d'arbres, les deux pas d'hélice étant de sens contraire, leurs effets à virer s'annulent. La barre doit donc rester strictement au neutre sur mer plate à tous régimes : c'est le signe de bons réglages.

FAIRE ARRIÈRE OU CULER SUR BIMOTEUR

Cela ne présente aucune difficulté majeure. Bien vérifier toutefois que la barre reste au neutre car elle a vite fait de venir en butée d'un bord ou de l'autre. On pourrait alors s'étonner de voir le bateau venir vers sa barre dès qu'on prend de l'erre (voir « l'effet du gouvernail », page 14).
La plupart des bimoteurs sont assez surpuissants pour qu'on puisse rattraper cette tendance en différenciant les moteurs, mais pourquoi faire en force quand on peut agir avec discernement.
Se rappeler, en tout cas, que la barre doit toujours être du côté où l'on veut venir, dans l'axe si l'on veut aller droit.

CULER AVEC UN MONOMOTEUR

Ce sera impossible en ligne droite. On sait, en effet, que le monomoteur, par le couple évolutif de son hélice, fait arrière en venant nettement sur un bord. Vers bâbord, si le pas d'hélice est à droite. Vers tribord, si le pas est à gauche. L'effet à virer est d'autant plus sensible que la mise de gaz est brutale.

Pour culer le plus droit possible, on utilise la technique suivante dans le cas d'un pas d'hélice à droite : barre à droite toute, machine arrière très souplement. La barre est à peu près inefficace même avec un peu d'erre, elle ne peut en tout cas contrer le couple de l'hélice.
Il s'ensuit que le bateau décrit une courbe vers bâbord dont le rayon est fonction de la puissance affichée. Pour se rapprocher de la trajectoire souhaitée, il faut donc stopper, passer la barre à gauche toute, faire avant énergiquement pour faire pivoter le navire, et couper aussitôt.
On reprend la marche arrière, barre à droite toute, dès que le virage à gauche s'est stoppé ou dès qu'on a obtenu la correction souhaitée et ainsi de suite. On décrit en fait une courbe en festons.

Culer en monomoteur (cas d'un pas d'hélice à droite).

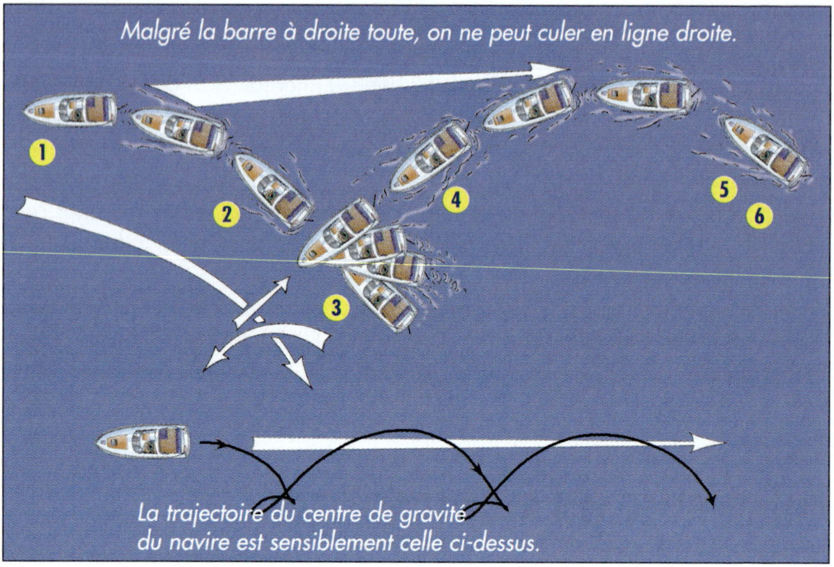

1 *Arrière barre à droite toute.*

2 *Stopper.*

3 *Changer la barre. Faire en avant brièvement mais énergiquement.*

4 *Stopper. Changer la barre. Faire arrière.*

5 *Stopper.*

6 *Comme en 3, changer la barre et faire avant.*

Avec un temps très calme et une très faible puissance, il arrive qu'on prenne finalement assez d'erre pour pouvoir débrayer l'hélice et trouver un peu d'efficacité de barre.
On peut alors revenir vers tribord avec la barre tout en courant son erre. Ces possibilités variant avec chaque navire, on se livre à des essais sans vent.
Généralement, pour atteindre un endroit précis en arrière, on se place obliquement et de telle sorte que, faisant arrière, on tombe en position (voir « L'accostage », page 141).
Sur un monomoteur à pas d'hélice à gauche, on effectuera des placements de barre à l'opposé de ceux indiqués ci-dessus.

LE DÉPLACEMENT TRANSVERSAL SUR BIMOTEUR

Les navires à deux arbres d'hélice ont cet avantage de pouvoir contrer par un moteur, mis en marche arrière, l'effet à virer provoqué sur le gouvernail par l'autre moteur. Il s'en suit un déplacement transversal.

Exemple : on veut se déplacer vers tribord *(s'éloigner d'un quai situé à bâbord)*, faire barre à gauche toute, avant sur le moteur gauche au ralenti. L'arrière vient vers la droite *(chasse à droite)* par l'effet du gouvernail, tandis que l'avant tend à venir à gauche et que le bateau commence à avancer, on contre en faisant arrière sur le moteur droit, autant que de besoin pour empêcher d'avancer. Le résultat est un déplacement vers la droite, le bateau restant parallèle au quai. Ne tentez cette manœuvre que par temps calme. Celle-ci est plus facile à réussir sur un navire sans plan de quille.

Certains navires aux gouvernails peu efficaces se mettent en virage à droite dans le cas évoqué ci-dessus. Attendez toujours de voir l'arrière s'écarter du quai vers tribord avant de faire arrière sur le moteur tribord (voir le dessin ci-dessous).

Le déplacement transversal sur un bimoteur.

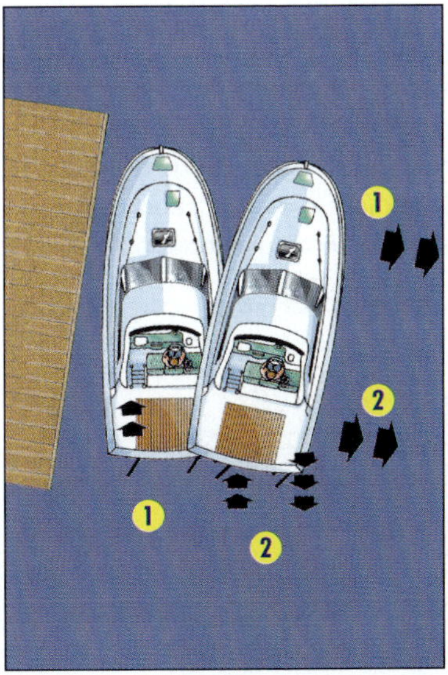

1 *Barre toute vers le quai.*
Moteur bâbord avant lente,
l'arrière s'écarte vers la droite.

2 *Arrière sur moteur tribord pour*
compenser la tendance à avancer.
L'avant s'écarte vers la droite.

■ Les Z-drive ou moteurs hors-bord

Etre équipé de deux propulseurs orientables présente sensiblement les mêmes avantages que d'être équipé de deux arbres d'hélice. Pour manœuvrer en espace réduit, il est préférable de garder les deux propulseurs dans l'axe et de contrarier leur effet si nécessaire.
Il est agréable, dans ce cas, d'avoir un indicateur de position de barre.

Poste de pilotage à 4 manettes.

Malheureusement, certains bateaux ont parfois deux hélices tournant dans le même sens. C'est une disposition qui rend les deux propulseurs interchangeables mais qui fait perdre en revanche beaucoup des avantages évolutifs du bimoteur et les manœuvres en arrière sont délicates. Ainsi, avec deux hélices à pas à droite, on pourra plus facilement culer droit, en utilisant seulement le moteur gauche, car son effet évolutif sera contré par sa position désaxée (voir le croquis page 29).

Deux hélices pas à gauche en Z-drive.

Faire arrière avec 2 Z-drive, pas à droite.

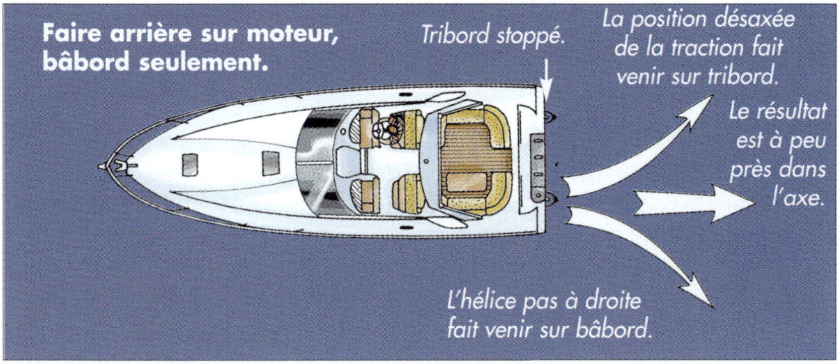

Notons enfin que la conduite de ces bateaux n'est pas sans ressemblance avec celle des élévateurs industriels dont la direction est à l'arrière. Ainsi, pour serrer l'arrière à quai, on fait barre toute vers le quai et arrière ensuite.

■ Les bimoteurs à quatre manettes

Ce n'est pas à vrai dire un problème de manœuvre, mais un problème de commandes. Cette disposition ancienne – deux manettes de gaz et deux manettes d'embrayage séparées – est commode quand on s'y est habitué.
La technique consiste à mettre les moteurs à un ralenti rapide pour qu'ils ne calent pas quand on embraye.
On n'agit plus ensuite que sur les manettes d'embrayage.
Ce procédé est très sûr car il interdit les grands coups de moteur, qui sont le fait du pilote débutant et qu'on trouve à l'origine de tous les drames.
Le retour au point mort est immédiat. On acquiert ainsi rapidement la maîtrise des manœuvres en finesse. Les manettes sont également plus souples car il s'agit d'embrayages hydrauliques. Ces installations tendent à se raréfier au profit des manettes combinées.

Nota : appliquer la puissance en arrière suppose, après avoir mis la manette d'embrayage en arrière, de pousser celle des gaz en avant.
C'est une action qui peut troubler le pilote habitué aux manettes combinées. On a vu des gens tirer désespérément en arrière sur la manette des gaz sans obtenir bien sûr le résultat attendu. Cependant on peut obtenir une rotation rapide et pratiquement sur place, en embrayant un moteur en avant, l'autre en arrière et en poussant ensemble les deux manettes de gaz en avant, et d'autant plus que l'on veut tourner plus vite. C'est plus facile que de croiser des manettes à commandes combinées. La rotation cesse pratiquement dès qu'on revient au ralenti, même sur une grosse unité.

LES MANETTES ÉLECTRIQUES

Si les commandes traditionnelles - en corde à piano sous gaine - restent en service pour les moteurs hors-bord, on voit apparaître sur certains bateaux équipés de gros moteurs in board (Volvo®) des commandes électriques très sophistiquées aboutissant à des boîtiers régulateurs électroniques commandant deux vérins.
La dureté des anciennes commandes pouvait parfois nuire à la précision. L'extrême souplesse des nouveaux dispositifs surprend et l'on a souvent besoin d'un peu de temps pour s'y habituer. Ils représentent cependant un progrès certain car ils permettent une conduite plus précise et une large plage de réglage des manettes. De plus, ils sont généralement reliés à l'ordinateur de bord et vous signaleront votre erreur si vous essayez, par exemple, de démarrer un moteur embrayé en l'avant.
Il faut espérer que l'étanchéité de ces blocs manettes est étudiée pour un long séjour aux intempéries du fly bridge.

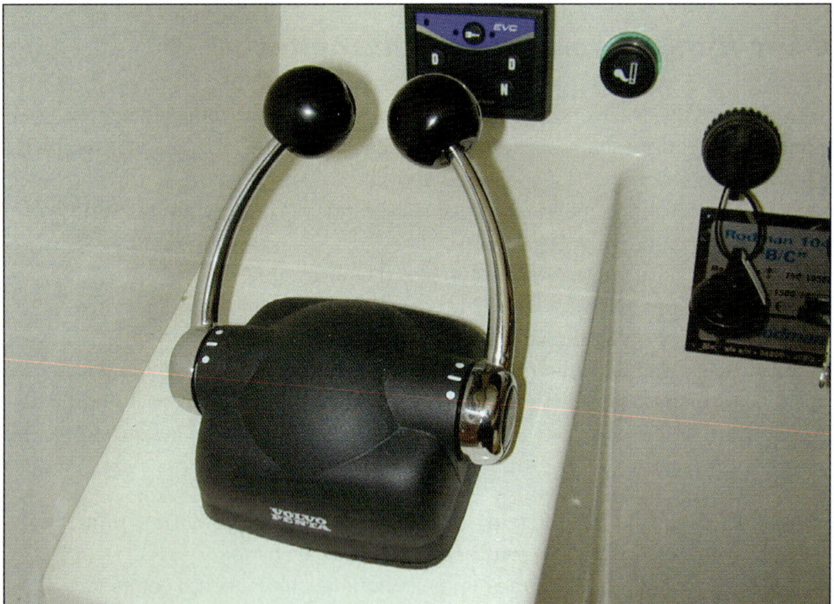

En « caressant » ces manettes, vous pouvez déchaîner sans aucun effort 520 CV sur deux lignes d'arbres. On distingue nettement trois crans de pré-affichages repérés : neutre, ralenti avant et ralenti arrière, qui sont très utiles au débutant.

2. L'effet du vent, du courant, de la mer

Nous avons vu l'effet des commandes à notre disposition à bord du navire, voyons maintenant l'effet sur le navire des éléments extérieurs sur lesquels nous n'aurons pas d'action, mais que nous pourrons choisir de combattre ou d'exploiter à notre avantage, en leur laissant faire une partie du travail.

LE VENT

Le vent va poser bien des problèmes. La partie émergée du navire à moteur, ses superstructures, souvent importantes, se comportent comme une voile. C'est ce qu'on appelle le fardage.

La poussée sur cette « voile » n'est pas compensée, comme sur le voilier, par une quille profonde et lourde, qui constitue un plan anti-dérive efficace en même temps qu'elle exerce un couple de redressement important.

La partie immergée d'un navire de plaisance à moteur est peu profonde. La stabilité n'est pas basée sur le poids mais sur la forme de carène généralement voisine d'un « V » plus ou moins aplati. Le navire déplace peu d'eau et la carène dérive très facilement en travers.

Voilier et vedette travers au vent.

Compte tenu du faible volume immergé,
*le bateau à moteur **dérive souvent plus** que le voilier.*

Il s'en suit que la poussée du vent aura une grande influence sur son déplacement final.

■ L'effet du vent sur un navire en route libre

- Il diminue la vitesse si on le reçoit de face.
- Il augmente la vitesse si on le reçoit du secteur arrière.
- Il provoque une dérive vers la droite si on le reçoit de la gauche et une dérive vers la gauche si on le reçoit de la droite.

Ces effets peuvent se combiner : un navire qui lutte contre un vent de l'avant gauche est ralenti et dérive à droite.

■ La terminologie

On appelle bord « au vent » celui qui reçoit le vent. On appelle bord «sous le vent» l'autre bord, celui où l'on est abrité du vent. Si l'on considère un navire faisant face au vent, « vent debout », on dit qu'il « abat » ou qu'il «tombe sous le vent» quand il s'écarte du « lit » du vent, direction d'où vient le vent.
A l'inverse, on dit qu'un bateau « lofe » quand il vire vers le vent, par exemple quand il vient du vent de travers au vent debout.
D'une façon générale, on dira « sous le vent » de quelque chose qui se trouve dans la direction vers laquelle porte le vent : rallier un port sous le vent par exemple.
Les évolutions vers le vent dites « au lof » sont généralement plus laborieuses que celles sous le vent, dites « à l'abattée ».

■ La dérive

Si l'on souffle sur un bouchon flottant dans une cuvette d'eau, il se déplace « sous le vent ». Il en est de même comme on l'a dit plus haut, pour un navire subissant le vent en mer.
Le mouvement propre du navire provoqué par son moteur (mouvement qui s'applique dans l'axe du navire) est modifié en direction et en vitesse par le mouvement causé par le vent.
Dès lors que le vent est oblique, la trajectoire du navire à la surface de l'eau est modifiée : le vent entraîne le navire sur une **route** légèrement différente du **cap** montré par l'étrave. L'angle entre le **cap** et la **route** est la **dérive**.

■ Mesurer la dérive sur un alignement

On peut mettre la dérive en évidence en suivant un alignement de deux repères éloignés (on dit deux amers).

Cet alignement détermine une direction fixe dans l'espace. Si en l'absence de courant, on se met sur cet alignement (c'est-à-dire qu'on vient placer les deux repères, l'un derrière l'autre) et qu'on vise l'alignement, on reste strictement sur l'alignement et les repères restent superposés, si le vent est nul.

Si, au contraire, un vent frais souffle de la gauche, on voit rapidement le repère le plus proche de nous s'écarter vers la gauche. Notre route vient donc vers la droite de l'alignement. On « tombe » sous le vent de l'alignement.

La dérive sur un alignement.

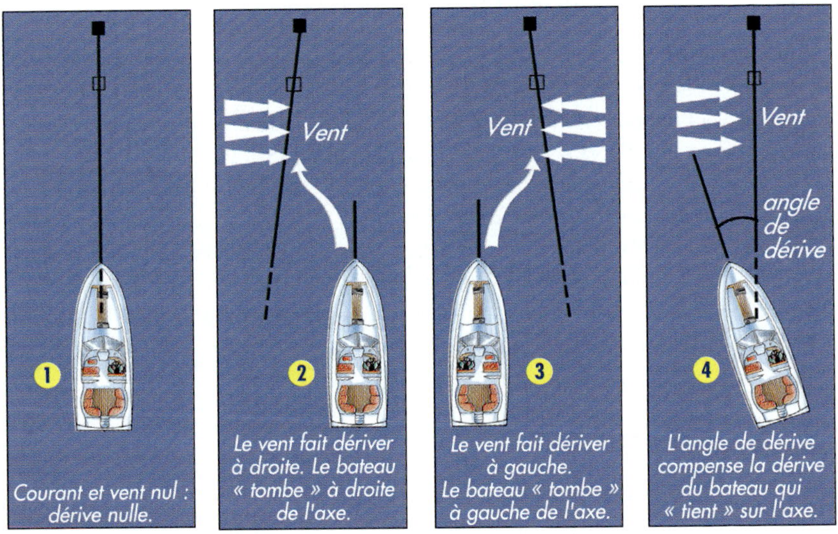

Courant et vent nul : dérive nulle.

Le vent fait dériver à droite. Le bateau « tombe » à droite de l'axe.

Le vent fait dériver à gauche. Le bateau « tombe » à gauche de l'axe.

L'angle de dérive compense la dérive du bateau qui « tient » sur l'axe.

1 *En l'absence de vent et de courant, on reste sur l'axe en visant l'alignement des 2 repères.*

2 *Le pilote doit venir à gauche.*

3 *Le pilote doit venir à droite.*

4 *Avec du vent de la gauche, le pilote se maintient sur l'axe en prenant un cap plus à gauche de la valeur de l'angle de dérive.*

Pour se maintenir en route sur cet alignement, l'étrave du navire doit être ramenée de plusieurs degrés vers la gauche, vers le vent. Le navire doit prendre un **cap** « au vent » de la **route** matérialisée par l'alignement pour suivre cet alignement. Le navire marche « en crabe ». Il **dérive**. L'angle de dérive peut être mesuré entre la direction de l'alignement et la direction de la proue (l'axe du navire, appelé aussi ligne de foi.

Nota : de la même façon, en l'absence de vent, on peut percevoir sur un alignement la dérive due à un courant.

■ Mesurer la dérive en haute mer

En haute mer où l'on n'a plus d'alignement, on observe la dérive due au vent sur le sillage du navire en route stable.

Par vent établi, l'axe du sillage n'est pas dans l'axe du navire, il est renvoyé « au vent » par le dérapage de la coque – la dérive. Il forme avec l'axe du navire un angle qui peut atteindre 15° (*ou plus par mauvais temps*).

Cet angle de dérive se mesure avec un compas de relèvement (ou plus aisément avec un taximètre[1] sur les grands navires). Les pilotes entraînés l'apprécient à l'œil et l'intègrent dans leur navigation[2].

Mesurer la dérive en haute mer.

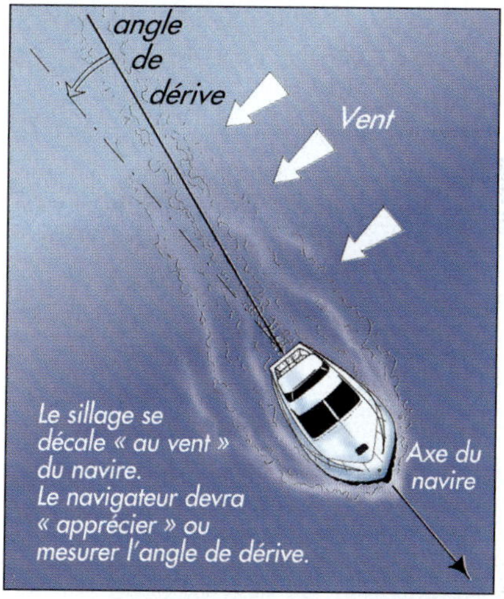

Nota : la présence éventuelle de courant est sans effet sur cette mesure qui se fait par rapport à la surface. L'absence de tout point de repère fixe, par rapport au fond, rend impossible la perception du courant.

Dans le cas de l'alignement, au contraire, la présence de courant fausse la mesure. La dérive due au courant (mouvement de l'eau sur le fond) peut aggraver ou réduire, voire annuler la dérive du vent.

Par rapport à des points fixes à terre, on ne pourra apprécier la dérive du vent qu'en l'absence de courant, ou la dérive du courant qu'en l'absence de vent. Dans le cas contraire, on observera uniquement la composante, résultant des deux phénomènes, qui présente peu d'intérêt.

[1] *Taximètre : cet appareil est monté sur cadran, comme un compas. Il comprend une alidade et un plateau gradué en degrés dont le zéro est l'axe du navire. Il permet, en visant le sillage, de connaître aussitôt l'angle de dérive.*

[2] *Au cap vrai que suit le pilote il faut ajouter la dérive (en plus si elle est à droite, en moins si elle est à gauche) pour obtenir la route suivie en surface.*
Cv + dér = Rs (dér droite + ; dér gauche –).

■ La courbe du chien

Lorsqu'un promeneur en plaine vise constamment le même point, il parcourt une trajectoire rectiligne vers ce point. Par extrapolation, un « nouveau marin » pourrait penser qu'il en est de même sur l'eau.

Ce n'est vrai qu'en l'absence totale de vent et de courant. Car on se souvient que le navire est un corps libre et s'il existe un vent traversier à la direction à suivre, le navire va sans cesse tomber sous le vent de la route directe, tant que cette route directe ne sera pas face au vent.

Le pilote, corrigeant à chaque instant pour maintenir le navire en direction du point, décrit une courbe de plus en plus serrée qui se termine face au vent.

On appelle la trajectoire qui ne prend pas en compte la dérive : la courbe du chien.

Cette prise de conscience de la dérive est un élément essentiel pour la manœuvre que le pilote doit acquérir au plus vite.

La courbe du chien.

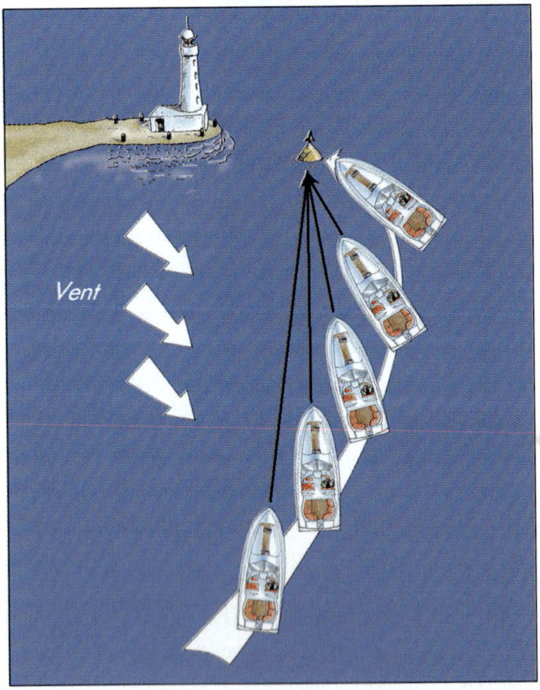

Visant sa bouée sans corriger la dérive du vent, le navire décrit une courbe qui se termine bout au vent (où la dérive est nulle).

Conclusion : on ne peut décrire une trajectoire rectiligne sur l'eau en visant un seul point, mais en maintenant alignés deux repères, en suivant un alignement.

■ L'effet du vent en évolution

La dérive due au vent déforme le virage de telle sorte qu'on le termine dans une position sous le vent du point théorique d'arrivée. Cette position est d'autant plus loin sous le vent que le vent est fort ou qu'on le subit longtemps – cas d'une vitesse d'évolution faible (voir le dessin ci-dessous).

La dérive en virage.

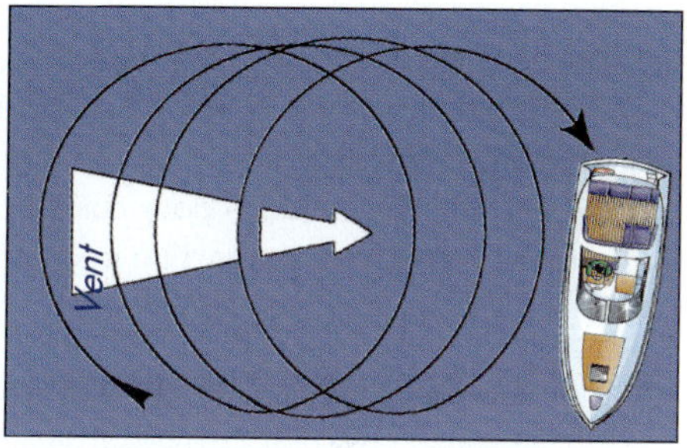

Avec du vent, la trajectoire se déforme en une spirale qui s'étend « sous le vent ».

Un navire qui reçoit le vent sur l'avant a tendance à **abattre** ; s'il reçoit le vent sur l'arrière, il aura tendance à **lofer**. Si l'on doit faire un quart de tour en « lofant » (monter l'étrave dans le vent), il faut plus de place et de temps que pour faire un quart de tour en « abattée » (l'étrave tombant sous le vent).

De la même façon, un navire qui cule avec le vent sur l'étrave a tendance à abattre. C'est une notion dont il faut se souvenir : **il est difficile de culer droit avec le vent sur l'avant**, l'étrave tombant très rapidement d'un bord ou de l'autre.
On est donc parfois amené à manœuvrer à l'inverse, cul dans le vent, pour mieux contrôler le navire. C'est une manœuvre aisée avec deux moteurs.
On peut se servir du vent pour réduire une évolution en entreprenant cette évolution « contre le vent ». La dérive vient réduire le diamètre de l'évolution. De plus, on peut choisir d'augmenter cet effet en parcourant à très faible vitesse la partie de l'évolution qui remonte le vent.

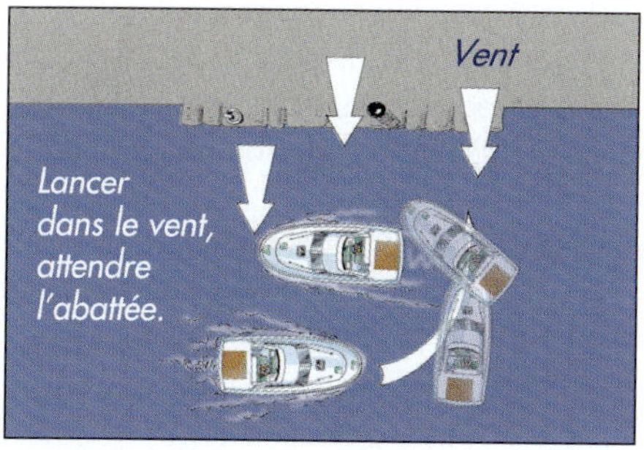

Réduire l'évolution grâce au vent : virer vers le vent.

■ Corriger le vent dans une évolution

On ne peut, comme en ligne droite, afficher une dérive. Supposons qu'évoluant dans un port à 3 nœuds, on se retrouve en fin d'évolution, à une dizaine de mètres sous le vent de la position souhaitée ; il suffit de se présenter à nouveau par la même manœuvre, mais en passant face au vent, on s'y maintient quelque temps (environ six secondes), avant de reprendre le virage qui se termine en bonne position.

En effet, on a remonté le vent à 3 nœuds (ou 1,5 m/sec) pendant six secondes. On a donc remonté pendant 9 mètres, c'est-à-dire autant qu'on avait dérivé dans la première présentation.

On n'a pas toujours la place pour corriger par une telle évolution. Il reste alors à évoluer plus serré, ou à partir d'un point plus « au vent ».

Corriger le vent en évolution.

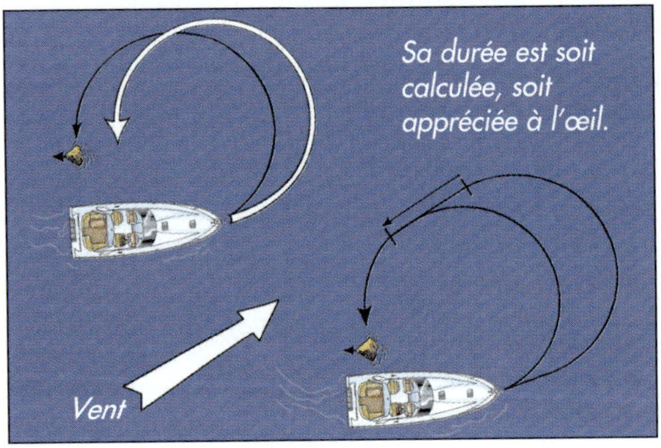

La déformation de la trajectoire peut être compensée par une ligne droite face au vent.

■ La position d'équilibre stoppé

Lorsqu'on débraye les hélices, le navire perd son erre et devient ingouvernable. S'il souffle un vent modéré, le navire ne reste pas immobile par rapport à l'eau.

Il s'établit dans une position voisine du vent de travers et dérive sous le vent. Cette position peut varier d'une ou deux dizaines de degrés, en fonction des formes des superstructures, qui se comportent comme une voile et font plus ou moins lofer ou abattre.

L'important est de constater que le bateau est stable dans cette position.

C'est la position d'équilibre stoppé.

Dans toute manœuvre, un navire tend toujours à rejoindre la position d'équilibre stoppé dès qu'on cesse de lutter assez efficacement contre le vent.

La stabilité de cette position est utile et on l'adopte pour :
- embarquer une annexe,
- ramasser un homme tombé à la mer,
- se faire approcher par un autre navire, etc.

Nota : en cas de dérive lente sous le vent (**ce qu'on constate en observant à la surface des bulles ou des impuretés qui s'éloignent de nous vers le vent**), le courant n'est pour rien dans cet état de choses.

La situation est une situation en surface. Le courant – mouvement de la masse d'eau, donc de la surface – vient s'ajouter en totalité à notre mouvement de dérive en surface provoqué par le vent mais il n'est pas impliqué dans sa genèse.

Supposons, par vent du Nord, un navire en position d'équilibre stoppé, dérivant en surface, à un nœud vers le Sud ; s'il n'y a pas de courant, il se déplace aussi sur le fond à un nœud vers le Sud.
Supposons maintenant qu'il règne un courant de trois nœuds portant au Nord ; le navire parcourt finalement sur le fond une route au Nord à deux nœuds. Sa dérive en surface n'a pas changé pour autant, c'est le courant, mouvement de la surface qui a changé.
Il est important de bien distinguer ce qui se passe en surface, qui est généralement le problème du manœuvrier, avec la trajectoire et la vitesse sur le fond, qui sont le plus souvent le problème du navigateur.

Nota : s'il arrive que le même homme porte les deux casquettes, il faut voir là une des conséquences de la dramatique pauvreté en effectifs des équipages de plaisance.

▪ Chenaler vent arrière

Un navire, dont la superstructure offre une prise au vent importante, peut être gêné pour chenaler par un fort vent arrière et sa vitesse peut devenir excessive.
Le seul remède étant de battre en arrière, si ce navire est monomoteur, l'action évolutive de l'hélice détermine une abattée de l'arrière, d'un bord ou de l'autre. Cette abattée est aggravée par le vent qui met rapidement le navire en travers du chenal.
Si les circonstances se compliquent d'un courant dans le sens du vent, on peut être amené à se retourner pour mieux gouverner face aux éléments et se repositionner avec une vitesse réduite (voir « Virer au plus court du bord favorable », page 49).

LE COURANT

■ L'effet du courant en route

Il détermine une dérive qui n'est pas perceptible sans repères fixes. La vitesse et la trajectoire en sont modifiées. Le navigateur doit le prendre en compte pour établir la route suivie sur le fond.
Le manœuvrier saisit, quant à lui, toutes les occasions qui se présentent d'apprécier le courant. Les marins expérimentés le font d'un coup d'œil sur une bouée ou une marque de pêcheur suivant l'importance du sillage que font ces points fixes dans la masse d'eau en déplacement. Vous pouvez acquérir rapidement un jugement très précis en stoppant près d'une marque et en vous laissant dériver. Vous notez ainsi le nombre de mètres parcourus en dérive par exemple pendant 10 secondes (*une dérive de 15 m en dix secondes signifie qu'il existe un courant de 1,5 m/sec, soit 3 nœuds*). Si vous souhaitez exploiter le renseignement pour la manœuvre, le résultat en m/sec suffit.

Attention : un vent fort fausse le résultat, mais c'est pour cela que naviguer est un art.

Le GPS renseigne aussi sur le courant, puisqu'il indique la vitesse sur le fond (voir page 193).

■ L'effet du courant en évolution

L'effet du courant en évolution est très comparable à l'effet du vent. On termine l'évolution en aval dans le courant à une distance égale au parcours du courant pendant l'évolution. Si l'on connaît la vitesse et la direction du courant, il est facile de prévoir son action exacte.
Cependant, si on évolue par rapport à un autre navire en route ou en dérive, le courant est sans effet.
Les deux navires sont sur une surface qui se déplace mais le déplacement, lié au courant, est le même pour chacun d'eux et leurs positions relatives n'en sont pas modifiées[1].
Seules leurs évolutions en surface sont à prendre en considération avec leur vitesse en surface qui est celle donnée par les moteurs.

Exemple : tout se passe comme lorsque deux personnes sont sur un tapis roulant : l'une rattrape l'autre parce qu'elle marche plus vite sur le tapis, mais la vitesse du tapis lui-même n'a rien à voir avec ce dépassement. Cependant leur déplacement dans l'espace est augmenté pour chacune d'elles du déplacement du tapis.

(1) *Théorème de Galilée : on ne modifie pas la position relative de deux corps en leur appliquant la même quantité de mouvement.*

L'effet du courant en évolution.

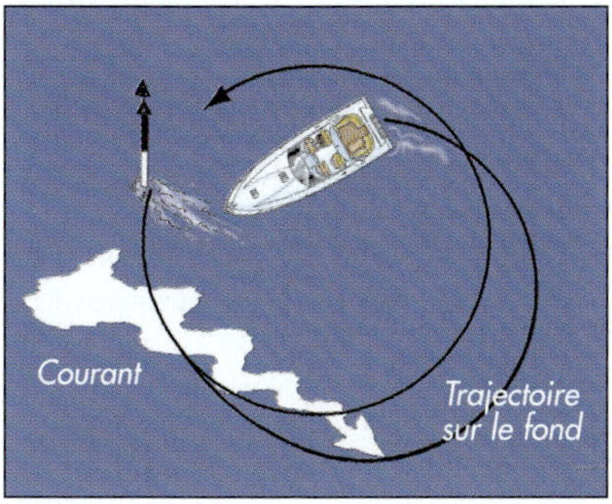

Son effet par rapport au fond est comparable à celui du vent. Son effet en surface est nul, en conséquence, il n'est pas visible sur l'eau en l'absence d'un point fixe par rapport au fond. Ici, la balise cardinale Nord.

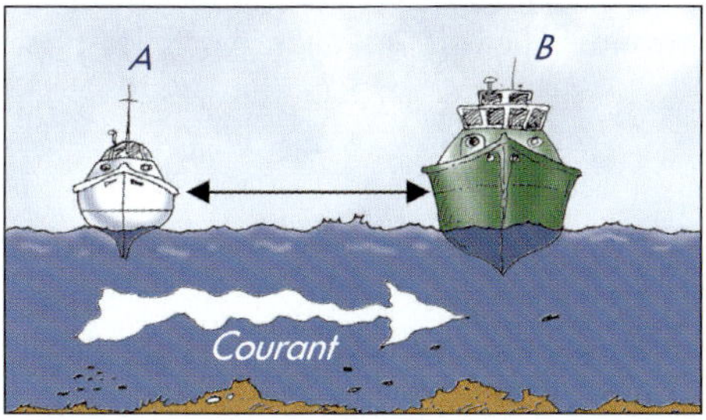

L'ensemble de la masse d'eau se déplace sans que les positions relatives de A et B soient modifiées.

Ainsi, malgré le courant, si le vent est calme, le sillage d'un navire décrivant un cercle sur la mer est-il parfaitement circulaire. Cependant, **par rapport au fond**, le navire termine son virage sur un point situé en aval dans le courant.

Pour le manœuvrier, le courant ne prend son importance que dans les zones étroites – chenaux et ports – où la proximité des obstacles fixes nécessite qu'on intègre le courant au mouvement. On le prend en compte également pour toute manœuvre par rapport à un navire mouillé et pour les manœuvres de mouillage et d'accostage. **On s'en méfie tout particulièrement dans les évolutions près de dangers vers lesquels il porte**.

Le danger d'un obstacle dans le courant.

Cependant, le courant accroît la manœuvrabilité quand on le prend de face. Il permet alors de se positionner avec une grande précision par rapport à un point fixe situé en amont (coffre d'amarrage par exemple).
Concernant l'état de la mer, le courant peut avoir des conséquences désagréables lorsqu'il s'oppose à un vent fort sur des petits fonds.
L'effet du vent contre-courant lève alors une mer abrupte et dangereuse. C'est le phénomène rencontré dans les raz (*raz Blanchard, de Sein, du cap Lévy*) et dans beaucoup de rades, par fortes marées, quand le courant de jusant s'oppose au vent du large.

Nota : que la dérive soit due au vent ou au courant, le pilote débutant a parfois du mal à la percevoir. La finesse de cette perception est une qualité essentielle à développer pour un manœuvrier. Ainsi, près des côtes, on cherche constamment à détecter sa dérive en observant systématiquement les alignements les plus divers disponibles à terre.

LA MER

■ La mer de face

Bout à la mer, elle constitue la principale résistance à l'avancement et l'on s'aperçoit très vite des limites du bateau. Les chocs et la vibration des arbres d'hélice obligent rapidement, pour le confort des passagers et pour la sécurité du bateau, à réduire le régime dès que la mer est formée[1].

■ La mer du travers

On apprécie vite également le roulis maximum que peut supporter le navire et la limite au-delà de laquelle il faut envisager de s'abriter. Le barreur devra surtout éviter de se trouver en roulis synchrone (*avoir tribord qui s'enfonce au roulis quand une lame arrive à bâbord*). Voir le croquis page ci-contre.

■ La mer de l'arrière

Un bon barreur peut étaler une mer assez formée à cette allure et tenir le bateau en « surf » sur les lames. La limite est atteinte quand la mer fait embarder et peut envoyer le bateau en travers au fond du creux.

[1] *Le meilleur régime moteur n'est pas le plus faible. Dans une mer formée, mais régulière, on peut trouver un régime assez élevé qui « passe » bien. C'est celui qui empêche l'étrave de retomber entre chaque lame.*

■ L'influence de la longueur de flottaison

Sur une très petite unité, les embardées dues aux chocs avec les lames peuvent rendre difficile la tenue du cap. L'augmentation de la durée du trajet liée à la baisse de performances du groupe propulseur/carène affecte sérieusement le rayon d'action. Il va falloir penser au carburant. Un trajet vent arrière de vingt minutes peut prendre une heure au retour si la mer est devenue limite pour le bateau.
On a intérêt à déterminer l'évolution des performances et la consommation par mille parcouru en fonction des conditions rencontrées.
Bien souvent, de petites vedettes de six à sept mètres sont plus gênées par un clapot court d'été levé par un vent modéré que par de longues lames d'hiver consécutives à un coup de vent qu'elles escaladent vaillamment.

Le roulis synchrone à la houle.

Le bateau est incliné sur une surface inclinée d'où l'aggravation du risque.

Le navire gîte par rapport à une surface inclinée.

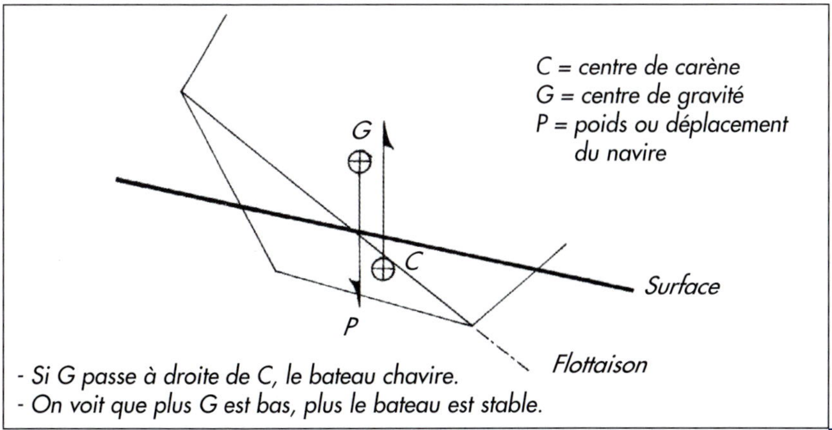

En bref

L'effet de la mer, en route et en évolution, est une caractéristique de chaque bateau et varie beaucoup avec la longueur de la carène.

On trouve dans le chapitre « Le mauvais temps » les comportements généralement conseillés quand les choses deviennent difficiles.

L'habitude, que l'on a de son bateau, permet d'intégrer ses pertes de performances aux calculs du navigateur. La mer et le vent sont souvent dans le même sens et leurs effets s'ajoutent.

Signalons les effets insidieux sur la navigation des coups répétés d'une mer oblique par rapport à l'axe du navire.

S'il reçoit la mer de biais sur l'avant, le navire a tendance à abattre. Le navigateur doit ajouter cette tendance à la dérive du vent. S'il reçoit la mer de biais sur l'arrière, il a, au contraire, tendance à lofer et peut se retrouver « au vent » de sa route prévue.

Vous découvrirez aussi que la plus faible vitesse n'est pas forcément la plus sûre ni la plus confortable, surtout face à la mer, mais qu'une adéquation entre la mer, la carène et la vitesse est à trouver. Vous trouverez l'allure qui convient le mieux et que vous pouvez conserver le plus longtemps sans risque.

Conclusion :

- **le vent**, qui pousse le bateau à la surface de l'eau, modifie le cap par une dérive pour donner une route en surface (on peut mesurer la dérive dans le sillage ou sur un alignement). Il « lève » aussi la mer et la rend dangereuse d'autant plus vite que le bateau est petit.

- **le courant**, mouvement de l'eau sur le fond, ajoute en totalité son mouvement au mouvement existant en surface (on peut le construire géométriquement et l'ajouter à la route en surface, on obtient la route et la vitesse **sur le fond** : c'est la navigation traditionelle. Le GPS donne maintenant directement cette **route et vitesse fond** sous l'appellation (erronée) de « course » ou de « cap »).

- **la mer** affecte les performances et la tenue du cap. Il est important de connaître au plus vite et au mieux ses effets sur votre navire, afin d'en situer les limites d'utilisation.

4. La pratique de l'évolution

VIRER, LA THÉORIE

On se rappelle que **le corps libre** que constitue le navire se déplace selon la résultante des forces auxquelles il est soumis, appliquée au centre de gravité.
On peut ainsi connaître la position du navire en mouvement connaissant la position de son **centre de gravité** et son **orientation**.

On considère, pour simplifier, que les forces qui agissent sur lui sont **horizontales**.

Voyons plus précisément le cas d'une mise en rotation à droite.

■ La mise en rotation à droite

Soit une vedette dont la trajectoire et la vitesse sont stabilisées : la force de propulsion est égale à la résistance de l'eau, puisque la vitesse n'augmente ni ne diminue.

Si l'on met rapidement la barre « à droite toute », **la résistance du gouvernail** provoque un couple à virer dont le premier effet est d'écarter l'arrière du navire vers la gauche, vers l'extérieur de la courbe (voir « Le moment d'évolution », page 13).

Il s'en suit :
- **une mise en dérive** de la carène ;
- **une diminution de la vitesse** car la résistance de la carène augmente. Pour une vedette rapide lancée à 45 nds, la vitesse peut tomber à 30 nds par exemple ;
- **un déplacement** du navire vers l'**extérieur** de la courbe (vers la gauche de la direction initiale à cause de la force « d »), (voir le croquis « Le moment d'évolution », page 13) ;
- puis la trajectoire s'infléchit vers la droite suivant **une spirale** dont le rayon décroît ;
- enfin, la vitesse ayant diminué, la résistance de la carène diminue également et un nouvel **équilibre** s'établit à une vitesse moindre et sur **une courbe** devenue **circulaire** où la dérive s'est stabilisée à un angle plus faible.

L'enveloppe du mouvement prend l'aspect du croquis ci-contre.

Conclusion : la giration comporte trois périodes :
- **la manœuvre** de barre où le navire est projeté à l'extérieur de la courbe,
- **la période d'évolution** pendant laquelle la rotation s'accélère,
- **la giration** où le mouvement est stabilisé et circulaire.

La mise en rotation à droite.

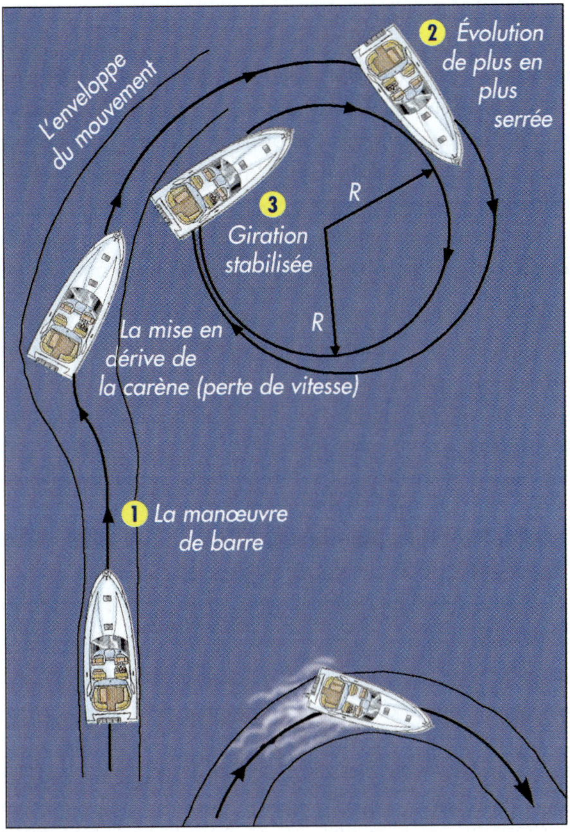

Nota :
- pendant toute la figure, l'arrière du navire est à l'extérieur de la courbe, l'avant est à l'intérieur,
- la courbe fléchée représente la trajectoire du centre de gravité.

Il découle des observations qui précèdent deux conclusions intéressantes :

1. l'enveloppe du mouvement montre qu'un obstacle situé sur la gauche et proche de la trajectoire peut être heurté par l'arrière du navire, si le pilote décide de virer juste avant.

2. si deux navires lancés à grande vitesse se suivent de près, le second peut aborder le premier s'il est surpris par la décélération liée à la mise en virage.

Il est important de connaître rapidement le plus court rayon de virage de son bateau afin d'apprécier si un demi-tour reste possible dans telle ou telle circonstance.
Il peut arriver que l'état de nouveau propriétaire de bateau, comme celui de propriétaire de nouveau bateau, vous place dans une situation que vous n'avez pas vraiment souhaitée. Il importe de savoir comment s'en sortir.
Comme on le verra plus loin, un bimoteur vire pratiquement sur place, c'est donc pour les monomoteurs que le problème est le plus aigu et nous allons l'examiner en premier lieu.

On se souvient qu'il existe un bord vers lequel le navire a tendance à virer, quand on bat en arrière (voir « Culer avec un monomoteur » page 25).
La droite est dite bord favorable pour un monomoteur à pas d'hélice à droite pour un virement de bord en marche avant. En effet, si l'on s'engage par mégarde dans un endroit trop exigu, on peut utiliser la marche arrière pour réduire le rayon de virage, cette action accélérant la rotation engagée.
Le bord défavorable est en conséquence la gauche. L'usage de la marche arrière y est impossible, car elle stopperait du même coup la rotation.
Pour un navire à pas d'hélice à gauche, tout s'inverse et le bord favorable en évolution est la gauche.

Remarque : pour un monomoteur à pas d'hélice à droite, à un certain régime et avec un certain angle de barre, le retournement par la droite demande un peu plus d'espace qu'un retournement par la gauche pour des raisons de cavitation plus précoce à droite. Mais la différence est mince et l'on ne doit pas oublier que le bord réellement favorable, pour l'évolution, est à droite pour un monomoteur à pas d'hélice à droite car on peut utiliser la marche arrière pour réduire l'évolution.

■ Virer court du bord défavorable

L'effet évolutif de l'hélice ne peut être utilisé, car il aurait un résultat contraire et stopperait le virage. il nous reste à virer à la vitesse minimum pour un rayon minimum. On casse d'abord complètement l'erre. On met ensuite barre toute étant stoppé et on affiche un peu de régime moteur.
Le bateau vire alors, avant même de prendre de la vitesse, puis sa vitesse croît jusqu'à rendre le bateau manœuvrant (il répondrait à la barre si on la changeait). On coupe donc les gaz, tandis que, par inertie, le bateau continue à virer. On remet des gaz avant que le virage ne stoppe complètement, pour profiter d'un reste d'inertie ; et ainsi de suite.

Dans cette manœuvre de temps calme, on se tient au plus près de la limite de manœuvrabilité. Cette limite est le moment où le bateau ne décrit plus la courbe souhaitée (reprendre alors l'initiative en remettant les gaz qu'il faut).
On comprend vite que la puissance nécessaire est fonction des circonstances et principalement du vent qu'on doit combattre.

Si les conditions sont difficiles, la zone très étroite et le vent fort, il faut se battre efficacement pour tenter de réduire encore le rayon de virage en sollicitant plus énergiquement la mécanique. La barre étant « toute » du bon bord, on met très énergiquement des gaz pour couper aussitôt.
En principe, on monte aux deux tiers du régime maxi du moteur avant de réduire (surveiller le tachymètre). Le but n'est pas de faire bondir le bateau en avant, mais au contraire de faire chasser l'arrière au maximum, sans prendre de vitesse en avant.
C'est le « coup de fouet » vu avec l'effet du gouvernail.
Renouveler l'opération autant que nécessaire.
Les bateaux lourds se manœuvrent bien par ce procédé ; le safran de gouvernail placé obliquement reçoit un flux violent d'eau qui fait pivoter le bateau avant qu'il ait pris de la vitesse. On peut ainsi acquérir progressivement, par coups de fouet successifs, une bonne cadence de virage.
Les bateaux modernes, surpuissants, à très faible tirant d'eau, ayant peu d'inertie, sont parfois plus maniables par le premier procédé. L'expérience pratiquée avec votre navire déterminera votre choix.

■ Virer au plus court du bord favorable

C'est le bord correspondant au pas d'hélice : pas d'hélice à droite, rayon de virage minimum à droite.
Comme dans les autres cas, placer d'abord la barre toute. Faire avant au ralenti (ou coup de fouet, selon la méthode reconnue comme la plus efficace avec le bateau concerné).
Dès que le bateau prend un peu d'erre, au lieu de simplement stopper, passer souplement en arrière. On constate, alors que la rotation continue, que le peu de vitesse acquise en avant s'annule.
Lorsque le bateau tend à repartir en arrière, couper les gaz et remettre en avant comme précédemment. Renouveler autant de fois que nécessaire cette série d'actions sur la manette des gaz,

sans jamais changer la barre !

On parvient ainsi à effectuer une rotation pratiquement sur place. Il est bon toutefois de se réserver une demi-longueur devant et derrière, car on n'obtient jamais la précision de rotation et de positionnement qu'on a sur un bimoteur dont on croise les manettes.

Virer au plus court du bord favorable

1

Barre à droite toute, moteur en avant à la demande.

2

Stopper, passer en marche arrière.

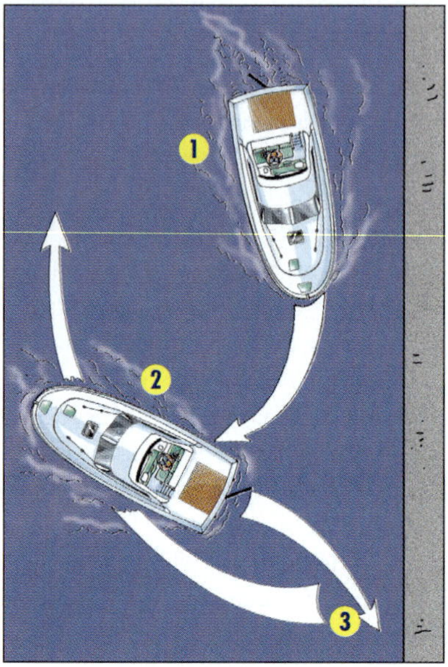

3

Stopper, passer en marche avant.

Nota : il peut paraître étonnant de ne pas inverser la barre en marche arrière. L'expérience montre que, sur les petites unités, la cadence de virage atteinte ne laisse pas le temps de changer la barre. De plus, la vitesse acquise en arrière est négligeable, elle serait donc inefficace. Enfin, beaucoup de bateaux étant dépourvus d'indicateurs de barre, il serait bien plus grave de faire avant sur une barre mal placée.
L'essentiel de cette manœuvre est la cadence de virage acquise qu'il faut conserver ou accroître, grâce au bon enchaînement des changements de marche.

En outre, un monomoteur bien manœuvrant doit réaliser un demi-tour du bord défavorable dans un diamètre n'excédant pas trois fois sa longueur. Les bateaux anciens sont parfois moins évolutifs. La méthode du « coup de fouet » est dans ce cas la meilleure, mais elle demande une certaine pratique pour donner de bons résultats.
Si vous possédez un bateau ancien un peu lourd, vous devrez vous habituer à son inertie. Celle-ci deviendra votre meilleure alliée pour beaucoup d'autres manœuvres.

Pour un navire ayant une hélice à pas à gauche, le bord favorable pour une évolution réduite est à gauche.
On procède comme ci-dessus, par des inversions de sens de marche, sur une barre maintenue à gauche toute et sans prendre de vitesse, ni en avant, ni en arrière.

■ La sortie de virage

Il faut dire un mot de la sortie de virage qui donne parfois quelques soucis aux pilotes débutants.
L'inertie, propre aux « corps libres » que sont les navires, a pour conséquence un virage non arrêté immédiatement quand on met la barre à zéro. Ceci conduit à mettre de la barre à l'opposé, d'autant plus qu'on dépasse de beaucoup le cap à prendre. Il s'en suit une sortie hésitante en plusieurs lacets progressivement amortis.
Pour éviter cela, il faut réduire progressivement l'angle de barre en fin de virage, de façon à atteindre le zéro avant la fin du virage qui se termine par inertie.
On note l'utilité d'un indicateur d'angle de barre, en particulier sur un navire à fort déplacement, donc à grande inertie.

■ Virer sur place avec deux moteurs

La manœuvre est assez facile et le bimoteur n'a pas de bord défavorable. Cependant l'encombrement et la masse étant nécessairement plus importants, il faut surveiller attentivement l'évolution du navire afin de ne pas prendre de la vitesse en avant ou en arrière.
A partir d'une position « stoppé », mettre la barre toute dans le sens du virage souhaité.
Mettre le moteur extérieur au virage en avant à petit régime pour bien contrôler, puis passer en arrière le moteur intérieur pour contrer toute velléité de départ vers l'avant.

Nota : les effets évolutifs de chaque propulseur s'ajoutent. Supposons un virage à droite : le moteur extérieur (bâbord) est en avant ; le flux d'eau qu'il projette sur le safran bâbord fait s'écarter l'arrière du navire vers bâbord. Le moteur intérieur (tribord) est en arrière à un régime un peu plus élevé (car le rendement en arrière est moindre), l'effet évolutif de l'hélice tribord, à pas à droite, accroît le déplacement de l'arrière vers bâbord, en même temps que la traction exercée fait venir l'étrave à tribord. Le gouvernail tribord est sans effet.
Dans une telle manœuvre, il est inutile et dangereux de vouloir utiliser le coup de fouet.
Un **fardage important** est une source possible de difficultés, car si l'action contrariée des moteurs permet de pivoter pratiquement sur un axe, **cet axe se déplace quand même rapidement sous le vent** et l'on doit corriger cette dérive.

Virer sur place avec deux moteurs.

L'effet à virer est obtenu principalement par la poussée désaxée des 2 moteurs, mais les effets évolutifs des hélices s'ajoutent quand elles sont supra-divergentes.

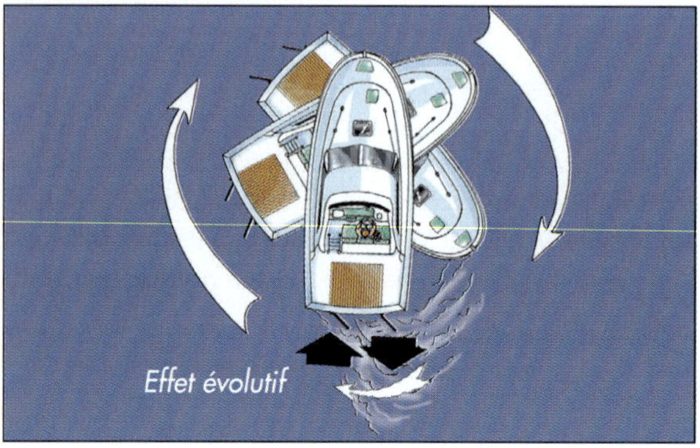

Conclusion : à grande vitesse, la barre est ferme et précise, le bateau est évolutif et agréable. Mais, virer serré n'est pas une question de vitesse ; au contraire, le bateau gouverne en avant sans vitesse et l'évolution la plus serrée s'obtient à la plus faible vitesse possible.

Il faut surtout se rappeler qu'on n'a pas de barre en arrière tant qu'on n'a pas de vitesse.

Virer court ne présente de réelles difficultés que sur un monomoteur du bord défavorable. Vous aurez à déterminer en fonction du caractère particulier de votre bateau quelle est la technique la plus efficace. Choisissez pour ces essais une période sans vent ni courant et travaillez par rapport à des repères peu dangereux comme des coffres de mouillage[1].

Les virements de bord à rayon minimum, décrits ci-dessus, montrent une fois de plus, que ce n'est pas l'avant qui s'oriente dans le virage comme pour une automobile, mais l'arrière qui est chassé à l'extérieur du virage.

Si le résultat final est le même, il passe par une trajectoire très différente et **il faut toujours réserver à l'extérieur du virage la place pour le pivotement de l'arrière**.

[1] *Débrayer l'hélice si on se trouve porté sur le coffre, attraper ce dernier et le déhaler sur l'avant pour éviter qu'il engage l'hélice ou le gouvernail.*

Sur les grosses unités peu motorisées comme les trawlers, l'avant est un grand infirme. On a parfois bien du mal à le placer avec précision même avec le propulseur d'étrave. Il faut donc bien positionner l'avant d'abord.

Nota : pour des raisons similaires, s'il est trop tard pour se rapprocher d'un but placé en abord à peu de distance, on parvient souvent à l'atteindre en mettant toute la barre, non pas vers le but, mais du bord opposé, avec un petit coup de moteur en avant.
Le « dérapage » de l'arrière peut être suffisant pour l'amener à bonne distance quand il devient impossible de passer suffisamment près avec l'avant.

Faire déraper l'arrière vers le but.

Exemple : récupérer le chapeau de soleil d'une invitée

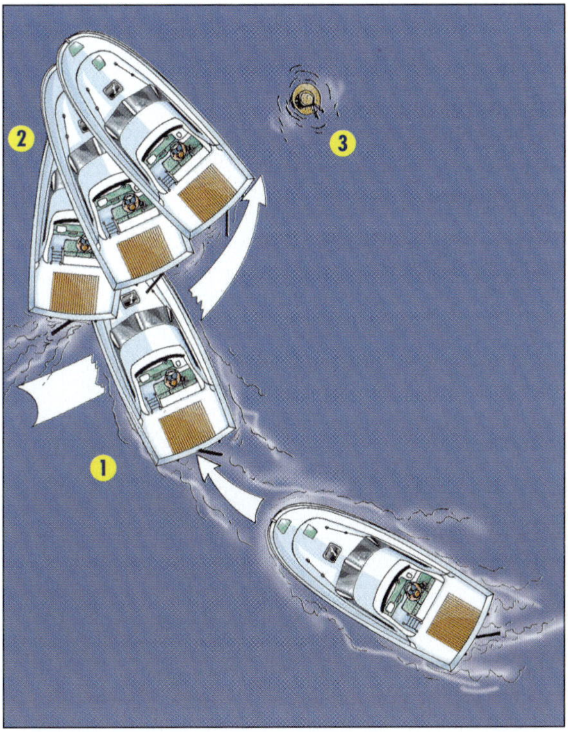

1 *La manœuvre semble ratée. Même barre à droite toute, on n'atteindra pas le chapeau.*

2 *Mettre à gauche toute et coup de fouet en avant.*

3 *Stopper aussitôt. Le violent dérapage de l'arrière vers tribord permet d'atteindre le chapeau. Eventuellement, léger coup en arrière pour casser l'erre.*

5. L'appareillage

LES VÉRIFICATIONS PRÉLIMINAIRES

« *En mer, la sécurité n'est que relative* » (SHOM *Ouvrage n° 1*). Un capitaine responsable prépare toujours son appareillage en étant convaincu de cette vérité première.

Certes, les circonstances peuvent être particulièrement engageantes, la mer magnifique, le vent calme ; il reste que le temps peut changer et que le bon sens consiste à prévoir des situations moins faciles et en particulier à conserver à bord : de l'eau douce, un minimum de provisions et des vêtements adaptés et suffisants.
La sagesse consiste aussi à entreprendre uniquement des sorties qui sont à la hauteur des possibilités physiques de l'ensemble de l'équipage[1].
La sécurité en mer a donc deux origines essentielles :
1. la qualité des connaissances du capitaine,
2. la qualité du matériel utilisé.
La sécurité est d'abord dans la tête du capitaine. On a vu couler au port des bateaux équipés pour un tour du monde.
Ceci n'autorise pas, pour autant, à négliger le matériel. Les équipements vieillissent vite en atmosphère marine. Il est prudent de savoir où l'on en est **avant** d'appareiller. Je vous conseille vivement d'établir une liste des vérifications à effectuer avant le départ, dans l'esprit des « check-lists » des aviateurs.
Cette check-list peut être lue de façon plus ou moins complète selon l'importance de la sortie envisagée. Elle évite des avatars très désagréables, comme dormir dans un couchage humide, parce qu'on avait oublié de fermer le sabord de sa cabine.
Une liste du même genre peut être établie pour les vérifications « Avant de quitter le bord ». Cela évite de retrouver les batteries à plat ou l'eau montant dans les fonds. Ces deux grandes calamités guettent les équipages trop pressés de débarquer.
Les vérifications avant appareillage portent sur :

■ L'étanchéité

Les sabords, les hublots, les panneaux, les ventilations diverses, les évacuations en cuisine, les toilettes, les lavabos, etc. sont fermés. Les fonds sont vérifiés. La présence d'eau en quantité significative affecte la stabilité par effet de carène liquide.

L'eau noire est là depuis longtemps et stigmatise la négligence du propriétaire. L'eau claire est entrée depuis peu, ou se renouvelle si on a une pompe automatique. Cela suppose de rechercher la voie d'eau possible... ou la fuite du réservoir d'eau douce.

[1] *Sans pour autant vous mettre au niveau du plus timide et rester en deçà de vos possibilités. Au contraire chaque sortie doit vous apporter son lot de découvertes et d'enseignements, mais ces résultats doivent être le fruit d'une bonne préparation et vous devez avoir conscience du risque et de la responsabilité qui est la vôtre.*

■ La stabilité

Tous les objets lourds, les ancres, mouillages, béquilles, caisses à outils, nourrices de carburant, bouteilles de plongée sont stockés et saisis au plus bas possible du navire (une ancre importante partant au roulis peut crever une coque).

■ La propulsion

Avant la mise en route, un coup d'œil dans le compartiment moteur s'impose. Attention fumeurs : pas de cigarette au moment où l'on ouvre le capot d'un moteur à essence ! Une légère fuite peut avoir, la chaleur aidant, préparé un mélange détonnant dans le coffre moteur (une ventilation mécanique est obligatoire pour ce type de moteurs).

Vérifier que la vanne d'eau de refroidissement est ouverte, voir les niveaux d'huile et du liquide réfrigérant, l'aspect du carburant dans le bol décanteur (s'il est trouble : présence d'eau), la tension des courroies, les éventuelles fuites, la propreté des fonds, les outils oubliés.

Lancer les moteurs, vérifier que la pression d'huile s'établit aussitôt, réchauffer à 200 tours au-dessus du ralenti, vérifier la sortie de l'eau de refroidissement, tester les inverseurs, les correcteurs d'assiette (flaps), le guindeau, les essuie-glaces, la corne, etc.

Vérifier la charge électrique et le groupe électrogène.

Noter les réserves de carburant et l'heure de mise en route. Avoir une réserve d'huile pour le moteur, l'inverseur et les équipements hydrauliques (avec des petits entonnoirs adaptés).

■ Les équipements

Les pompes de cale sont essayées. Les équipements de sécurité sont complets et rangés dans des emplacements connus de tous.

Les aides diverses sont mises en route et testées : le sondeur, le GPS, la VHF, le radar, le loch (dès qu'on fait route), etc.

Le matériel de navigation est, à bord : les cartes, les instructions nautiques, les annuaires, les documents réglementaires.

Les documents du navire, les titres du pilote, la licence VHF, le livret du radeau de sauvetage, etc.

■ Le confort

Les pleins d'eau sont effectués, l'avitaillement est embarqué. Même pour une toute petite sortie, ayez toujours de l'eau en bouteille et des coupe-faims, manger protège du mal de mer.

■ Les équipiers

Ils disposent d'équipements suffisants (la vitesse provoque vent et embruns). Les rôles sont distribués selon les compétences et les possibilités physiques.

Appareiller d'un mouillage.

APPAREILLER D'UN MOUILLAGE

Ce cas particulier est traité au chapitre « Le mouillage ». Rappelons seulement les principes de prudence généraux.

▶ Les manœuvres de chaînes ou de guindeaux sont réservées à des gens initiés et portant des chaussures. Éviter aussi les vêtements flottants ou les cheveux longs non retenus, ne pas travailler à mains nues avec des bagues ou alliances.

▶ Ne pas stationner dans une boucle de cordage ou de chaîne.

▶ Ranger ce qui peut filer à l'eau, devant ou à côté de soi, jamais derrière.

Appareiller.

APPAREILLER D'UN QUAI OU D'UN PONTON

■ Le principe

Amener un navire amarré à un quai à former avec lui un angle tel qu'on puisse quitter ce quai par une marche avant ou arrière sans raguer aucune partie du navire et sans retomber à quai.

■ Les moyens courants

Toute manœuvre, par aussière ou moteurs, qui permet d'obtenir cet angle.

■ Les moyens exceptionnels

Mouillage et guindeau, annexe à moteur, etc.

■ Les circonstances défavorables

Vent portant à quai, vent ou courant portant vers le ponton.

■ Les particularités

Pour l'accostage, on peut choisir le bord à mettre à quai (parfois l'angle du vent ou du courant) en prenant un poste plutôt qu'un autre.
Pour l'appareillage au contraire, on subit les éléments existants. Il appartient au manœuvrier de les exploiter au mieux quand ils sont favorables et de les combattre avec les moyens les plus appropriés quand ils sont défavorables.

Les circonstances peuvent être telles qu'elles interdisent l'appareillage sans aide extérieure. Ainsi, un violent courant traversier qui vous colle contre un ponton peut vous contraindre à attendre la renverse de marée. C'est rare, mais cela arrive. C'est avant de choisir cet endroit providentiellement libre qu'il faut penser au problème de l'appareillage.

Les observations

Alors qu'un accostage doit toujours se terminer par un usage très souple et mesuré des moteurs, l'appareillage n'exclut pas, en principe, une utilisation énergique des possibilités offertes par la motorisation.
On peut donc lutter avec plus d'efficacité contre les éléments perturbateurs cités plus haut.
Enfin, si on rate son appareillage et qu'on retombe à quai, veiller à casser l'erre, comme on le fait pour un accostage avant d'atteindre le quai, surtout si on a de l'erre en arrière.
Les pilotes débutants ont souvent du mal à apprécier la vitesse du bateau par rapport au quai (et les conséquences pour leur gel-coat neuf).
D'une manière générale, stopper tout dès que les choses ne se passent pas bien, ou dès qu'on ne comprend plus ce qui se passe... et réfléchir (avoir beaucoup de « défenses » ou « pare battage » et bien les placer).
Voyons maintenant les différents cas d'appareillage, en commençant par les plus faciles.

LA PRÉPARATION

Tout est paré, les moteurs tournent bien, les inverseurs ont été essayés, l'environnement et les éléments sont bien connus (ayant été observés à loisir) et l'on s'est fait une idée claire de la marche à suivre.
Les équipiers sont en place et savent ce qu'ils ont à faire, des défenses mobiles sont parées.
Dépasser les amarres en trop, pour ne rester que sur un amarrage minimum, passer l'aussière qu'on veut garder en dernier « en double » c'est-à-dire faisant retour à bord, ce qui permet de la rentrer sans aller à terre.
Attendre éventuellement une accalmie passagère, puis quand on décide de manœuvrer, **larguer en commençant par les amarres qui sont molles** (en principe, les enlever ne change rien à la position du bateau dans l'immédiat).

APPAREILLER VENT ÉCARTANT DU QUAI, OU COURANT ÉCARTANT DU PONTON

Rien n'est plus simple : les éléments se chargent du travail. On largue tout en conservant en dernier l'aussière (passée en retour à bord) qui permet au bateau de s'éviter vers le cap à prendre.
C'est une amarre arrière pour un appareillage en avant.
C'est une amarre avant pour un appareillage en arrière.
Il peut arriver qu'on largue trop rapidement les amarres, avec le vent un peu sur l'arrière ; dans ce cas, on s'écarte du quai obliquement avec l'étrave vers le quai. On ne peut donc faire avant.
Mettre en arrière barre vers le quai (sur un bimoteur, on utilise seulement le moteur « extérieur »). Changer la barre, faire en avant.

Appareiller vent écartant du quai.

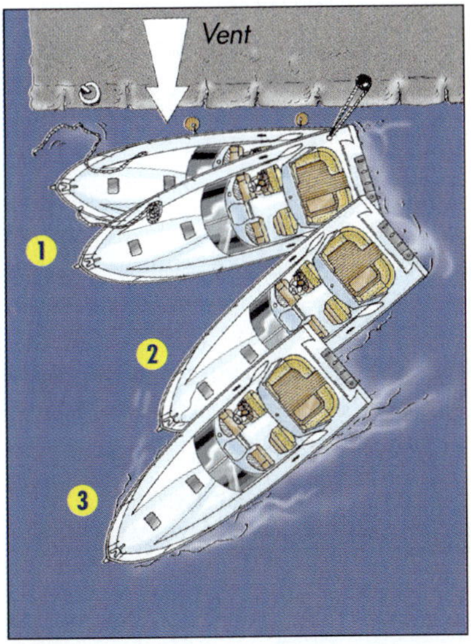

1 *Larguer devant.*

2 *Larguer derrière.*

3 *Faire avant.*

Appareiller courant écartant du ponton.

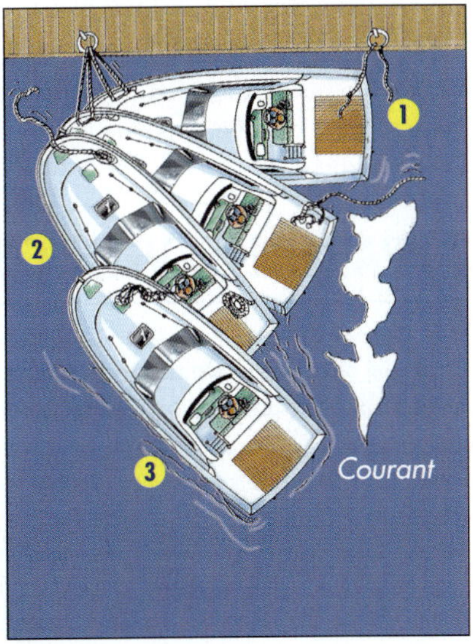

1 *Larguer derrière.*

2 *Larguer devant.*

3 *Faire arrière.*

S'assurer que les hélices sont « claires » avant d'embrayer, c'est-à-dire qu'aucun cordage ne traîne à l'eau.

APPAREILLER SANS VENT NI COURANT

En l'absence de tout effet perturbateur, les choses se passent comme dans les livres, et on en profite pour bien apprécier les réactions du bateau, son inertie en particulier. On manœuvre tout en souplesse, dans le calme, en prenant le temps d'observer et sans déchaîner une puissance inutile.

Le plus simple consiste généralement à conserver une garde arrière passée en retour à bord. On fait lentement arrière dessus et le bateau vient s'appuyer sur le quai par l'angle du tableau arrière (il faut donc le protéger par une bonne défense). On continue d'appliquer la marche arrière jusqu'à ce que l'avant soit dans la direction à prendre. On coupe alors les gaz et on rentre la garde à bord. On part aussitôt en avant, **sans mettre de barre**, pour ne pas raguer l'arrière sur le quai.

Sur un bimoteur, on fait la même manœuvre sans garde, simplement en différenciant les moteurs :

- larguer partout et rentrer les aussières à bord. Rien ne se passe dans l'immédiat compte tenu des conditions ;
- tenir, comme ci-dessus, une défense à l'angle du bateau arrière ;
- faire avant doucement sur le moteur du quai (100 tours au-dessus du ralenti) ;
- faire arrière en même temps sur le moteur extérieur, à un régime légèrement supérieur ;
- quand la bonne direction de l'étrave est obtenue, stopper l'extérieur et faire avant sur les deux, au même régime, barre au neutre.

APPAREILLER VENT COLLANT À QUAI

Si on est seul, la garde arrière, comme ci-dessus, reste la meilleure solution (même si elle oblige à une action plus forte sur les gaz) car on peut la larguer soi-même.

Faire arrière sur garde.

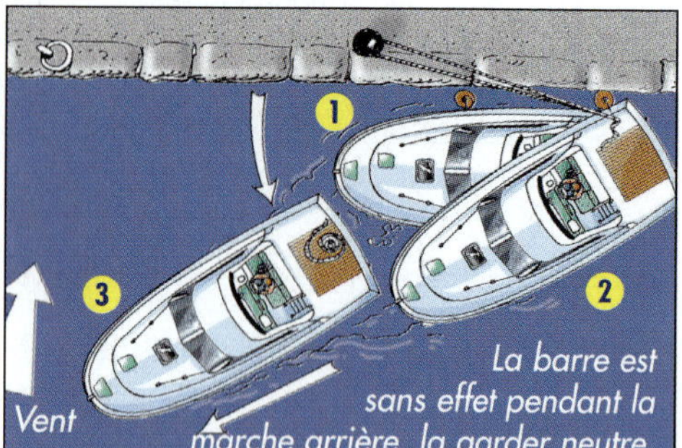

1 *Faire arrière sur la garde.*

2 *Stopper, rentrer la garde.*

3 *Faire avant, barre à zéro.*

Avec une puissance raisonnable, on parvient à monter l'étrave dans un vent traversier déjà fort (30 à 40 nds). De plus, on appareille en avant.
En équipage ou avec l'aide de personnes à terre (ou si on laisse l'aussière à terre), on manœuvre plus efficacement sur garde avant car l'action du gouvernail s'ajoute à la poussée moteur qui est plus efficace en avant.
Cependant, cette méthode n'est pas sans inconvénients. Il est plus difficile de protéger la coque, car elle est très galbée à cet endroit et l'on ne voit pas la défense. De plus, le point de contact se déplace légèrement pendant la manœuvre.
Le barreur a parfois du mal à s'assurer que la garde se largue bien, avant de lancer en arrière, ce qui peut introduire des délais regrettables.
Enfin, pendant la marche arrière, il faut se méfier, sur monomoteur, de l'effet évolutif de l'hélice.
Sur bimoteur, on aide l'action de pivotement des gardes en utilisant seulement le moteur extérieur.

Sur garde arrière, on fait arrière autant que nécessaire, barre au neutre, jusqu'à ce que l'avant atteigne la direction désirée.
Sur garde avant, on fait en avant, barre toute vers le quai, pour monter l'arrière dans le vent.

Appareiller vent poussant à quai.

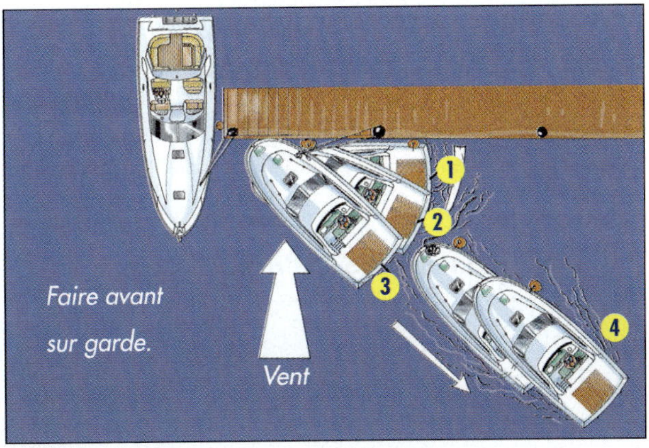

1 *Barre toute vers le quai.*

2 *Faire avant.*

3 *Stopper, rentrer la garde.*

4 *Faire arrière.*

LE CHOIX DE LA MÉTHODE

Si le vent est fort et se situe sur l'arrière du travers, on utilise la garde avant, car on peut alors amener l'arrière dans **le lit du vent** et partir en arrière sans subir aucune dérive due au vent.

Si, au contraire, le vent est sur l'avant du travers, il faut préférer la garde arrière et monter l'étrave dans le lit du vent pour les mêmes raisons. Attention toutefois de mettre en avant, barre au neutre ; un excès de barre vers l'extérieur fait raguer le tableau. Ce frottement peut suffire à rabattre l'étrave et à empêcher que vous dégagiez du quai.

Quand le vent est très fort et sur l'avant du travers, et que les circonstances imposent une manœuvre sur garde avant (obstacles vers l'avant), le vent se trouve travers et poussant à quai avec l'efficacité maximum au moment de larguer la garde (voir le dessin ci-après).

On doit donc monter l'arrière plus que nécessaire dans le vent pour permettre d'attendre que la garde soit rentrée, puis faire arrière énergiquement.

Si la manœuvre se fait mollement, il est à craindre que l'étrave vienne à raguer sur le quai. Il est alors préférable de considérer que la manœuvre est ratée. Faire alors en avant doucement pour annuler l'erre avec le quai, barre toute à l'extérieur et on se retrouve accosté en arrière de la position précédente (on voit l'importance d'une bonne protection de tout l'arrondi avant).

Il faut réfléchir aux raisons de cet échec. Se dire que les plus grands marins ont, un jour, raté une manœuvre... Éviter de répéter une procédure qui n'a pas marché, comme on le voit trop souvent, ou bien faire en sorte d'accélérer sérieusement l'exécution.

Un mauvais choix d'appareillage.

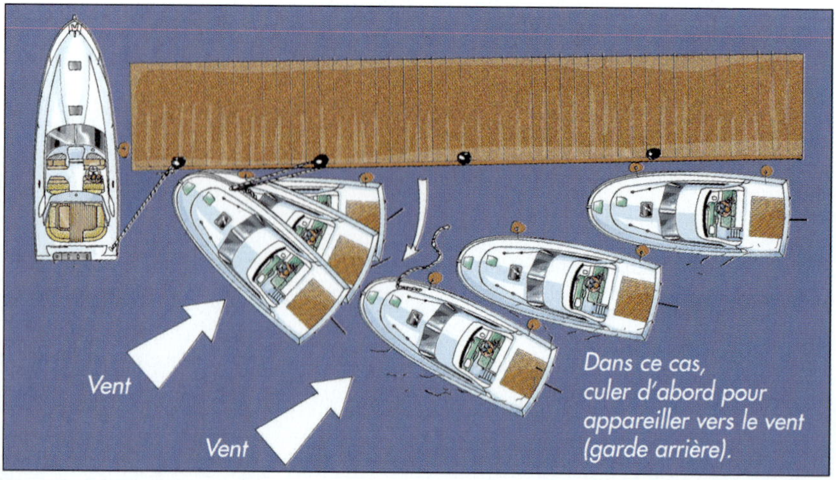

APPAREILLER AVEC DU COURANT

Le long d'un quai, le courant facilite généralement l'appareillage car il est positionné soit sur l'avant, soit sur l'arrière. Il n'y a guère qu'en rivière qu'on peut l'avoir légèrement oblique.

Ayant le courant sur l'avant, on largue tout sauf un traversier avant et une garde arrière, faisant retour à bord. Quand tout est paré on largue devant, toute impulsion à déborder devant (gaffe ou arrière sur garde) est amplifiée par le courant qui écarte l'avant. Quand l'étrave a presque atteint la bonne direction, larguer derrière et faire avant (voir le dessin « Courant sur l'avant », ci-dessous).

Ne pas attendre d'être travers pour larguer car alors les choses se précipitent et, pour peu que la garde ne largue pas, on peut être rabattu brutalement sur le quai et endommager l'autre angle du tableau.

Courant sur l'arrière.

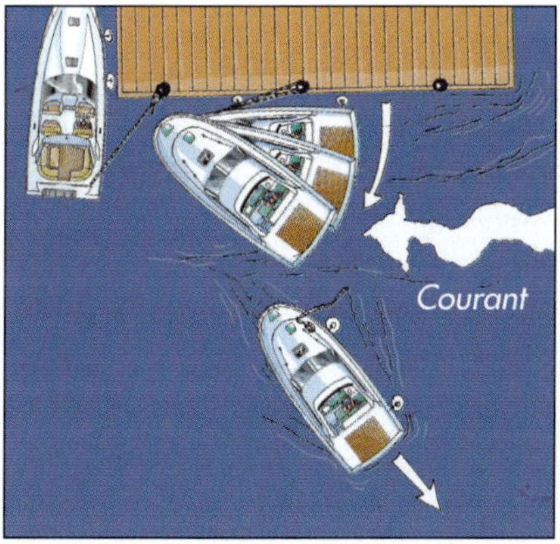

1 *Rentrer le traversier arrière, déborder.*

2 *Rentrer la garde.*

3 *Faire arrière.*

Courant sur l'avant.

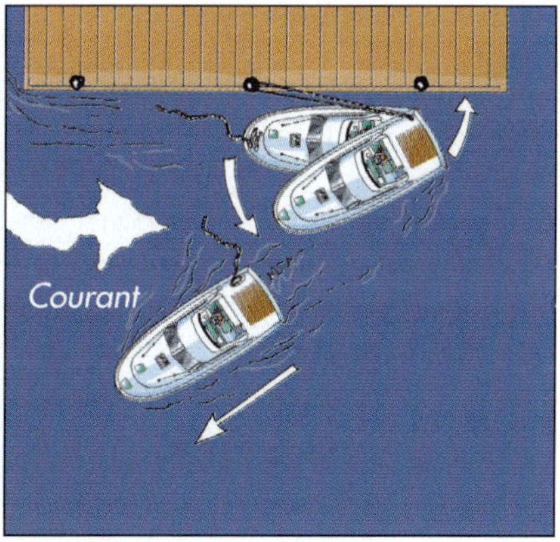

1 *Larguer devant.*

2 *Faire arrière sur la garde.*

3 *Stopper, rentrer la garde.*

4 *Faire avant.*

Avec le courant sur l'arrière, la manœuvre est très similaire. On tient sur le traversier arrière et garde avant. Larguer le traversier. Dès qu'on tire sur la garde avant pour la rentrer, l'arrondi de l'avant fait décoller l'arrière et le mouvement s'accélère à mesure qu'on est pris par le courant. Faire arrière dès que possible.

Sur un monomoteur accosté du bord favorable (marche arrière serrant à quai), laisser venir un peu plus dans le courant avant de battre en arrière.

Sur un monomoteur dont la marche arrière écarte du quai, prenons l'exemple d'un navire accosté tribord avec une hélice à pas à droite ; on peut se contenter de faire arrière doucement et tout larguer. L'effet évolutif amène rapidement le bateau travers au courant. Il est utile de culer avec la barre à droite toute pour retarder ce moment. Pour ramener le bateau dans le lit du courant, contrer l'effet évolutif en changeant très rapidement la barre (gauche toute dans le cas choisi) et en donnant des « coups de fouet » énergiques en marche avant.

- **Si l'on se trouve contre un ponton, le courant peut être traversier.**

- **S'il déborde du ponton**, il n'y a qu'à lui laisser faire le travail.

- **S'il colle au ponton**, on peut tenter les manœuvres classiques sur garde, mais il faut être très rapide. Il faut en particulier que les gardes soient rentrées rapidement et sans problème.

Si le courant est un peu oblique, on peut avoir la chance d'arriver à monter l'étrave ou l'arrière dans le lit du courant. Dans tous les cas, bien protéger le côté qui retombe à quai si la manœuvre échoue.

Si le courant est assez fort pour rendre ces manœuvres inefficaces, on doit rechercher des points fixes en amont dans le courant (par exemple sur un autre ponton, ou aller mouiller une ancre).

Il reste une solution moins laborieuse, consistant à trouver un remorqueur suffisamment puissant, le canot du port par exemple, qui, de plus, a l'expérience de cette situation car on n'est sûrement pas le premier à se faire coincer à cet endroit. Installer la remorque sur un taquet assez distant des extrémités, ainsi on décolle parallèlement au quai sans raguer l'avant ou l'arrière.

LES CAS PARTICULIERS

■ Les quais à pièges

Le courant ne porte jamais contre un quai sauf si l'on est très près de son extrémité ou si l'on est en haut d'une cale, ou encore si l'on est à proximité d'un de ces orifices sournois et généralement immergés destinés à éviter l'envasement des ports.

■ Les pontons

Un courant traversier reste d'autant plus sensible près d'un ponton que son tirant d'eau est faible. Ce phénomène se rencontre souvent sur les cat-ways auxquels on s'amarre dans les marinas.

Il existe aussi sur les pontons lourds en béton utilisés comme brise-clapot. Le courant est cependant très atténué car le tirant d'eau de ces installations est supérieur à celui de votre bateau. Faites très attention toutefois aux espaces libres entre les blocs qui constituent des entonnoirs dont l'effet peut être sensible à une dizaine de mètres. Ne vous laissez pas plaquer à cheval sur deux pontons car votre coque souffrirait sûrement de l'agressivité des ferrures d'angle garnies de gros écrous.

■ Appareiller d'un quai sans bollard

Sur un petit navire, on peut déborder avec une gaffe mais c'est impossible du flybridge d'une unité plus importante.
La méthode suivante peut suffire si l'on n'est pas trop poussé à quai : garnir l'avant, du bord du quai, de bonnes défenses ; mettre la barre toute vers le quai et faire avant en « coup de fouet » ; le bateau pivote sur son arrondi avant et l'arrière s'écarte du quai. Partir en arrière en passant doucement la barre au neutre.
Sur un monomoteur accosté du bord favorable (marche arrière serrant à quai), il y a peu de chances, avec un vent fort, qu'on puisse poursuivre en arrière sans être rabattu sur le quai. Dans ce cas, dès qu'on s'est un peu écarté, renouveler le coup de fouet en avant, très énergiquement, pour reculer ensuite, avec un angle plus fort et s'écarter largement du quai. Changer la barre et répartir en avant quand on est sûr que l'arrière va passer, malgré le dérapage dû au vent et à la rotation.
Sur un bimoteur, on obtient le même résultat, mais avec plus de souplesse et de contrôle, en différenciant les moteurs.

Courant sur cale.

Il faut beaucoup écarter l'arrière en faisant avant sur une garde passée en double dans l'anneau (1) afin d'éviter d'être rabattu sur la cale.

■ Appareiller d'un cat-way par vent fort dans l'axe

Le but est de sortir, en principe en arrière, sans « tomber » (c'est-à-dire se faire déporter par le vent) sur le bateau voisin.
La solution consiste le plus souvent à tenir le bateau au moteur sur une garde, pendant qu'on largue le reste des amarres.
Si le vent est sur l'avant, on doit s'en sortir en manœuvrant énergiquement pour ne pas laisser le temps à l'étrave de tomber sous le vent.
Sur un monomoteur (voir « Culer sur un monomoteur », pages 25 et 26), l'effet évolutif de l'hélice fait abattre et il faut être prêt à contrer très vite (changer la barre toute et coup de moteur en avant pour remettre l'étrave dans le lit du vent).
Si le vent est sur l'arrière, il n'y a pas de problème avec deux hélices. Sur monomoteur, le problème est aggravé puisqu'il faut plus de moteur. Le couple à virer est plus marqué, mais la manœuvre reste identique et on sait sur quel bord on va tomber.

■ Par vent oblique/cat-way au vent

Supposons un vent frais de l'avant bâbord (le cat-way est aussi à bâbord), comme on l'a vu plus haut, on met en avant sur une garde avant (passée en double si on doit la récupérer). La barre est à droite toute, le bateau est ainsi maintenu en place. Larguer toutes les autres amarres. Au moment choisi, stopper, passer en arrière, filer la garde en culant « comme çà » (barre à droite toute, si on se trouve sur un monomoteur, pas d'hélice à droite).
Avec un équipier avisé, on peut même exercer une retenue de l'étrave en rentrant la garde (voir le dessin ci-dessous).
Si on se trouve sur un monomoteur à pas d'hélice à gauche, l'arrière vient sur tribord. Il faut donc mettre à gauche toute avant de lancer en arrière. On peut aussi exercer une légère retenue de la garde pour freiner la tombée de l'étrave sous le vent. Avec un propulseur Z-Drive, mettre plus ou moins de barre vers le vent en fonction du pas de l'hélice.

Tenir en avant sur garde.

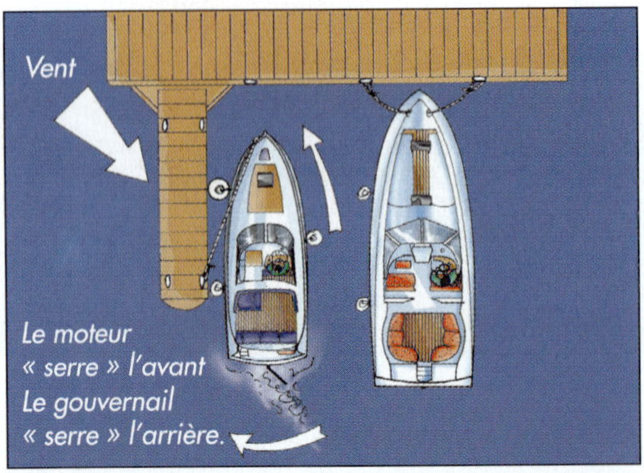

Faire arrière.

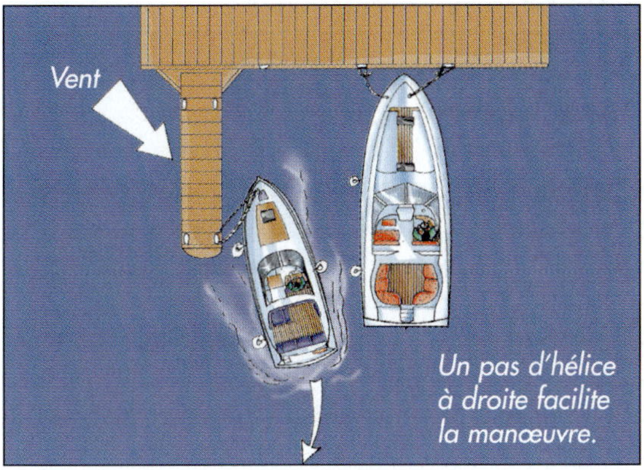

S'appuyer au ponton.

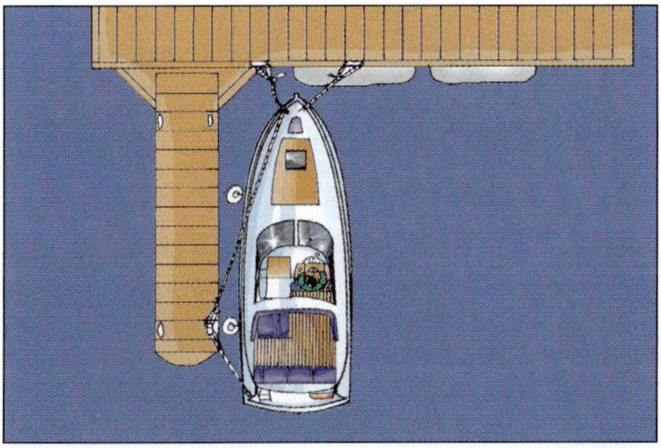

On peut aussi, avec de la place, aller s'appuyer sur le ponton au fond de l'alvéole et, en avant lente, orienter le bateau au gouvernail pour partir dans une direction favorable.

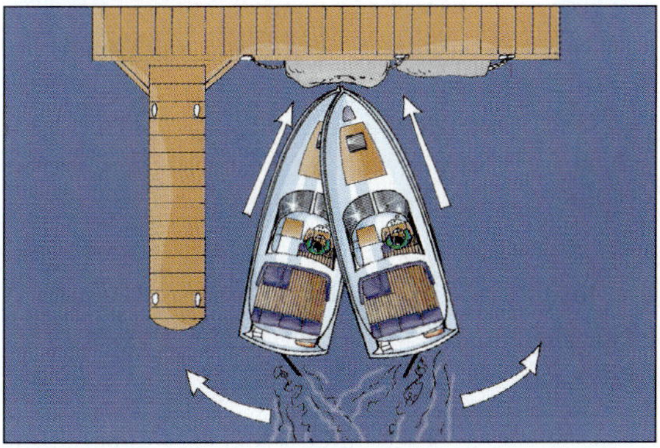

1. *Larguer tout.*
2. *S'appuyer au ponton.*
3. *S'orienter à la barre.*
4. *Lancer en arrière.*

Sur un bimoteur, on contrôle une éventuelle abattée en différenciant les moteurs.

LES AUTRES CAS

■ Les moyens de lutte semblables

Supposons un vent frais de l'arrière tribord, cat-way à tribord. On voit que la manœuvre est délicate pour un monomoteur à pas d'hélice à droite. En effet, on risque de tomber sur les bateaux sous le vent à bâbord puisque l'effet évolutif entraîne vers bâbord.

Dans ce cas, la garde avant est frappée **vers le milieu du navire** ; on prépare des défenses sous le vent (à bâbord).

On met à la garde le meilleur équipier qui « contrôle » la position, pendant la marche arrière, en freinant le départ de la garde. Cette garde a d'abord un rôle de traversier, empêchant le navire de tomber sous le vent, puis elle fait pivoter l'arrière vers le vent.

Il faut larguer aussitôt qu'on a atteint la bonne direction pour culer sans risque. Attention : lorsque l'aussière se tend, le pivotement est rapide et brutal.

On remarque l'importance d'une action coordonnée du pilote et de l'équipier (voir le dessin ci-dessous). En l'absence de cet équipier providentiel, il faut orienter l'arrière au maximum vers le vent, comme indiqué page précédente, avant de culer.

La garde est frappée au milieu.

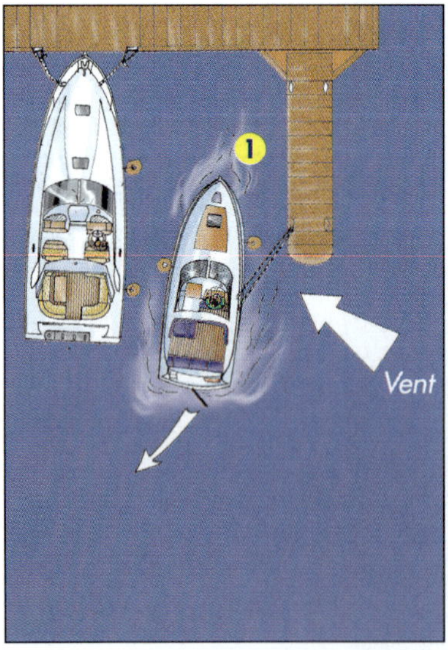

1 *Arrière lente à droite toute.*

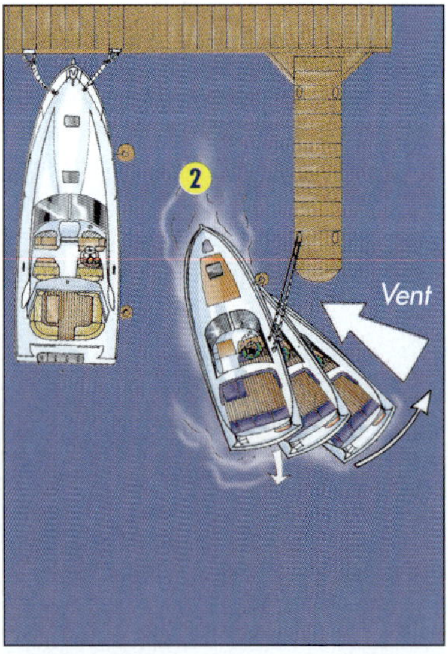

2 *La garde « rappelle » brutalement vers le vent, la freiner souplement.*

Si ça se gâte vraiment.

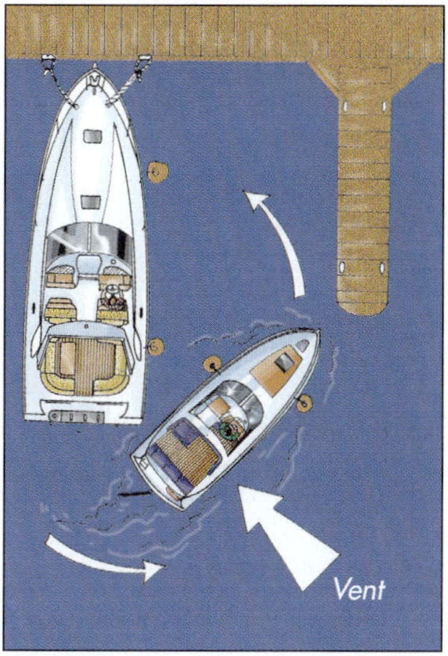

Le vent fait tomber sur les autres bateaux.
Faire avant sur barre toute pour redresser.

On peut imaginer que cela se passe mal. La garde s'est engagée.
Annuler la manœuvre et rentrer dans le cat-way.
On tombe sur les bateaux sous le vent.
Faire des coups de fouet énergiques et répétés (à gauche toute dans le cas présent), pour se redresser et rentrer dans l'alvéole.

■ Appareiller d'un coffre

Cette manœuvre ne pose généralement pas de problème particulier, même quand le vent et le courant exercent une action telle que le navire pousse sur le mouillage. Il suffit alors de préparer une aussière passée en double et faire arrière doucement au moment de larguer pour se dégager du coffre.

■ Faire croupiat

C'est une manœuvre pour appareiller à l'inverse du sens dans lequel le bateau s'évite naturellement.

Exemple : on est en rivière et l'on craint de manquer de place pour faire demi-tour. On exécute alors un mouvement de bascule soit sur aussière simplement par l'effet du vent ou du courant et en virant « à suivre » les aussières, soit en faisant en plus machine arrière, pour aider au pivotement.

Une amarre est passée depuis l'arrière sur le coffre avant, en double et par l'extérieur de tout.
On fait venir l'étrave du bord opposé à cette amarre (barre à droite) et on largue l'amarre avant.

Appareiller en faisant croupiat.

1 *Le bateau s'évite franchement dans le courant, ou dans le vent.*

2 *Passer, depuis l'arrière, une amarre sur la bouée.*

3 *Raidir un peu l'arrière, pour faire venir du bord où l'on veut abattre, puis larguer devant.*

4 *Larguer derrière.*

Le navire pivote retenu par le « croupiat ». On peut encore réduire l'évitage en faisant arrière (cas de vent fort de la gauche). On n'a plus qu'à dépasser ensuite le « croupiat ». Si l'aussière ne file pas bien on peut embraquer et faire arrière sans danger jusqu'à toucher la bouée pour la libérer.
On exécute parfois cette manœuvre au mouillage pour être protégé du vent ou de la pluie par la timonerie.
On pratique de la même façon mais sans moteur pour changer le sens d'un navire embossé (amarré ou mouillé par les 2 extrémités).

■ Appareiller d'un amarrage sur pendille

Il est courant en Méditerranée de prendre à quai une chaînette ou un cordage (extrémité d'un mouillage sur un corps mort situé devant ce quai).
On amarre l'arrière du navire à quai, on raidit ensuite la pendille depuis l'avant jusqu'à avoir en main le mouillage proprement dit. On est donc amarré perpendiculairement au quai, l'avant ou l'arrière à quai selon le degré d'intimité que l'on souhaite.
Appareiller ne peut présenter de difficultés que pour un monomoteur lorsqu'il règne un fort vent traversier, ou sur l'arrière du travers si on a l'étrave à quai.
En principe, la pendille ne pose pas de problème grave, même si elle est sous le vent, car elle coule dès qu'on l'a larguée. Encore faut-il prendre quelques précautions, et si l'arrière force dessus au moment où on largue, elle peut engager une hélice ou un safran de gouvernail. Il peut donc être préférable de la passer d'abord au vent en la faisant couler bien sûr.
Dans tous les cas de vent de travers ou oblique, on largue d'abord les amarres sous le vent.
La sagesse consiste, dès que cela semble utile, à demander au voisin placé au vent de prendre un traversier sur lui, passé en retour, pour « soutenir » pendant qu'on fait arrière.
Quand le bateau est petit, on tient simplement à la main sur le cale-pied de plat bord (plutôt que sur les filières).
Si on n'a pas de voisin, on peut prendre la pendille au vent, le temps de culer d'une longueur.
Dans tous les cas, l'équipier qui exerce l'effort de retenue se place vers le milieu du bateau, puis « accompagne » en marchant vers l'étrave, avant de larguer.
Quand on a l'arrière à quai et le vent plein arrière, il suffit de larguer d'abord la pendille depuis l'avant. Il reste tout le temps pour larguer ensemble derrière.

L'appareillage sur pendille.

Cas défavorable : si le monomoteur part en arrière avec du vent oblique du mauvais bord (sur la hanche bâbord avec pas d'hélice à gauche).

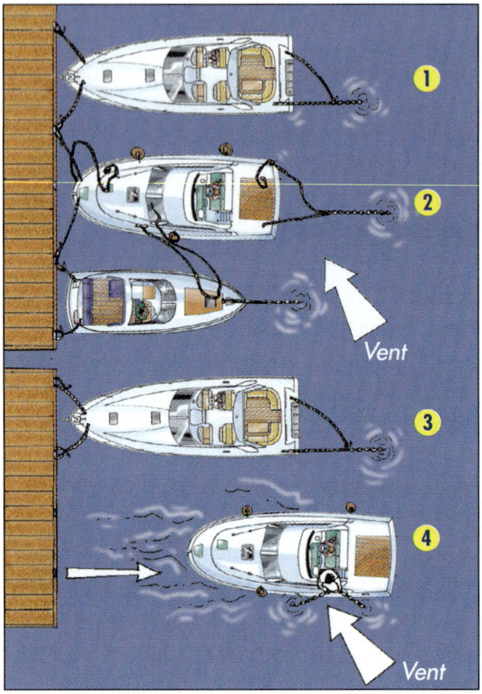

1 *Larguer les aussières « sous le vent ».*

2 *Culer en « soutenant » avec le traversier passé sur le voisin « au vent ».*

3 *Larguer « sous le vent » puis devant.*

4 *Accompagner sur le plat bord en « soutenant » grâce à la pendille.*

Conclusion : Il est facile d'imaginer toutes sortes de manœuvres avec des vents ou courants différents, des pas d'hélice inverses, etc. Les procédés restent les mêmes, ils découlent de la théorie et des observations qu'on a pu faire pour son propre bateau. On trouve dans les cas d'école exposés la réponse au problème spécifique posé par une circonstance particulière.

Rappelons que pour les manœuvres avec aussières, l'action, de l'équipier qui « file », « fait forcer » ou « ralentit » seulement le départ d'une aussière, est aussi importante que celle du pilote.

Le meilleur pilote ne peut réussir son appareillage si l'un des équipiers fait « un sac de nœuds » sur une aussière.

On met donc aux manœuvres sur amarres un équipier averti, capable de reprendre du mou dès que c'est possible et qui ne laisse pas ses doigts ou ses pieds dans les cordages en traction.

Le navire monomoteur est handicapé dans les zones « exiguës » par son rayon de virage du bord défavorable. On se réserve donc la possibilité de virer du bon bord ou de s'aider des éléments (vent ou courant) pour réduire le diamètre d'évolution. Les manœuvres en arrière sont les plus délicates puisqu'on ne peut culer droit. Elles le sont d'autant plus qu'on a besoin de puissance (vent ou courant fort du secteur arrière). Il faut tenter de prendre assez d'erre pour être manœuvrant ou se tenir prêt à contrer immédiatement l'effet évolutif de l'hélice par un coup de fouet énergique en marche avant.

L'aide des aussières est vite indispensable.

Sur un bimoteur, on fait à peu près ce qu'on veut, mais en dérivant beaucoup dès qu'on a du vent frais. La différenciation des moteurs est presque toujours suffisante. Compte tenu de l'importance plus grande des masses en mouvement, il peut être utile d'assurer la manœuvre avec une aussière.

Enfin, outre le propulseur d'étrave, il existe, pour un pilote entraîné, des possibilités de déplacement transversal (voir page 27).

Le navire à « gouvernail actif » (Z-Drive au hors-bord) oriente son propulseur dans la direction souhaitée. S'il a deux propulseurs, il peut arriver qu'il manœuvre plus facilement en les gardant dans l'axe et en contrariant l'action des moteurs.

6. le mouillage

DÉFINITION

On peut risquer cette définition :

Le mouillage est un équipement pesant, constitué principalement d'ancres et de chaînes, permettant de créer un point fixe en un endroit choisi du fond sur lequel se tient le navire.

Mais c'est insuffisant. Le mouillage désigne aussi :

- l'endroit où l'on a mouillé : « Un mouillage calme et bien abrité ».
- l'action de mouiller.
- la situation du navire mouillé : « Le mauvais temps surprit le navire au mouillage ».

Le mot est chargé de symboles : symbole de l'arrivée, du but atteint et du repos gagné, du calme après la tempête, de la sécurité retrouvée : « Relâcher dans un mouillage sûr ».

L'ancre, pièce maîtresse du dispositif de mouillage, est aussi un élément mythique (tous les marins du monde portent une ancre sur leur casquette).

Elle a porté de multiples appellations imagées évoquant un usage spécifique :

- l'ancre de « miséricorde » ou maîtresse ancre était autrefois la plus grosse ancre du bord. On lui confiait la rude tâche de sauver le bateau jeté à la côte ;
- l'ancre de bossoir était en place de chaque bord à l'avant du navire. Quant à la delphinière, elle est un bossoir moderne situé dans l'axe ; on y trouve l'ancre servie par le guindeau (treuil) mécanique ou électrique ;
- l'ancre de veille ou ancre d'usage est celle qu'on tient parée à mouiller dans les circonstances délicates (sur nos petits bateaux, c'est la plupart du temps l'ancre du « bossoir-delphinière ») ;
- l'ancre de jet plus légère et transportable dans l'annexe permet de limiter les mouvements du navire sur son mouillage ou de l'orienter dans une direction précise (face à la houle par exemple).

L'ancre à jas mobile.

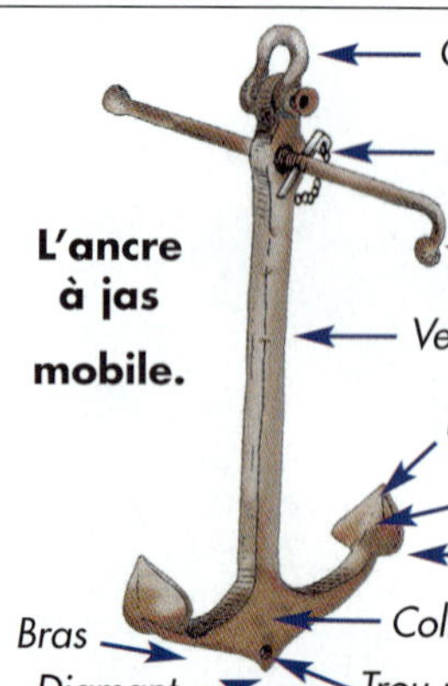

N'importe quelle ancre devient essentielle en cas de panne avec un seul moteur puisqu'elle est le dernier moyen d'empêcher la dérive vers le large ou vers des dangers.

Nota : en Méditerranée, mer faussement sympathique, l'importance des fonds interdit rapidement de mouiller.

Ce point fixe portatif, que constitue notre mouillage, peut donc être déplacé, relevé, mouillé ailleurs, utilisé seul, avec d'autres ou en même temps que des points fixes à terre ou des pontons flottants.

L'attitude des plaisanciers vis-à-vis du mouillage est très variable. Certains utilisent de moins en moins leurs apparaux de mouillage. Ils vont de marina en marina et branchent la prise de quai dès leur arrivée pour avoir de la glace dans le whisky. D'autres sont amateurs de criques sauvages, même s'il arrive que l'on y boive tiède... dans le calme et l'odeur des pins.
Tous devraient cependant se persuader de l'importance des apparaux de mouillage qui peuvent devenir leur dernier recours en cas de panne grave. Personne ne peut se passer d'un mouillage adapté et suffisant.

LES APPARAUX DE MOUILLAGE

Ils comprennent :
- l'ancre et sa ligne de mouillage (chaîne, câblot, pièces de liaison, manilles émerillon, fausses mailles, cosses) ;
- le logement de l'ensemble, puits à chaîne ou baille à mouillage ;
- la fixation dans ce logement ou étalingure ; parfois un orifice de sortie, l'écubier, souvent un engin de manutention, le guindeau. Rarement un stoppeur ou étrangleur ;
- et des protections ou guides de chaîne, daviers à rouleaux, à bascules, chaumards, écubiers de pavois sur les grosses unités.

Manilles

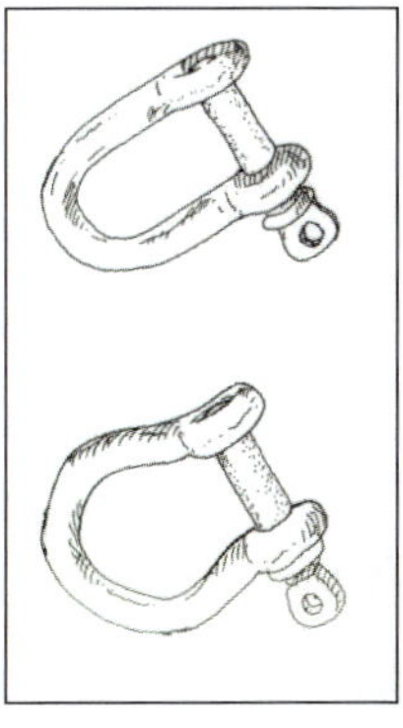

■ Le choix des apparaux

Si vous achetez un bateau neuf, le choix des apparaux de mouillage vous appartient car ils ne sont pas compris généralement dans l'équipement catalogue. Voyons les apparaux les plus courants.

■ Les ancres

On cite pour mémoire et pour rappeler les noms de ses différentes parties, l'ancestrale ancre à jas qu'on ne trouve plus sur aucun bateau moderne :
- l'ancre charrue articulée ou CQR, inventée par Sir Joffrey TAYLOR pour tenir les éléments des ports artificiels du débarquement, qui est très diffusée ;
- l'ancre non articulée dérivée de la précédente qui se loge particulièrement bien dans les daviers d'étrave (Delta) ;
- les différentes ancres plates dérivées de la Danforth (Fob, Britany, etc.) ;
- les ancres légères en alliage d'aluminium dont certaines démontables ;
- les grappins pour les très petites unités ou pour la pêche.

Mis à part les grappins, d'usage spécifique, les tenues de ces ancres sont voisines et sensiblement supérieures à celle de la traditionnelle ancre à jas.
Vous devrez vous en remettre aux publicités des constructeurs pour arrêter votre choix. Il est vrai que si l'on a bien mouillé avec une longueur de chaîne suffisante, n'importe laquelle de ces ancres tient parfaitement.
Le choix est parfois commandé par la forme de la pièce d'étrave, plus spécialement adaptée à un modèle d'ancre, permettant ainsi de virer la chaîne jusqu'à bloquer l'ancre au poste de mer avec le guindeau.

Différents types d'ancres.

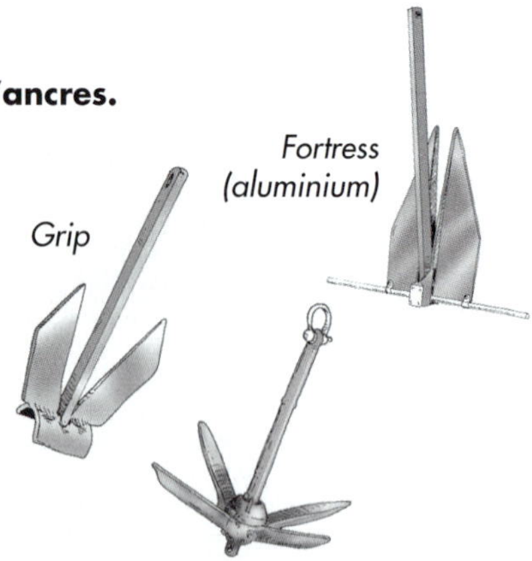

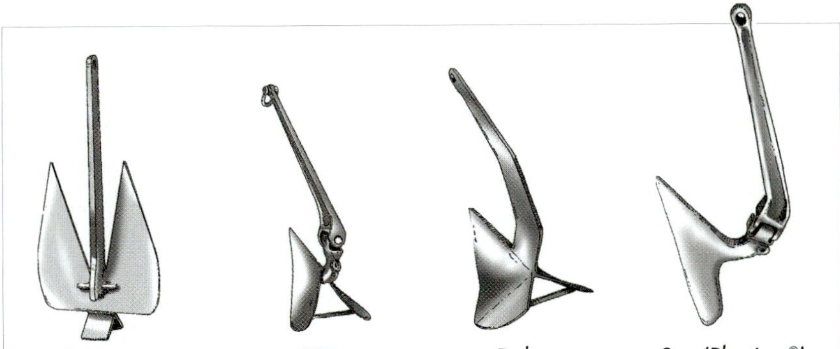

Britany *CQR* *Delta* *Soc (Plastimo®)*

Pour le poids, le choix est plus limité. Une ancre est obligatoire à bord de tout navire français, mais l'administration laisse désormais au plaisancier toute liberté quant au type et au poids du matériel. L'ancienne liste du matériel obligatoire (ci-dessous) reste une excellente indication de ce qu'il est raisonnable d'embarquer.

Tableau des caractéristiques des apparaux de mouillage

LONGUEUR ET POIDS DU NAVIRE	MASSE de l'ancre *(kilogrammes)*	DIAMÈTRE de la chaîne *(millimètres)*	DIAMÈTRE du câblot *(millimètres)*
Entre L ≥ 6,50 ou P < 1.000 kg	8	6	10
Entre L ≥ 6,50 ou P ≥ 1.000 kg et L < 7,50 ou P < 2.000 kg	10	8	14
Entre L ≥ 7,50 ou P ≥ 2.000 kg et L < 9,00 ou P < 3.000 kg	12	8	14
Entre L ≥ 9,00 ou P ≥ 3.000 kg et L < 10,50 ou P < 4.500 kg	14	8	14
Entre L ≥ 10,50 ou P ≥ 4.500 kg et L < 12,50 ou P < 8.000 kg	16	10	18
Entre L ≥ 12,50 ou P ≥ 8.000 kg et L < 16,00 ou P < 12.000 kg	20	10	18
Entre L ≥ 16,00 ou P ≥ 12.000 kg et L < 18,00 ou P < 16.000 kg	24	12	22
Entre L ≥ 18,00 ou P ≥ 16.000 kg et L < 20,00 ou P < 20.000 kg	34	12	22
Entre L ≥ 20,00 ou P ≥ 20.000 kg et L < 25,00 ou P < 30.000 kg	40	14	24
L < 25,00 et P ≥ 30.000 kg	60	16	28

Nota : les diamètres de câblot ci-dessus sont restés ceux donnés autrefois pour le chanvre. On peut donc se satisfaire avec les textiles modernes des sections minimales exigées (Voir « La résistance des cordages » en annexe).
Le cordage, moins lourd que la chaîne, est plus encombrant et plus difficile à ranger correctement. Le cordage flottant est à éviter (polypropylène).

Compte tenu du tableau et de la taille moyenne des yachts, le poids de la maîtresse ancre se situe entre 12 et 40 kg et le cordage va du 14 au 24. Pour les assemblages se rappeler que la résistance de l'ensemble est la résistance de la partie la plus faible (penser à la perte de force due aux nœuds : un cordage noué conserve seulement 45 à 70 % de sa résistance initiale, préférer les épissures).

On admet généralement qu'une ancre de moins de 30 livres ou 14 kg pénètre mal dans les herbiers.
Une deuxième ancre est souhaitable sur une unité de croisière qui pratique régulièrement les mouillages forains. On la choisit d'un poids inférieur d'un tiers à l'ancre principale afin de pouvoir la mouiller avec l'annexe. C'est l'ancre « de jet », qui permettra d'empenneler, afffourcher ou embosser comme on le verra plus loin (voir pages 98 à 102).
Si vous êtes soucieux de tradition, au point d'avoir une ancre à jas, vous devrez majorer les poids du tableau de 33 % pour une tenue identique.
Je signale aux utilisateurs d'ancres plates (FOB, Britanny ou Fortress) qu'une ancre dont une bêche est tordue, est **réellement inutilisable**, car, en traction, elle effectue une rotation sur elle-même due à l'angle des bêches et ressort du sol. Attention aux achats d'occasion !

■ Les efforts en cause

Au mouillage, un bateau de 8 à 10 m, qui oppose à un vent de 35 nds une surface frontale de 10 m^2, exerce sur sa chaîne, une traction un peu supérieure à 100 kg (ce qui rend impossible un relevage à la main si vous n'êtes pas un haltérophile confirmé).
Les ancres citées plus haut résistent à des tracctions de 300 à 800 kg (pour les modèles de 14/15 kg mouillées sur du sable dur avec une longueur de chaîne de huit correspondant à quatre fois la profondeur d'eau.
La traction totale peut bien sûr être aggravée par un courant, du ressac ou un « C^x » (coefficient de taîne aérodynamique) des superstructures, particulièrement élevé.

La ligne de mouillage détaillée.

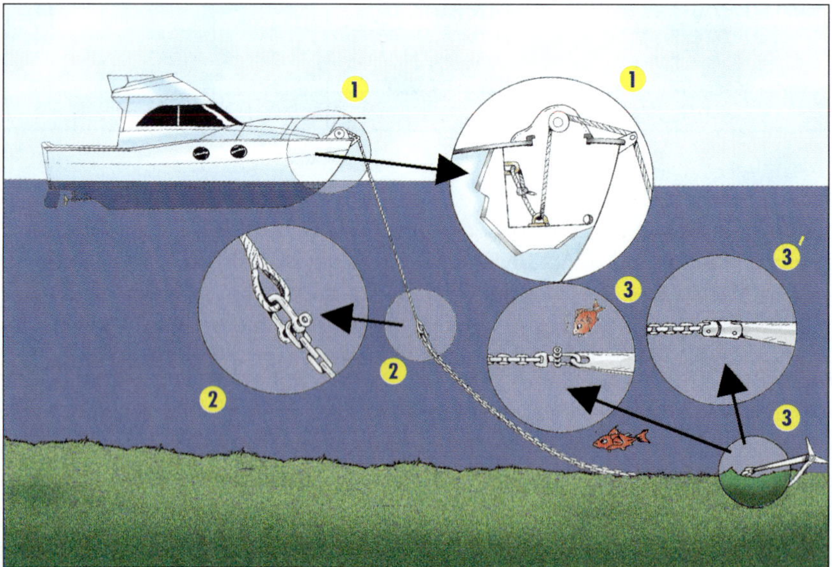

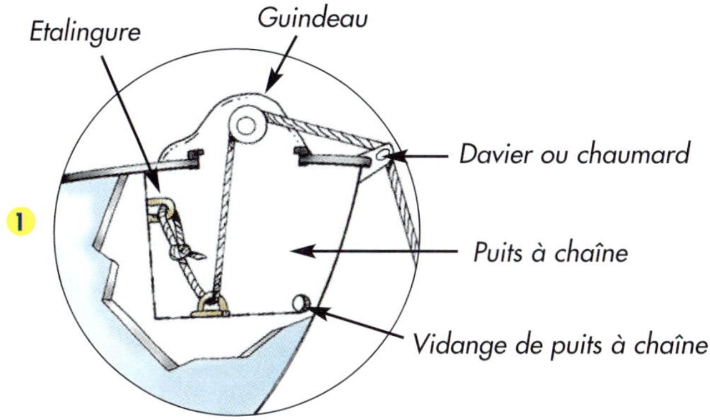

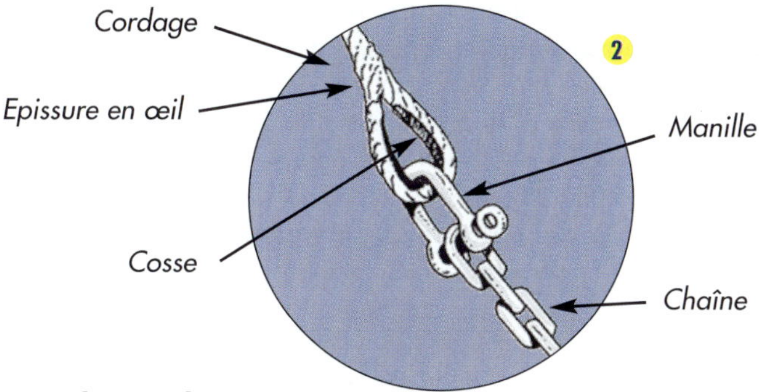

Montage traditionnel.

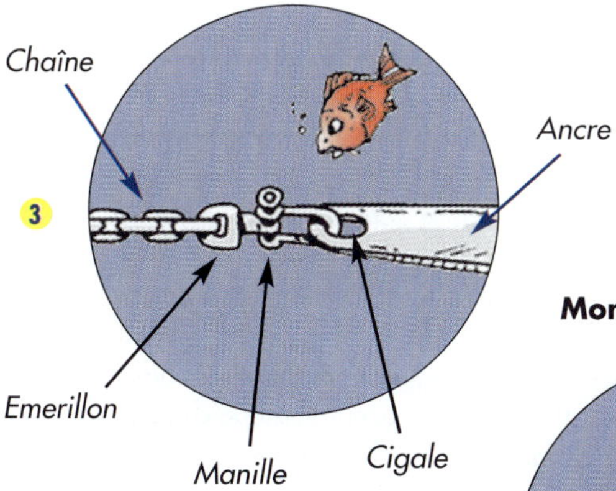

Montage moderne.

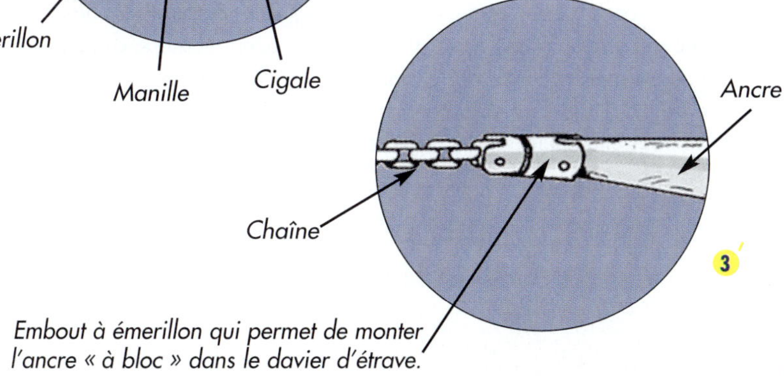

LA LIGNE DE MOUILLAGE

Si on n'a pas de guindeau, elle est mixte (chaîne et câblot) afin qu'on puisse la relever plus facilement. Elle comprend donc d'abord une chaîne (deux fois la longueur du bateau) et un câblot d'au moins 30 mètres épissé en œil avec cosse et manille. Si la manille est en inox (ce qui ne se justifie que si on veut la démonter souvent), il faut freiner le manillon. On peut associer à ce dispositif une gueuse ou quelques mailles de très grosse chaîne, destinées à couler le câblot. Garder en réserve au moins autant de câblot.

Lorsqu'on est équipé d'un guindeau, la ligne de mouillage est constituée d'une chaîne (sauf rallonge exceptionnelle). Mais la chaîne étant lourde et les puits à chaîne étant souvent placés très haut et très à l'avant, les qualités nautiques du bateau peuvent se trouver rapidement affectées par une surcharge entraînant une perte de stabilité et un accroissement du tangage.

On se limite donc à 45 m de chaîne de 8 sur un bateau de 9 m afin de mouiller couramment jusqu'à 12 m de fond. Sur une vedette de 12,5 m déplaçant 10 tonnes, il faut 60 à 70 m de chaîne de 10 ou de 12 pour tenir sur 15 à 20 m de fond. Au-delà ou en cas de courant violent, prévoir des rallonges de cordage (ou de chaîne assemblées par des mailles démontables).

Nota :

- acheter uniquement de la chaîne calibrée, c'est-à-dire susceptible d'être utilisée sur un guindeau (elle est un peu plus chère, mais aussi plus lourde et plus résistante) ;
- on trouve la chaîne calibrée en longueur de 100 m jusqu'au diamètre 12 mm, en longueur de 60 m au-dessus. Évitez autant que possible les assemblages, les mailles rivetées n'ayant que 50 % de la résistance d'une maille normale (voir le tableau ci-après) ;
- des cordages plombés sont proposés dans le commerce. Ils sont alourdis par des fils de plomb constituant l'âme de chaque toron. L'avenir dira si ce produit apporte les avantages de poids et de souplesse qu'on peut espérer.

Exemples : Un constructeur connu (Plastimo®) suggère des montages (voir page suivante) avec son ancre Britany en fonction de la longueur et du poids du navire. Ces assemblages tiennent compte de la résistance de chaque élément pour constituer une ligne de mouillage homogène.

Ce sont de bons exemples de mouillages efficaces où l'on a cherché à ne pas alourdir inutilement le navire.

Longueur du bateau	< 6,50 m	6,50/7,50 m	7,50/9 m	9/10,50 m	10,50/12,50 m	12,50/16 m
Poids du bateau	< 1.000 kg	1 à 2 tonnes	2 à 3 tonnes	3 à 4 tonnes	4 à 8 tonnes	8 à 12 tonnes
Ancre	Britany 8 kg	Britany 10 kg	Britany 12 kg	Britany 14 kg	Britany 16 kg	Britany 20 kg
Chaîne	13 m, Ø 6 mm	15 m, Ø 8 mm	18 m, Ø 8 mm	21 m, Ø 8 mm	25 m, Ø 10 mm	32 m, Ø 10 mm
Cordage	20 m, Ø 10 mm	23 m, Ø 14 mm	27 m, Ø 14 mm	32 m, Ø 14 mm	38 m, Ø 18 mm	48 m, Ø 18 mm
Manille lyre galva	Ø 8 mm	Ø 10 mm	Ø 10 mm	Ø 10 mm	Ø 12 mm	Ø 12 mm
Poids total	25 kg	31 kg	52 kg	60 kg	109 kg	140 kg

(Catalogue Plastimo®)

LE GUINDEAU

S'il est inutile en dessous de 6 m et de 1,5 tonne, le guindeau est bien agréable sur un bateau plus fort. On peut le considérer comme obligatoire à partir de 8 m ou de 3 tonnes. Il peut devenir, en effet, très éprouvant de relever un mouillage par grand frais, compte tenu du fardage important des bateaux modernes. De même, un courant de 3 à 4 nœuds peut vous obliger à attendre l'étale si vous êtes seul sur un bateau lourd.

Bien que l'on puisse soutenir au moteur, il y faut une certaine pratique que ne possède pas toujours votre matelot (s'il y en a un).

Les guindeaux mécaniques à levier n'existent plus que sur les voiliers. On n'évoque ici que les guindeaux électriques commandés à distance soit de la timonerie, soit du fly-bridge, soit de la plage avant, soit des trois endroits à la fois.

Les guindeaux électriques sont composés d'un moteur entraînant une vis sans fin puis des pignons démultiplicateurs solidaires d'un arbre qui est, la plupart du temps, horizontal et perpendiculaire à l'axe du navire. Cet arbre porte à tribord un « barbotin », poulie à encoches qui reçoit la chaîne, et à bâbord une poupée qui peut porter un cordage. La poupée et le barbotin peuvent être libres ou rendus solidaires de l'arbre qui les porte par leur frein. Les plus gros modèles peuvent porter deux barbotins. On a alors deux puits à chaîne et deux lignes de mouillage. Les deux barbotins sont, bien sûr, utilisables isolément.

Dans tous les cas, les barbotins ou les poupées doivent être parfaitement dans l'axe du davier ou chaumard qui guide la chaîne ou le cordage. Certains barbotins modernes avalent aussi bien le cordage que la chaîne.

Guindeau.

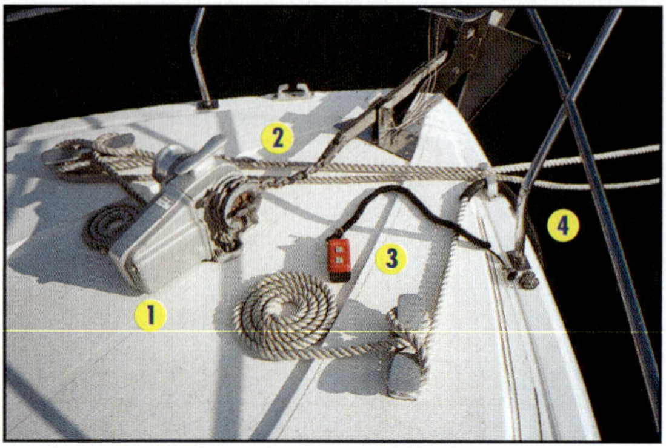

1 *Guindeau électrique (tout extérieur).*

2 *Chaîne et ancre.*

3 *Commande mobile (montée/descente).*

4 *Prise à capuchon.*

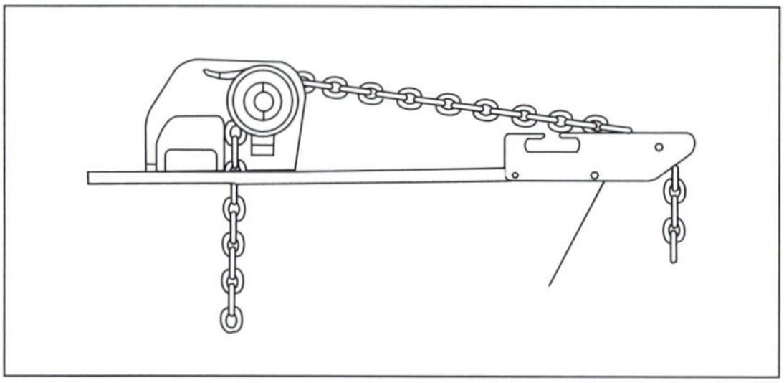

Guindeau et davier d'étrave (montage classique)

Dans ce cas, faire des essais de cordage afin de vérifier qu'il ne glisse pas lorsque la traction augmente (avec une section d'aussière trop faible ou trop forte, le barbotin ne retiendra rien du tout). Certains modèles sont commandés par un boîtier étanche à câble, analogue à ceux qui commandent les grues ou les ponts roulants dans l'industrie. Ces boîtiers sont souvent démontables et il faut surveiller l'étanchéité de la prise de raccordement qui est soumise aux embruns. Quand ils ne sont pas démontables, ils restent dans la baille à mouillage et il faut faire très attention que la chaîne n'abîme pas le câble électrique. LEROY-SOMMER® a récemment placé des commandes à poussoir sur le corps du guindeau. Enfin, on trouve des commandes à distance sans fil avec compteur de chaîne.

Guindeau « vertical » avec moteur sous le pont.

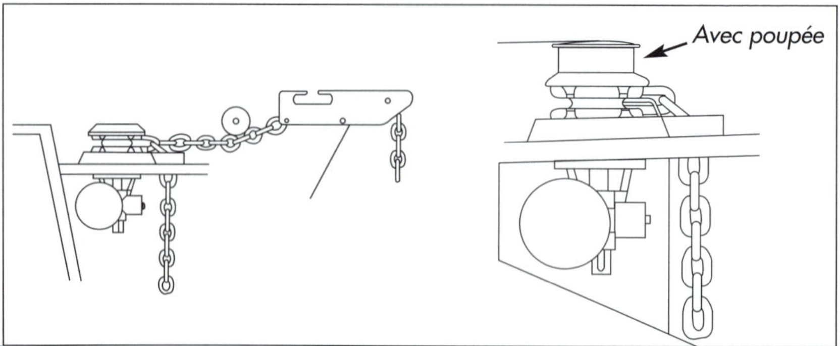

Montage simple (Boston waler®).

Baille, guindeau et delphinière.

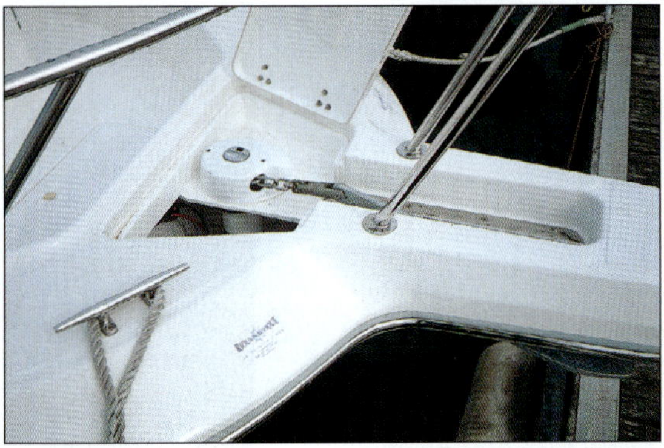

Les guindeaux qui ne fonctionnent que dans un sens (la remontée bien sûr) supposent qu'on mouille « au frein ». Dans ce cas, on se munit d'un levier qui s'emboîte dans les oreilles de l'écrou-frein. On desserre le frein pour provoquer la descente du mouillage qui se fait par gravité. On joue sur le frein pour contrôler la vitesse de descente, certains freins étant à pédale.
Un frein identique existant sur la poupée (à l'opposé du barbotin), on peut aussi reprendre ou laisser filer, un cordage enroulé de plusieurs tours sur la poupée (desserrer préalablement l'entraînement du barbotin).
Lorsque le guindeau fonctionne dans les deux sens, on l'utilise frein bloqué sur le barbotin ou sur la poupée.

Si l'on doit installer un guindeau, il faut faire simple. Beaucoup d'ennuis sur les bateaux modernes viennent d'installations trop complexes qu'il faut dépanner.
Une bonne solution consiste à n'avoir qu'une commande sur la plage avant, puisque de toute façon, on doit avoir quelqu'un là pour surveiller et mettre en place les sécurités en fin d'opération.
Cet équipier qui observe la chaîne est le mieux placé pour commander la manœuvre. En dehors de ces manœuvres, le circuit est maintenu coupé par un disjoncteur placé au tableau principal.

■ Les stoppeurs

Davier à bascule.

Delphinière.

Le mouillage terminé, on met la chaîne au stoppeur, on l'ôte du barbotin et on l'assure par une bosse afin d'éviter de faire supporter au guindeau les secousses du mouillage. Peu de gens se donnent cette peine. Cette précaution est pourtant impérative si on doit quitter le bord.
S'il faut rallonger ou monter un émerillon d'affourche, il est recommandé de posséder un stoppeur ou un simple crochet afin d'immobiliser la chaîne pendant les assemblages.

LA RÉSISTANCE DU MATÉRIEL
LE RAPPORT POIDS/RÉSISTANCE

Afin d'éclairer votre choix d'apparaux de mouillage, vous trouverez ci-après quelques notions sur la résistance de ces équipements.
Les fournisseurs donnent également des indications pour leurs produits. Il importe de lire les catalogues et documents avec attention car la terminologie est importante :
- **charge de rupture** : le terme est explicite et il est clair qu'on n'utilisera jamais un matériel au voisinage de cette charge.
- **charge de sécurité** : c'est la charge de rupture divisée par le :
- **coefficient de sécurité**
ou charge de sécurité x coefficient de sécurité = charge de rupture.
Les coefficients de sécurité sont :

pour	les cordages textiles	10
	les cordages synthétiques	6
	les filins d'acier	6
	les chaînes	6

Sans éléments permettant de déterminer la charge de sécurité d'un équipement, on adopte la règle suivante (Marine Nationale) :

« Chaîne : charge de sécurité = 9 D2 (diamètre du fer de la maille en mm)
Manille : charge de sécurité = 4 D2

Si l'on considère une chaîne de 10, on obtient par cette méthode :

charge de sécurité = 9 x 10 x 10 = 900 kg

Avec le catalogue d'un fournisseur on lit pour la chaîne de 10 qu'il propose :
charge de rupture = 5 000 kg,
affectons cette charge de notre coefficient de sécurité,
5 000 kg : 6 = 833 kg.

Les chiffres sont assez voisins. Il importe donc de ne pas lire trop vite les catalogues où sont affichées en général les charges de rupture (plus flatteuses).
L'indication CMU (Charge Maximum d'Utilisation) doit être divisée par 2 pour avoir la charge de sécurité. Avec « Force », il faut comprendre « la charge de sécurité ».

Nota : la chaîne câble calibrée est de 20 à 25 % plus résistante que la chaîne ordinaire. Une manille inox est de 15 % plus solide qu'une manille galvanisée de même section.

Voir les tableaux page suivante :

Chaîne-câble (chaîne calibrée, éprouvée)

Ø	Longueur/fût	Poids/mètre	Poids du fût	Charge de rupture
6 mm	100 m	0,9 kg	90 kg	1800 kg
8 mm	60 m	1,45 kg	90 kg	3200 kg
10 mm	60 m	2,35 kg	140 kg	5000 kg
12 mm	50 m	3,17 kg	160 kg	7100 kg

Manilles acier matricé galvanisé

Type de manille	4 mm	5 mm	6 mm	8 mm	10 mm	12 mm	14 mm	16 mm
Résist. rupture, kg	–	1100	1900	3000	3500	4600	6600	7400
CMU kg	–	80	100	200	320	520	700	800

Manilles acier inox forgé

Type de manille	4 mm	5 mm	6 mm	8 mm	10 mm	12 mm	14 mm	16 mm
Résist. rupture, kg	600	1000	1400	2500	4000	5500	–	10000
CMU kg	250	400	550	1000	1500	2300	–	4200

Charge maximum d'utilisation des cordages (CMU en kg)

Ø m/m	Nylon tressé	Nylon toronné	Polyester tressé	Polypropylène toronné	Vectran tressé
10	1500	1280	1700	1100	4400
12	1920	1700	2300	1400	5500
14	2680	1950	3250		
16	3280				

Émerillon galvanisé

Ø	CMU
8 mm	560 kg
10 mm	1000 kg
12 mm	1600 kg
16 mm	2300 kg

Prévoir 2 émerillons par corps mort ; choisir un diamètre de 4 mm supérieur à celui de la chaîne.

Maillon à riveter

Ø	CMU
8 mm	150 kg
10 mm	200 kg
12 mm	700 kg
16 mm	1100 kg

Acier galvanisé. Relie deux chaînes de même diamètre.

Liaison chaîne-ancre

Référence	Modèle	Pour chaîne	CMU
13236	Acier galvanisé	6-8 mm	1500 kg
13237	Acier galvanisé	8-12 mm	3000 kg
13238	Acier inox avec émerillon	6-8 mm	1500 kg
13239	Acier inox avec émerillon	8-10 mm	3000 kg

Permet de relier l'ancre à la chaîne, facilite le passage dans le davier. Livrée complète avec vis et clé de serrage.

Nota : ces tableaux sont extraits du catalogue Plastimo®. Depuis peu, on trouve des manilles galvanisées avec la CMU gravée dessus.

LA TECHNIQUE DU MOUILLAGE

Mouiller consiste donc à élonger sur le fond l'ancre suivie de sa chaîne, de sorte que le bateau retenu par ce dispositif « fasse tête » au vent ou au courant ou à l'action combinée des deux, sans « chasser », c'est-à-dire sans reculer en labourant le fond avec l'ancre.

Il faut pour cela une « touée » (longueur de ligne) suffisante pour que la traction sur l'ancre reste horizontale, la chaîne ne décollant jamais complètement du fond. Dans ce cas, la forme de l'ancre la fait s'enfoncer « souiller » de plus en plus et sa tenue augmente.

Chacun des paramètres a son importance : le poids et la longueur de la ligne de mouillage, le poids ou le pouvoir de pénétration de l'ancre ainsi que la nature des fonds.

■ Les limites du mouillage

Des fonds de 35 mètres constituent une limite pour mouiller. Il devient en effet très difficile de remonter un mouillage au-delà, fût-il mixte (chaîne et cordage). Ne tenter de mouiller sur des fonds supérieurs que si des circonstances graves l'exigent.

La technique du mouillage - Dans tous les cas, le bateau cule lentement.

Ne pas « jeter l'ancre ».

Ne pas filer trop vite en paquet.
L'ancre sera « surpattée », elle « chassera ».

Filer régulièrement pour sentir l'ancre « sonder ».

Ne pas trop retenir car l'ancre « draguerait », labourant le fond et se « bourrant » d'algues ou d'herbes. Elle risque aussi de s'engager dans un obstacle.

Laisser rappeler modérément (la chaîne tire légèrement de l'avant, mais une partie reste à plat sur le fond).

■ La longueur de mouillage (touée)

La règle habituelle est de mouiller 4 fois le fond (un peu moins sur grands fonds, un peu plus sur petits fonds) sans jamais mouiller moins de 2 fois la longueur. Par 20 m de fond, on tient très bien sur une touée de 50 m. Par 3 m de fond, on file plutôt 18 m que 12 m.
Lorsqu'on mouille trop long, le bateau bouge beaucoup et vient parfois jusqu'en travers au vent, il court alors sur son mouillage et peut rappeler très brutalement quand il fait tête. Cela se produit plus facilement sur câblot. Il faut réduire la touée ou alourdir la ligne de mouillage (c'est la fonction des quelques mailles de très grosse chaîne. Voir le dessin ci-contre).

Nota : un sondeur bien réglé est une aide appréciable pour le mouillage.

Touée (lester le cablot).

■ Mouiller la maîtresse ancre

L'endroit choisi, on vient sur ce point face au vent à vitesse réduite. On coupe les gaz pour être stoppé au point prévu. Quand le bateau abat et commence à culer, on file le mouillage à la demande. S'il n'y a ni vent ni courant, on peut battre en arrière doucement.

Si on mouille à la main, on sent l'ancre sonder (toucher le fond), on retient alors un peu la chaîne pour éviter qu'elle tombe en tas sur l'ancre et s'engage ensuite dans une patte, puis on file à mesure que le bateau dérive pour élonger régulièrement la chaîne sur le fond.

Il est important que l'équipier chargé du mouillage sente bien la dérive du bateau et qu'il file à la demande en évitant de faire draguer l'ancre, car cela revient à avoir mouillé sous le vent de la position prévue.

Avec des eaux transparentes, on observe ce qui se passe à 15 m plus bas. En Atlantique, on mouille sur des fonds clairs (sable) plutôt que sombres (roches ou herbiers).

Mouiller sur fonds clairs.

Le mouillage « à la main » se fait en filant la chaîne à la main régulièrement et non pas « en-contrôlant-avec-le-pied » car on ne contrôle rien du tout, et surtout pas le risque d'accident qui est imminent.
Si on a préparé la chaîne sur le pont, on se tient à côté, et non devant elle, pendant le mouillage (voir le dessin ci-dessous).

Filer une biture (longueur de chaîne préparée).

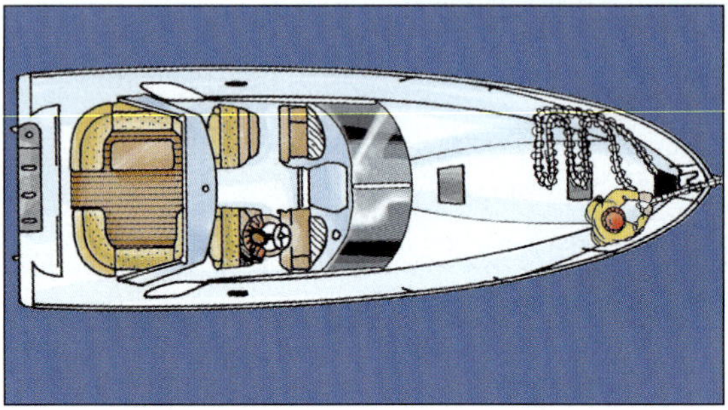

On a préparé la chaîne en larges zigzags (on dit « à longs plets ») pour qu'elle ne puisse s'emmêler. On se tient derrière en abord (ou de côté) pour filer.

Avec un guindeau, on peut contrôler au frein la chute de la chaîne, mais la plupart des guindeaux tournent en descente comme en montée.
Quand on commande la descente au guindeau, elle se fait très régulièrement, mais il est difficile de sentir l'ancre sonder. Dans tous les cas, ne filer qu'à la demande : la chaîne n'est plus verticale mais oblique lorsqu'elle « rappelle ».
Si le vent est frais, il fait le travail de la marche arrière qui doit toujours être utilisée avec prudence. Ces manœuvres doivent être d'autant plus lentes que les masses en cause sont importantes, pour la sécurité des équipiers et pour le matériel.
Quand on arrive à la longueur prévue, repérée par exemple par des marques à la peinture, on stoppe ou on freine (ne pas utiliser pour ces marques des peintures au minimum de plomb qui attaquent la galvanisation de la chaîne).

Nota : attention à ne pas mouiller trop vite au guindeau. La chaîne peut se mettre à fouetter dans le davier et en ébranler les fixations. Sur les daviers à bascule, les axes se desserrent souvent pour la même raison.
La chaîne peut aussi sauter du barbotin et filer par son propre poids ; elle a toutes les chances d'arracher alors la fixation d'étalingure et de partir par le bout à la mer.

Peu de temps après avoir filé la quantité de chaîne choisie, le bateau rappelle et « fait tête » c'est-à-dire se positionne dans le prolongement de sa chaîne et face au vent (s'il y a peu de courant). Cela signifie que l'ancre a croché.

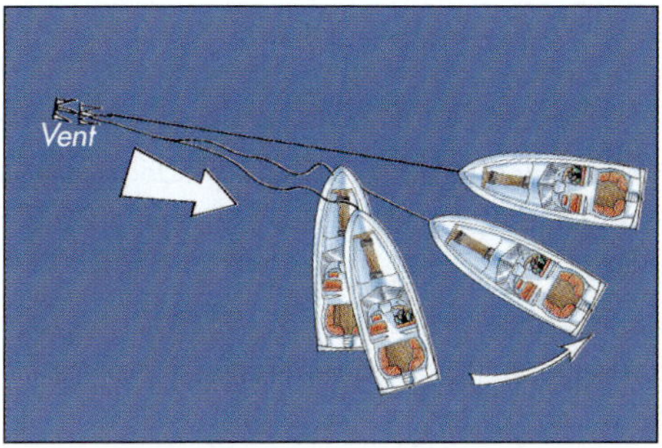

Quand on cesse de filer la chaîne, elle raidit et le bateau « fait tête ».

On peut s'en assurer en faisant très souplement arrière un court instant et en contrôlant par le travers avec un alignement quelconque (un arbre dans une maison). Le bateau cule puis revient sur l'alignement (voir les dessins ci-dessous).

Faire tête - Assurer la prise.

Pendant l'opération de mouillage, le bateau ***dérive obliquement*** *par rapport au vent (sauf par temps calme où l'on mouille en faisant arrière au moteur).*

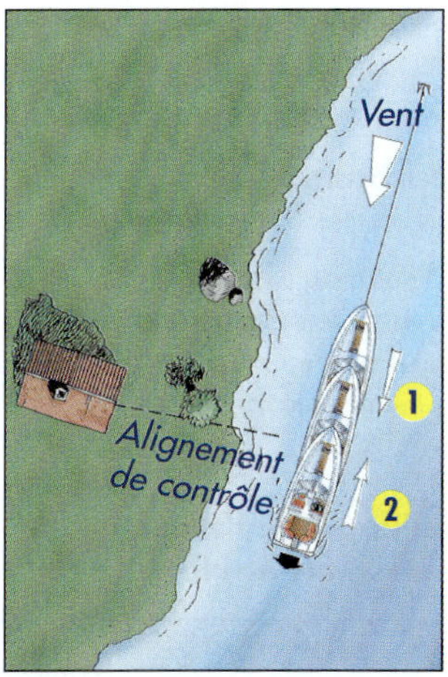

1 *Faire arrière doucement.*

2 *Le mouillage se tend puis le poids de la chaîne rappelle.*

L'alignement sert aussi à vérifier que l'on ne chasse pas quand le temps se gâte. Attention à ne pas prendre d'erre en arrière dans cette dernière manœuvre. Il peut s'être formé un paquet de chaîne qui se dévide à cette occasion (cela s'entend aux vibrations de la chaîne transmises à la coque). Il ne s'agit pas de tordre une patte de l'ancre, mais de la faire souiller plus profondément.

Au mouillage on observe l'environnement pour vérifier qu'on est bien là où l'on souhaitait se mettre. On note un éventuel décalage, on imagine l'évitage à la renverse de courant ou de vent, on vérifie, autant que nécessaire sur la carte ou le plan du port, que l'on dispose partout de fonds suffisants, enfin on sonde pour s'assurer que la réalité et les documents concordent. En cas d'échouage à venir, on « tâte à la sonde à main » tout autour du navire pour détecter la présence de pierres ou de trous. On renouvelle l'opération au voisinage des béquilles peu avant de poser.

Si on doit quitter le bord, on met au stoppeur et on desserre le frein. On assure la chaîne sur la bitte ou par une solide saisine en l'absence d'autre équipement. On ne doit pas laisser la chaîne au barbotin.

Je cite à cette occasion la mésaventure survenue à un ami. Cet événement, grâce aux circonstances, est à classer parmi les incidents comiques de vacances, mais il aurait pu entraîner la perte du bateau.

Ce capitaine bon enfant, après avoir mouillé dans un de ses mouillages préférés, régale son équipage d'un apéritif généreusement servi, l'ambiance est chaleureuse et le niveau sonore élevé dans la timonerie. Pendant ce temps, le guindeau, mû par un esprit frondeur ou par les mystérieuses impulsions de trois circuits de commande différents, décide de lever l'ancre. Cette dernière, venant se bloquer dans le davier, fait sauter le disjoncteur principal plongeant les joyeux fêtards dans le noir.

C'est alors qu'ils s'aperçoivent qu'ils sont déjà à plusieurs centaines de mètres de l'endroit où ils croyaient être...

Prendre la précaution d'enlever la chaîne du guindeau. Couper systématiquement le circuit de cet appareil malicieux qui peut vider vos batteries en peu de temps. Noter cette précaution sur la check-list.

Assurer la chaîne ôtée du barbotin.

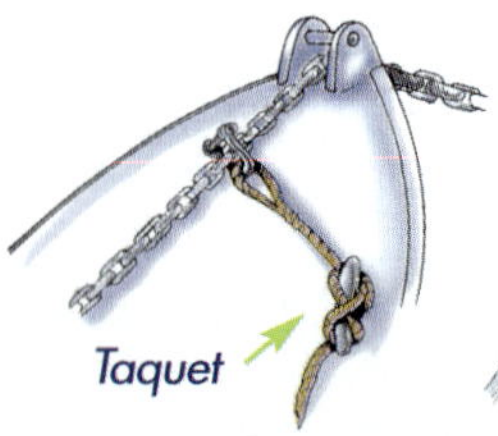

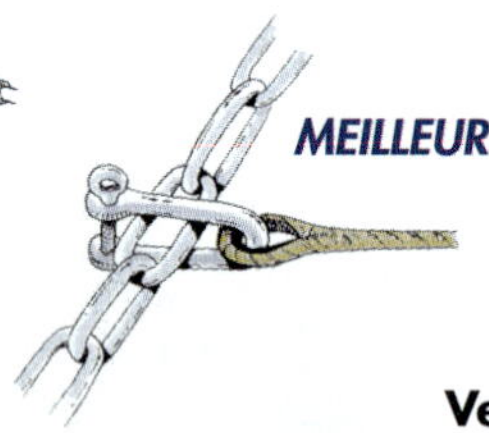

***2e solution** : plus robuste, la manille embrasse la chaîne, mais celle-ci ne peut coulisser à l'intérieur.*

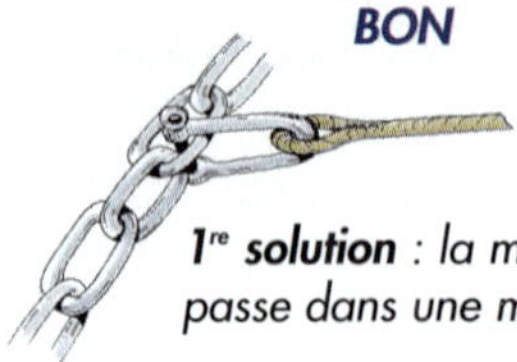

***1re solution** : la manille passe dans une maille.*

Verrouillage de l'ancre en position haute.

■ Éviter, réduire l'évitage

Avec une seule ligne de mouillage, le secteur, que peut décrire le navire lors de la rotation des vents ou des courants, est un cercle complet. Vous devez vous assurer qu'en tous points de ce cercle vous restez assez éloignés des dangers (4 à 5 longueurs).

Il peut y avoir des voisins, mais ils sont soumis aux mêmes éléments que vous et ils décrivent, en même temps, le même cercle.

Il est souhaitable que chacun ait mouillé à peu près la même longueur pour que tout se passe bien. Cependant, il est fréquent qu'aux renverses de courant, dans les mers à marées, ou lorsque le vent est faible ou souffle à l'opposé du courant, certains bateaux aux carènes profondes (comme les voiliers) s'évitent différemment et vous avez alors à régler votre touée pour garder vos distances. Attention à ne pas croiser les mouillages. Il peut arriver avec une coque à déplacement, lorsque le vent et le courant sont de directions différentes, que le bateau pousse sur son mouillage. La chaîne doit alors être éloignée du bord par une défense.

Les delfinières ou les bout-dehors des Grand Banks sont très utiles en de telles circonstances. Le phénomène n'est vraiment gênant que sur les grosses unités à écubiers de pavois.

Quand on mouille sur câblot, il faut le faire couler avec une gueuse ou quelques mailles de grosse chaîne, comme indiqué plus haut.

Ce poids file le long du cordage jusqu'à sonder, puis on le remonte d'un mètre ou deux. Cela évite de le voir pris dans l'hélice d'un bateau de passage et améliore beaucoup la tenue.

Enfin, les circonstances peuvent vous amener à diminuer votre évitage en affourchant ou en embossant.

Évitages.

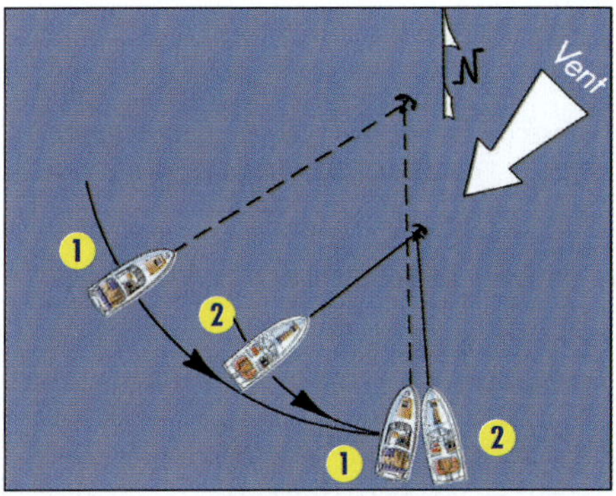

Avec le vent de NE, les deux bateaux ne se gênent pas. Si le vent vient au Nord, ils se touchent. Il faut régler les touées : raccourcir celle du bateau 1 *pour ne pas engager l'ancre du bateau* 2.

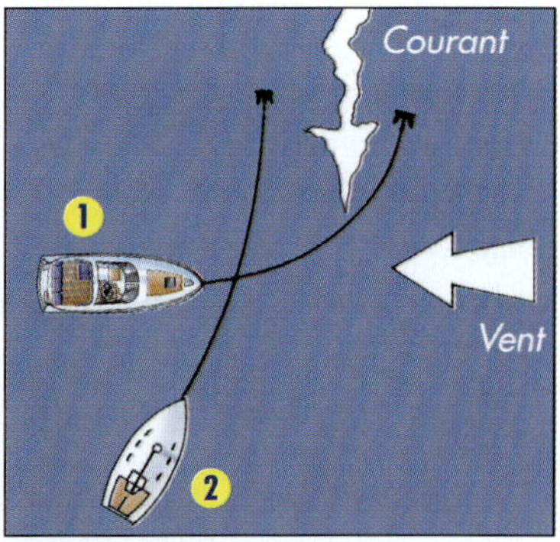

1 *La vedette à faible tirant d'eau vient face au vent.*

2 *Le voilier est soumis principalement au courant.*

■ Embosser ou affourcher

Pour embosser, comme pour affourcher, il vous faut mouiller une deuxième ligne de mouillage. **Un navire embossé** se trouve entre deux lignes situées dans le prolongement l'une de l'autre. Son évitage est réduit à un faible déplacement latéral. Il est très facile d'assurer la prise des ancres. Dans les mers à marée, cette technique nécessite des réglages fréquents.

Un navire affourché se trouve au sommet d'un triangle équilatéral dont les deux autres sommets sont occupés par ses deux ancres. Son évitage est une sorte de navette limitée par deux arcs de cercle dont les rayons sont les lignes de mouillage (voir les dessins ci-dessous et page 100).

Embosser

Avec la maîtresse ancre déjà mouillée, la méthode la plus simple pour embosser consiste à filer autant de ligne supplémentaire qu'on veut donner de touée au mouillage arrière.

On mouille alors la deuxième ancre et on règle ensuite les touées.

Si on mouille en rivière, on peut choisir de mouiller la meilleure ancre en amont, le courant descendant étant parfois très fort. C'est à voir en fonction du vent, de la proximité de l'embouchure, d'entrée de houle...

Pour éviter d'avoir à assembler une rallonge quand on mouille au guindeau, on peut venir embosser en marche avant, ayant préparé un très long mouillage sur câblot à l'arrière.

Venir dans l'axe choisi à la position de l'ancre arrière, la mouiller en route en avant et rejoindre la position de l'ancre avant. Mouiller l'ancre avant, reprendre sur le câblot arrière, régler les touées. Ce procédé plus rapide nécessite une bonne préparation car il doit s'exécuter d'un coup, en entier.

Dans le premier cas, au contraire, on peut interrompre la manœuvre en cours puisque le bateau est toujours en position d'équilibre.

Le mouillage le plus fort est mouillé à l'avant.

L'avant est tourné vers le secteur le plus exposé (le large) ou d'où vient le plus fort courant.

Le mouvement du navire est réduit à un faible déplacement latéral.

Le déplacement est plus fort dans les mers à marée puisque les touées « s'allongent » à marée basse.

Embossé.

Zone d'évitage

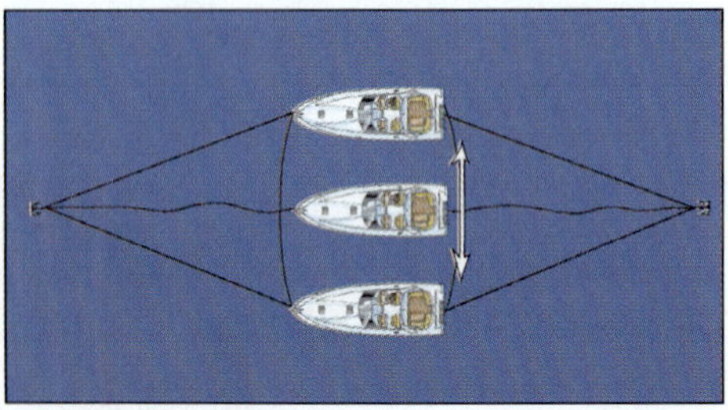

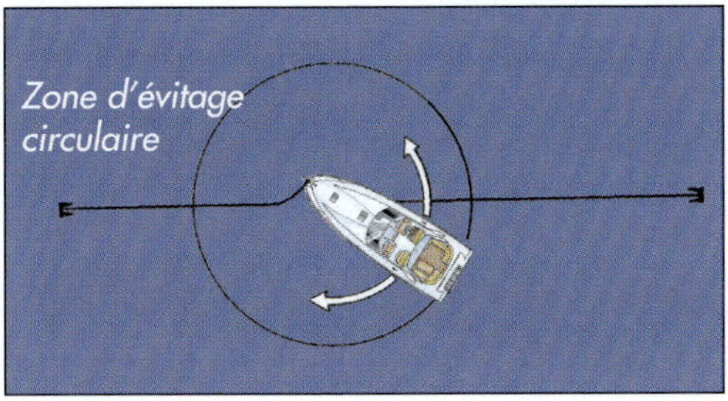

Quand on ramène les 2 mouillages sur l'avant, le navire pivote autour d'un point (assemblage à émerillon).

Affourcher

Avec la maîtresse ancre à l'eau et ayant fait tête, il faut placer une deuxième ancre travers à la première (à la même hauteur dans le vent), à une distance au moins égale à la longueur de la touée (voir le dessin ci-après). L'opération est grandement facilitée si on possède deux ancres à l'avant avec deux puits de chaîne et deux barbotins.

Venir en route du bord opposé à l'ancre déjà mouillée, à 45° du lit du vent en filant à mesure sur sa ligne de mouillage. Mouiller la seconde ancre à la hauteur de la première (repérée par un alignement ou un flotteur d'ancre ou un relèvement au compas). On peut aussi utiliser le GPS en fonction MOB (voir page 194).

Régler les deux touées à même longueur, s'assurer de la prise en faisant légèrement arrière. L'angle entre les deux lignes doit être de 60° minimum, de telle sorte que le bateau passe au-dessus de ses ancres sans engager les lignes de mouillage.

On peut faire la même chose avec l'ancre de jet et l'annexe. Ne pas embarquer l'ancre dans l'annexe mais l'amarrer en pendant à l'avant. Embarquer tout le câblot, mouiller et revenir en marche arrière en filant le câblot par l'avant.

On peut aussi mouiller ses deux ancres en une seule manœuvre, sur une perpendiculaire au lit du vent repérée par des alignements à terre. Il suffit de régler ensuite les touées. Comme pour embosser, cette méthode nécessite une préparation soignée du matériel pour bien réussir.

Si l'on craint une rotation due au vent ou au courant, on doit monter un émerillon pour éviter que les chaînes ne se chevauchent (voir le dessin en bas de la page 100). C'est un gros travail qu'on peut éviter si le second mouillage est un câblot, car ses tours sont faciles à larguer.

Affourcher.

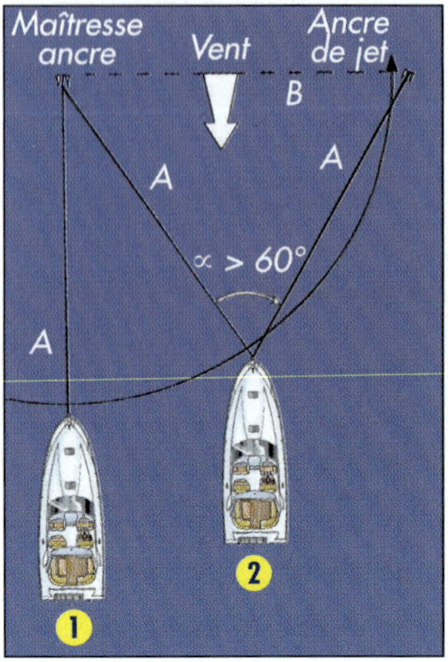

Attention : A < B pour ne pas engager l'ancre de jet en cours d'évitage.

1 Mouillé sur une ancre

2 Affourché sur deux touées identiques à la première

La zone d'évitage.

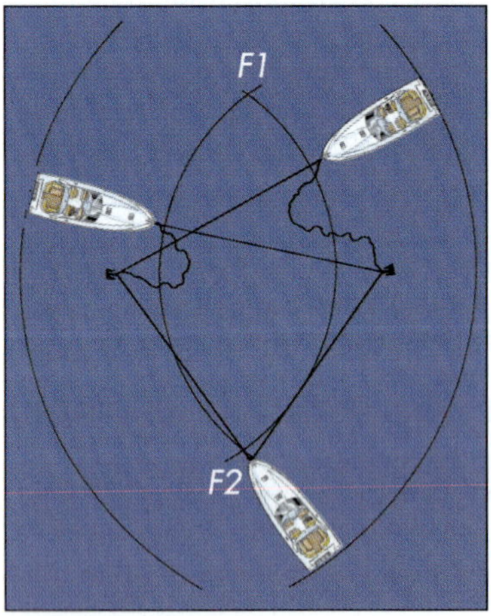

La zone est une ellipse de foyers F1 et F2.

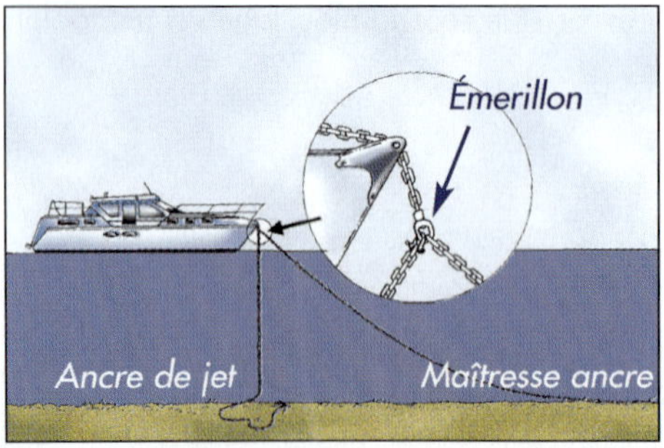

Les gros navires doivent monter un émerillon pour éviter les tours.

■ Améliorer la tenue

Malgré une idée très répandue, l'affourchage n'est pas un moyen d'améliorer la tenue (car la traction sur chaque ancre est augmentée) mais un moyen de limiter l'évitage.

Empenneler

On obtient la meilleure tenue sur une seule ligne munie de deux ancres mises à la suite (empennelées). Mais même sur un petit bateau, empenneler reste une opération complexe et demandant quelque délai.
Certains placent l'ancre de jet très près de la maîtresse ancre : cette méthode n'est acceptable que si un évitage très réduit l'impose, car le poids des deux ancres et de l'à-pic de chaîne peut surcharger le guindeau (a fortiori, s'il n'y a pas de guindeau). On prépare, au contraire, l'ancre de jet avec une longueur de chaîne un peu supérieure au fond. On manille cette chaîne sur le diamant de l'ancre principale. On tient l'ancre de jet saisie, avec la chaîne pendant à l'étrave, la maîtresse ancre parée à mouiller, le guindeau sur le frein.
Parvenu au point choisi, on mouille l'ancre de jet qui se retrouve immédiatement « à long pic »; on fait suivre aussitôt la maîtresse ancre en évitant de draguer l'ancre de jet. On comprend qu'il faut prendre soin de ne pas laisser la chaîne filer trop vite car tout est rendu inutile par un surpattage. Cette technique est à réserver aux cas où l'on craindrait une forte aggravation météo ou lorsqu'elle est la seule solution pour éviter d'être envoyé à la côte par une mer formée.

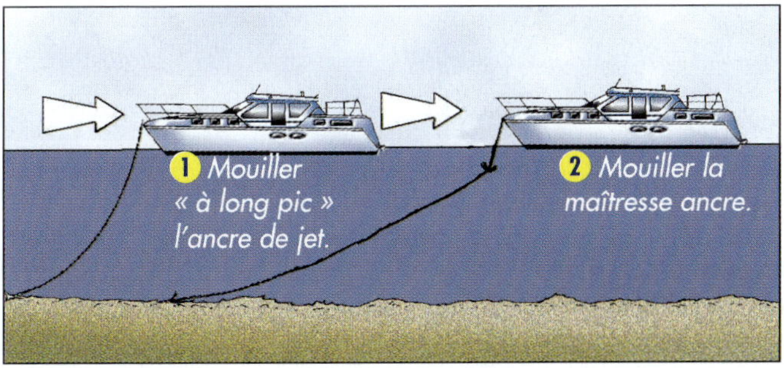

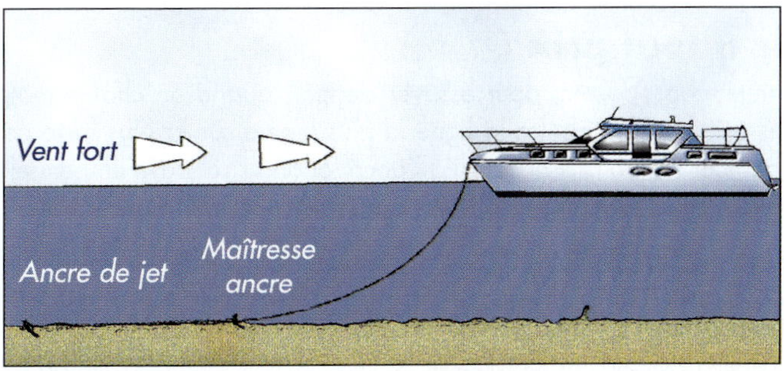

■ L'ancre en plomb de sonde - Les ancres en barbe

Lorsqu'on est sur un mouillage où l'on souhaite se maintenir alors qu'une aggravation est prévue, il est courant de mouiller la seconde ancre en plomb de sonde. On profite d'une embardée du navire et on mouille la deuxième ancre. On file un peu de chaîne quand on s'est écarté suffisamment.
Si la maîtresse ancre vient à chasser (ce qui s'entend très bien sûr les petits navires), on fait crocher la seconde et on file sur les deux touées. On est alors mouillé en barbe (et non pas en affourche comme il est dit parfois par erreur).
S'il s'agit de faire face à une dépression dans l'hémisphère Nord, les vents tournant vers la droite, on aura mouillé la maîtresse ancre à bâbord.

L'ancre en plomb de sonde.

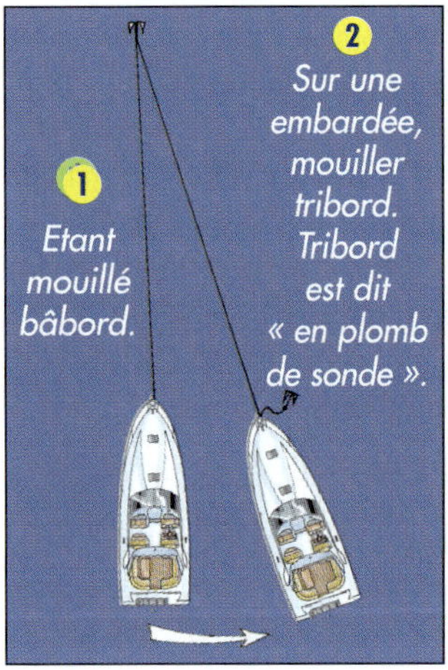

Les ancres en barbe.

■ On chasse

Un bateau de 9 à 10 m dont l'ancre est surpattée ou bourrée d'algues dérive en remorquant son mouillage, à une vitesse de 0,7 à 0,9 nœuds dans un vent de 20/25 nœuds, c'est-à-dire qu'il parcourt 120 m en 5 minutes. Il faut donc réagir très vite. Les GPS possèdent une alarme « mouillage ».

■ Tenir à tout prix

Certains auteurs proposent, pour essayer de tenir quand on chasse malgré deux mouillages à l'eau, de capeler la ligne la plus légère sur la plus forte par un œil assez large. Cet œil va glisser jusqu'à l'ancre et on se retrouve empennelés. Il faut bien sûr avoir de la place sous le vent pour tenter une telle manœuvre.

L'œil va coulisser jusqu'à être arrêté par la maîtresse ancre.

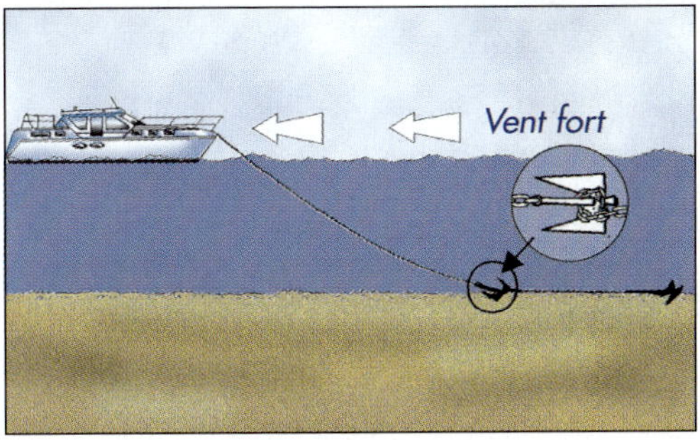

On se retrouve empennelés sur une très longue touée.

Nota : si on a les réserves en carburant nécessaires, on peut « soutenir » au moteur.

LES MOUILLAGES PARTICULIERS

■ Le mouillage d'annexe

C'est un mouillage sur ancre de jet par l'arrière, il permet de rester à l'écart d'un quai dont la base est malsaine ou mal connue tout en permettant l'embarquement et le débarquement par l'avant.
On largue l'aussière du point A ; le bateau peut ainsi revenir à l'échelle B.

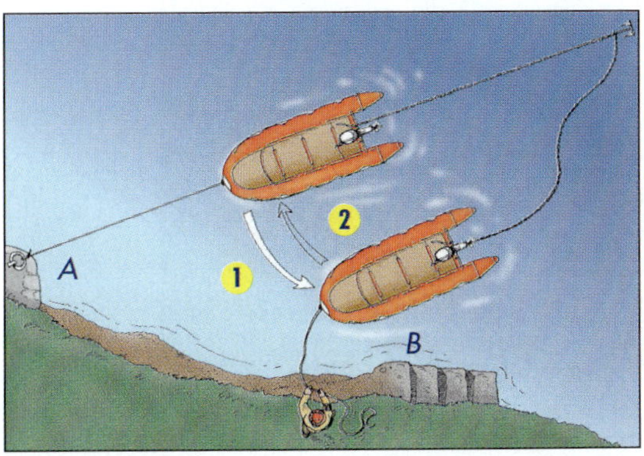

1. *On largue en A, on peut venir en B.*

2. *On reprend l'aussière avant depuis A et on s'écarte des dangers.*

■ Mouiller avec une amarre à terre

C'est un mouillage de mer sans marée avec des fonds pentus typiques des criques méditerranéennes. On porte les amarres à terre avec l'annexe après avoir mouillé. C'est donc un mouillage ordinaire qu'on complète en immobilisant le bateau sur une position précise. On le voit pratiquer dans certaines rias bretonnes dont la côte est particulièrement accore en période d'affluence estivale (voir le croquis ci-dessous).

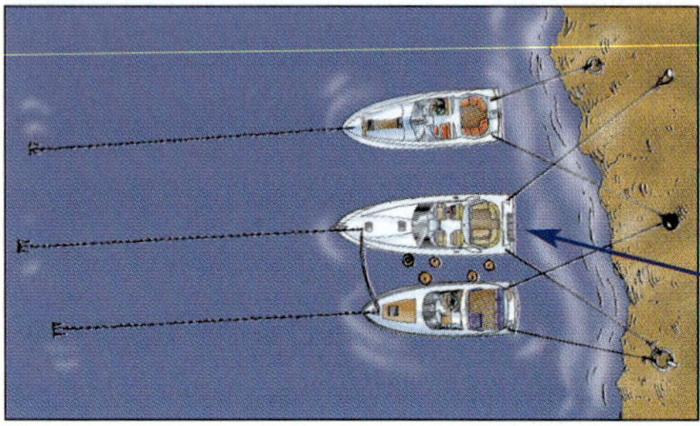

Quand la promiscuité est telle, si le mouillage est très calme et sûr, on peut passer des traversiers et gardes afin de solidariser les bateaux.

■ Étant embossé, faire face à une saute de vent

Sur un mouillage où l'on a embossé avec de la place, on peut facilement réagir à un vent de travers fraîchissant qui menace la tenue des ancres. Il suffit de préparer sur l'avant une aussière qu'on passe par l'extérieur de tout et du bord au vent et que l'on assemble avec le mouillage arrière. On largue ensuite derrière et le bateau vient en affourche face au vent. Régler ensuite les touées (voir le croquis ci-dessous).

Passer d'embossé en affourché.

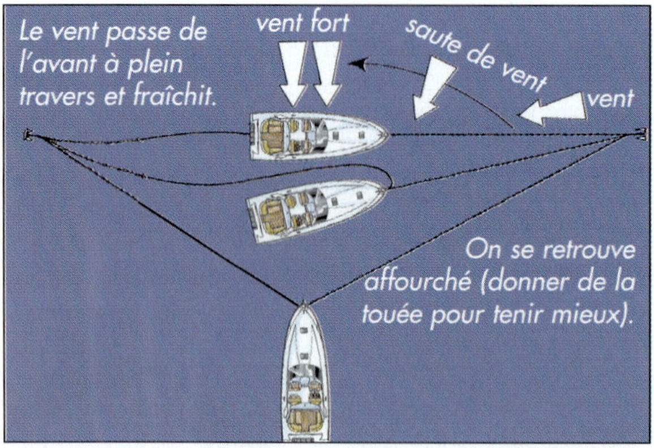

■ Embosser sur une seule ancre

Si une houle oblique vous fait exagérément rouler dans un mouillage par ailleurs tenable, vous pouvez changer l'orientation du bateau en passant une bosse par l'arrière (c'est de cette manœuvre que vient le terme d'embosser).

Reprendre d'abord sur la ligne de mouillage, puis frapper la bosse venue de l'arrière (par une manille si on est mouillé sur chaîne ; par un nœud de bosse bien assuré si on est sur câblot). Filer à nouveau le mouillage jusqu'à obtenir l'orientation souhaitée.

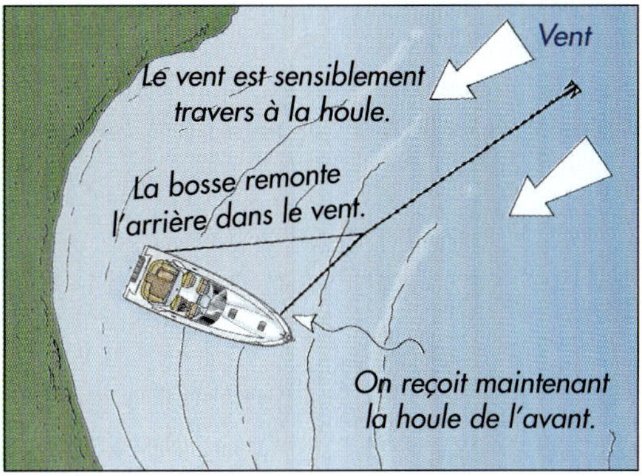

■ Mouiller dans un fort courant

On peut avoir à mouiller dans un courant excédant trois nœuds. Si aucune précaution n'est prise, on a alors toutes les chances de tordre une patte d'ancre si on croche sur une roche. Réduire la vitesse de dérive sur le fond en « soutenant » au moteur, c'est-à-dire en faisant route en surface, face au courant à une vitesse à peine inférieure. On apprécie le dosage de moteur nécessaire en observant sa dérive sur des repères pris par le travers.

Une vue de mouillage agité (Fort de Kéragan).

■ Réduire le roulis au mouillage

Le roulis est, de loin, le mouvement le plus désagréable au mouillage. De plus, il est générateur de petits bruits occasionnés par de petites choses introuvables qui agacent et empêchent de s'endormir.
Certains préconisent de prendre un verre de Bordeaux pour favoriser le sommeil (à consommer avec modération). Il peut aussi être utile de s'équiper de ces sortes « d'hydrofreins » (voir le dessin ci-contre) réalisés en forte tôle et amarrés en pendant de chaque bord. Il en existe un modèle en toile (sorte d'ancre flottante sophistiquée), plus léger, bien sûr, mais assez coûteux.

1 *« L'hydro-frein » que constituent les plaques perforées s'oppose au soulèvement du bord où il est suspendu.*

2 *Il est d'autant plus efficace que la pression de l'eau est grande. Utiliser alors d'excellents cordages pour que leur souplesse n'annule pas cet avantage.*

Conclusion : au mouillage, la vigilance reste nécessaire pour ce qui concerne la tenue des ancres et l'évolution météo.
De plus, on vit sur ses réserves tant pour l'avitaillement que pour l'eau et pour l'électricité (si on n'a pas de groupe).
Il faut savoir être économe et bien gérer ses ressources. Ne pas vider par erreur la batterie de démarrage des moteurs.
Une annexe est agréable pour permettre d'aller à terre. En revanche, un moteur d'annexe n'est pas forcément nécessaire. Il est parfois interdit par arrêté municipal ou quand la plage est réservée à la baignade (les maires ont autorité jusqu'à 300 m du rivage).

LE CHOIX DU MOUILLAGE

Il s'agit là du choix d'un lieu pour passer la nuit ou pour s'abriter temporairement du mauvais temps.

Un bon mouillage doit répondre aux critères essentiels ci-dessous :

- avoir un accès facile,
- avoir des fonds de bonne tenue,
- être un abri réel dans les conditions de temps prévues,
- permettre un évitage suffisant.

■ Un accès facile, exemple : anse du Stole Ploemeur (56)

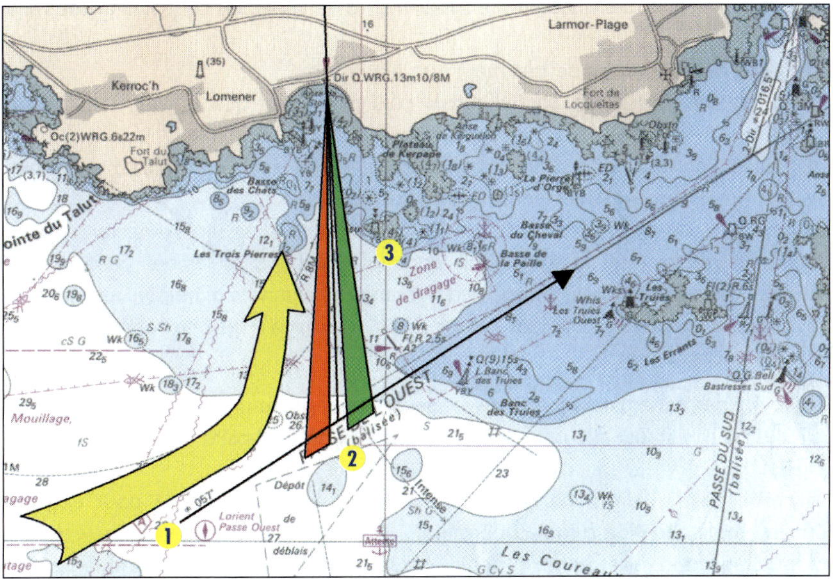

D'après la carte du SHOM N° 7032. Autorisation de reproduction N° 771/2000.
Ne pas utiliser pour la navigation.

DE JOUR	DE NUIT
1 Suivre l'alignement d'entrée à Lorient (passe Ouest au 57° vrai)	
Le panneau rouge et blanc de Port Louis sur la Tourelle rouge et blanche des Sœurs.	Les 2 feux directionnels blancs superposés.
2 Virer à gauche sur l'alignement de Lamener	
Le clocher de Ploemeur au-dessus de la Tourelle du feu.	Venir sur le secteur blanc du feu au 357° vrai.
3 Tenir l'alignement	
par les amers ci-dessus	par le secteur blanc du feu
jusqu'au mouillage.	

Cela signifie aussi un appareillage facile, même au milieu de la nuit. Sans radar, il faut donc des feux ou repères lumineux, ou avoir rentré les *way-points* nécessaires dans le GPS au cours de l'approche. De toutes les façons, et surtout la nuit, ne faites jamais confiance à un seul moyen : confirmez par la sonde, par des relèvements au compas... Ne poursuivez pas une manœuvre délicate si l'un de vos moyens ne donne pas des résultats cohérents : levez d'abord le doute sur votre position.

■ La tenue des fonds

Les fonds assurant la meilleure tenue sont ceux d'argile ou de vase dure. Viennent ensuite par valeur décroissante : le sable vasard, le sable, les coquilles brisées et le gravier.
Les fonds de galets sont de très mauvaise tenue.
Les fonds de vase molle sont d'autant plus médiocres que la vase est liquide. Utilisez un mouillage lourd qui souille beaucoup.
Les sables fins sont des sédiments instables. Si le courant devient fort, l'ancre peut se déchausser progressivement par le départ du sable.
Les herbiers, de goémon ou de grandes algues laminaires sont faussement rassurants ; on croche tout de suite, mais dans la végétation seulement. Si la traction augmente, l'ancre chasse, se garnit de goémon et elle ne croche plus ensuite.
Les CQR ou les Delta sont mieux adaptées au mouillage dans une végétation dense que les ancres plates.

Les fonds de roche réservent toutes les surprises : l'ancre peut glisser sans prendre sur des roches lisses. Elle peut se loger dans une anfractuosité d'où elle ne voudra plus sortir.
Le corail peut assurer une assez bonne tenue si on fait arrière pour engager l'ancre, mais attention à la récupération.
Enfin, si les fonds sont en forte pente, la tenue est très variable suivant le sens de la traction. Beaucoup de splendides mouillages corses présentent le triple inconvénient de fonds pentus, rocheux et couverts de végétation marine.

Méfiez-vous donc des fonds. Observez les indications des cartes. Si vous avez la chance de naviguer sur des eaux transparentes, posez votre ancre sur des endroits choisis.
Les *Instructions Nautiques* publiées par le Service hydrographique et océanographique de la Marine (SHOM) à Brest donnent les meilleurs renseignements sur tous les mouillages de la côte.
Ces documents, établis pour les grands navires, sont à interpréter. Dans les récentes éditions, de nombreuses indications utiles aux plaisanciers ont été ajoutées.

Nota : la qualité des cartes marines vendues par ce service est également supérieure à toutes les autres publications.

■ La nature des fonds

(D'après l'ouvrage n° 1/D du SHOM)

- **La nature des fonds** est indiquée en abrégé sur les cartes par une lettre ou deux comprenant l'initiale du nom en anglais[1].
On trouve cette lettre ou ce sigle parmi les chiffres des sondes.

S	sable	*Sand*	Très bonne tenue, sauf des sables très fins
M	vase	*Mud*	Très bonne tenue, sauf quand elle est très molle
Cy	argile	*Clay*	Excellente tenue
St	pierres	*Stones*	Tenue incertaine
G	gravier	*Gravel*	Tenue moyenne qui diminue à mesure que la taille du gravier augmente
P	cailloux	*Peebles*	Tenue médiocre et fonction de ce qu'on trouve entre ces cailloux
Cb	gros galets	*Cobbles*	Très mauvaise tenue
R	roche	*Rock*	Tenue parfois bonne mais penser à la récupération de l'ancre
Co	corail	*Coral*	Bonne tenue mais oringuer et assurer la prise de l'ancre en faisant arrière
Sh	coquilles	*Shells*	Bonne tenue
Wd	herbes algues	*Weed*	Bonne tenue si l'ancre peut traverser l'herbier pour atteindre le fond

- **Des termes qualificatifs** précisent la nature de ces fonds.

Exemple :
S pour sable peut être modifié par
f fin (Fine), **m** moyen (Medium), **c** grossier (Coarse) ou encore **sf** ferme (Stiff) ou **h** dur (Hard).
Dans le cas de coquilles, on ajoute parfois **bk** brisées (Broken).

- Enfin, **des fonds de nature variée** sont signalés par plusieurs sigles en plaçant en premier celui qui indique leur nature dominante.

Exemple :
fs M Sh : sable fin vasard avec coquilles (excellente tenue).

[1] Le tableau sur la nature des fonds a été réalisé d'après l'ouvrage n° 1/D du SHOM Il est donné à titre indicatif et n'a pas un caractère d'exhaustivité.

■ Un abri réel dans les conditions prévues

Cela signifie que la houle ne pénètre pas dans le mouillage, que le clapot est supportable et n'augmentera guère, que la rotation des vents, telle qu'elle est prévue, ne rendra pas la situation soudain intenable (les vents continueront à souffler de terre). Cela ne veut pas dire que la prévision se réalisera.
C'est pourquoi il faut aussi pouvoir appareiller, même de nuit. On voit, là encore, que la sécurité est dans la réflexion et l'initiative du skipper qui doit être prêt à faire face à une situation s'aggravant de façon brutale et imprévue.

Un évitage suffisant

Il est fonction de la disposition des lieux et de l'encombrement. Si l'on doit limiter l'évitage, on verra que l'affourche est une solution, mais en plus d'être complexe elle n'est pas la meilleure pour la tenue et la facilité d'appareillage.
Enfin, si les autres navires sont embossés, il faut embosser à l'imitation, c'est-à-dire mouiller devant et derrière sur une ligne droite.
La meilleure solution reste de mouiller une seule ancre avec toute la touée nécessaire. Il faut conserver quelques longueurs sous le vent avant les dangers pour avoir le temps de réagir si on chasse. On sait qu'on tient en prenant un alignement à terre par le travers et en faisant arrière doucement. De nuit ou par très mauvaise visibilité, le radar est très commode. On souligne le trait de côte au crayon gras et on passe en émission pendant de courtes périodes, on revient sur « stand by » entre-temps. Si le trait de côte se décale, réagir immédiatement.
Tous les autres moyens modernes de navigation ont également une alarme de mouillage (DECCA, GPS, etc. que l'on teste en donnant de la touée).

L'évitage d'un navire mouillé sur une seule ancre est un cercle.

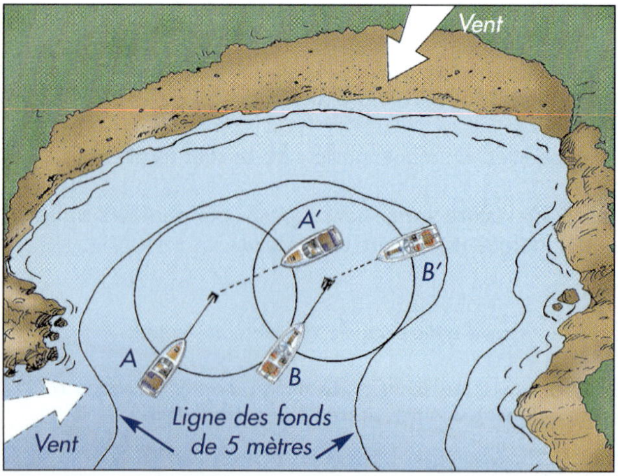

Le navire A et le navire B ne se gênent pas en cas de saute de vent : ils viennent occuper les positions A' et B'.

APPAREILLER D'UN MOUILLAGE

Se souvenir des principes de sécurité. La tenue de bain de soleil n'est pas compatible avec les manœuvres d'appareillage, dès lors qu'on met en œuvre des chaînes et des guindeaux électriques, surtout sur un mouillage agité.

■ Relever l'ancre de jet

On relève d'abord celle des ancres qui ne travaille pas ou l'ancre de jet. Si on envoie l'annexe relever l'ancre de jet, il faut que l'embarcation soit assez stable pour le faire.
Dans le cas contraire, on doit venir à l'aplomb en filant la touée de la maîtresse ancre. Le travail est beaucoup plus aisé si l'ancre est munie d'un orin (qui est aussi bien utile pour mouiller l'ancre de jet depuis l'annexe avec la précision et la sécurité nécessaires).
Pour relever, reprendre tout le mou possible de l'orin et utiliser les mouvements de l'annexe pour faire déraper. Soulager l'ancre du fond d'un mètre ou deux, amarrer l'orin, puis se faire déhaler depuis le bord par le mouillage. C'est beaucoup moins fatigant et plus sûr que de rembarquer le mouillage dans l'annexe.

Déraper l'ancre de jet.

Avec l'annexe et l'orin, c'est très facile.

Sans orin, l'effort est plus important. L'annexe doit être suffisamment stable.

Dans tous les cas, ne pas embarquer l'ancre. Se faire déhaler depuis le bord.

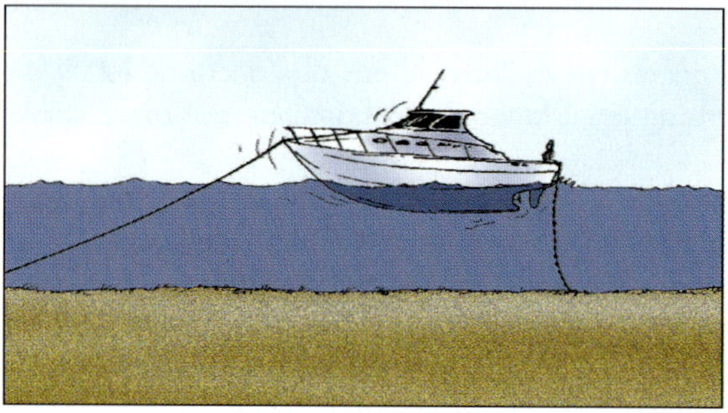

Si le dérapage est impossible avec l'annexe, venir à pic de l'ancre en filant sur l'autre touée.

Si l'on n'a pas mis d'orin, il faut se déhaler sur le mouillage auquel on donne d'abord pas mal de mou. C'est plus délicat pour déraper si l'ancre a bien souillé.

■ Relever la maîtresse ancre

Manœuvrer lentement pour éviter de passer sur son ancre et de la déraper à un moment inopportun. Venir à long pic, c'est-à-dire en ne laissant dehors que le minimum de chaîne pour ne pas déraper.
L'ancre a bien souillé et permet cette manœuvre. On peut ainsi choisir le moment précis pour déraper.

Déraper la maîtresse ancre.

Venir à long pic (reprendre tout le mou possible de chaîne ***sans déraper****).*

C'est une manœuvre qui est immédiatement suivie de l'appareillage. Elle s'effectue donc par paliers et on s'assure que tout se passe bien.

■ Déraper

C'est le moment où le guindeau fournit le plus gros effort (deux à trois fois le poids de l'ancre et de la chaîne à pic). Il faut s'en souvenir quand on s'équipe d'un guindeau ou d'un nouveau mouillage. Le pilote constate le dérapage de l'ancre quand l'étrave tombe sous le vent. A partir de cet instant, le navire n'est plus tenu (sans être manœuvrant pour autant).

« **Haute et claire** » : si on manœuvre à plusieurs, il est bon que l'équipier qui se trouve au guindeau fasse cette annonce dès que l'ancre est à un ou deux mètres sous l'étrave. Dans un mouillage encombré, par vent fort, il peut y avoir urgence à manœuvrer. On peut le faire sous réserve que l'ancre soit assez basse pour ne pas risquer de heurter la coque.

Déraper.

■ Faire route

Beaucoup d'ancres viennent toutes seules en place dans un écubier spécialement prévu sur l'étrave. Si ce n'est pas le cas, faire route à la vitesse minimum pour rester manœuvrant tant que l'ancre n'est pas au poste de mer. Stopper dès que l'on s'est dégagé pour la mettre en place. Il est très dangereux d'encaisser un peu de clapot avec une ancre à mi-hauteur de l'étrave. On a toutes les chances de créer une voie d'eau.

Faire route avec une ancre sous l'étrave.

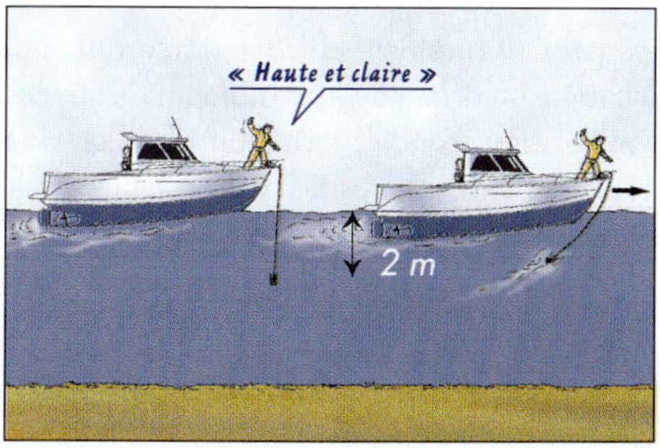

***Déraper** et virer la chaîne au plus vite, la tenir à 2 m sous la flottaison si on doit manœuvrer aussitôt.*

■ La panne de guindeau

Les guindeaux électriques, si agréables d'usage, sont, comme tout équipement, sujets à pannes. Il faut savoir qu'un guindeau électrique, qui ne veut plus fonctionner électriquement, reste une mécanique manœuvrable à la main. A condition toutefois de trouver le levier, prévu à cet effet, que l'on introduit dans l'orifice d'une couronne située près du barbotin et que l'on actionne en avant et en arrière (il est bon de prévoir un logement pour ce levier dans le couvercle du puits à chaîne). Remonter ainsi cinquante mètres de chaîne de douze par brise fraîche reste une épreuve physique, mais à la main cela est impossible. On peut s'aider du moteur en avant au ralenti mais il faut que le pilote maintienne bien le navire bout au vent.

■ Ne pas perdre son mouillage

Si vous êtes de ces pêcheurs passionnés qu'attirent tous les trous de roche, autant vous équiper tout de suite d'un ou deux de ces grappins qu'on fabrique avec un tube rempli de ciment et quatre fers à béton tordus.

Ils sont parfaits pour des mouillages temporaires, sur les lieux de pêche et ils se dégagent toujours de la roche, quitte à se déformer un peu. L'ennui est qu'il faut prévoir une caisse pour ranger ces engins agressifs qui laissent de la rouille partout.

De plus, ils sont inutilisables pour un mouillage normal.

Lorsque l'on doit mouiller sur des fonds mal connus (ou bien connus pour conserver les ancres), on peut rendre le dérapage plus sûr par les procédés suivants :

Oringuer

C'est frapper sur le diamant de l'ancre, généralement pourvu d'un trou à cet effet, un orin muni d'un flotteur. Il y a plusieurs avantages à cette technique. Elle est très efficace si l'orin est parfaitement clair du mouillage, car on peut alors exercer sur l'ancre une traction dans le sens opposé à celui où elle a croché et la dégager d'une roche. De plus, l'ancre est positionnée par son flotteur et l'on peut éviter ainsi qu'un nouveau venu mouille dessus. Enfin, il est aisé de provoquer son dérapage immédiat s'il en est besoin.

Cette méthode qui semble simple est cependant rarement efficace parce que mal appliquée. On voit souvent filer avec la chaîne un orin maillé au diamant de l'ancre et muni d'un flotteur. L'ensemble est mouillé sans grande précaution et si l'on doit raidir sur cet orin pour dégager l'ancre, cela ne marche pas. Il y a un tour autour de la chaîne dû soit à la rotation de l'ancre, soit au désordre de l'opération de mouillage, soit encore à l'évitage du bateau. On s'est donné de la peine pour rien.

On voit même parfois utiliser un orin sans flotteur qui reste amarré sur le balcon. Autant dire tout de suite que cela ne marche pas mieux.

Pour oringuer avec succès, il faut respecter plusieurs précautions.

- Même si la chaîne, au cours du mouillage, et l'orin sont bien clairs et séparés l'un de l'autre, l'orin peut venir s'engager dans une patte de l'ancre pendant les évitages. Il ne doit donc pas reposer sur le fond, il faut qu'il soit en polypropylène (flottant).

- De plus, l'orin peut être court et le flotteur est sous l'eau. L'orin peut être long et un bateau de passage peut le prendre dans son hélice ; ou encore le marnage est tel qu'il est les deux à la fois à quelques heures d'intervalle. Il faut donc en partie haute une bonne longueur de cordage plombé.

Oringuer (munir d'un orin : un cordage).

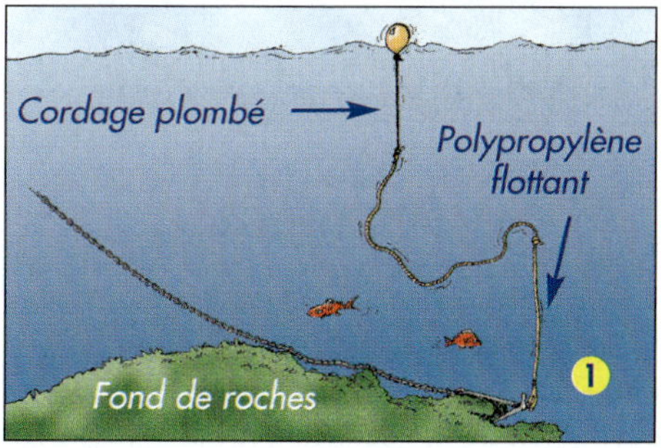

1 *On voit que la traction exercée par l'orin dégage l'ancre.*

Enfin, il faut écrire sur le flotteur « orin d'ancre » pour éviter qu'un original n'aille le prendre pour une bouée de corps mort et vous oblige à manœuvrer en plein repas.

Mailler au diamant

C'est une autre méthode pour fonds malsains qui a ses adeptes. Dans ce cas, la chaîne du mouillage n'est pas frappée sur la cigale (ou organeau) de l'ancre, mais au diamant de l'ancre. On la ramène jusqu'à la cigale par une ou plusieurs liures à casser. Autrefois réalisées en « bitord », monotoron de chanvre goudronné, ces amarrages peuvent se faire avec toute ligne de textile moderne. Il suffit qu'ils cassent lorsque le guindeau force un peu.

A défaut de guindeau, on fait avant sur la chaîne à pic pour obtenir le même résultat, et l'ancre tirée à l'envers par le diamant se dégage.

On voit bien le danger de cette technique : l'amarrage à la cigale doit pouvoir supporter les tractions obliques liées à l'évitage du bateau. Le procédé n'est parfaitement sûr qu'en cas d'embossage où le pivotement des ancres est négligeable.

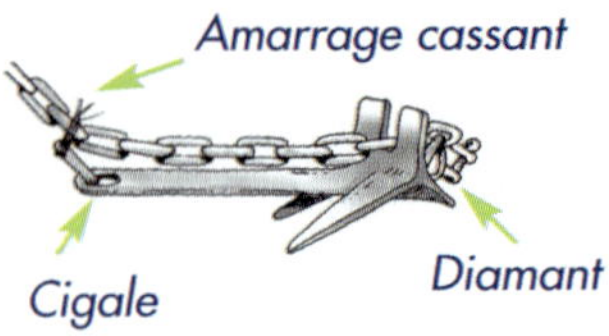

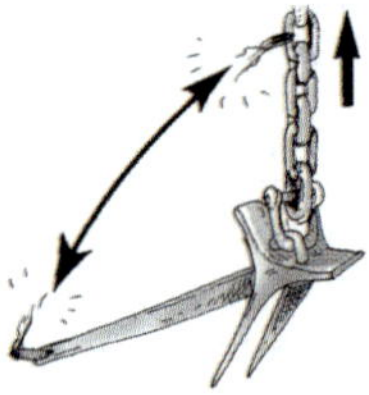

Mailler au diamant est un dispositif qui permet d'utiliser la chaîne comme un orin.

Mailler au diamant.

Si on passe sur l'ancre.

■ L'ancre engagée

Si on ne peut exercer de traction à l'envers par les procédés exposés plus haut, il faut recourir à des expédients dont l'efficacité n'est pas toujours vérifiée.
En Méditerranée ou aux Antilles, on peut envisager de se mettre à l'eau pour aller voir. C'est moins tentant aux îles Shetland (Ecosse).
On peut :

Augmenter la traction

par des mouvements d'équipage, reprendre tout le mou avec tout le monde sur l'avant, puis faire passer tout le monde à l'arrière. Si l'on n'est pas pressé, la marée montante a le même effet. S'assurer toutefois que la chaîne file si l'ancre ne vient pas. On a déjà vu des bateaux risquer de couler par l'avant à marée montante avec une chaîne tellement raide qu'on ne pouvait plus la larguer du bord.

Passer sur l'ancre

Cette méthode plus efficace doit être utilisée avec prudence. Filer un peu de chaîne pour avoir une fois et demie le fond. Faire avant en surveillant bien la chaîne qui doit être en abord. En fin de course, le bateau embarde, le nez peut même enfourner dans l'eau si on agit trop brutalement.

Nota : essayer dans des directions différentes.
Après une demi-heure de ce jeu, essayer de dégager l'ancre en tirant... en arrière. Il arrive que cela marche.

■ La chaîne croisée

Si l'ancre est levée avec une chaîne engagée dans une patte, soit un bateau a mouillé en croisant sur votre mouillage, soit une vieille chaîne traînait par là. Généralement, l'effort à faire est important. Si l'on parvient alors à monter l'ensemble près de la surface avec le guindeau, passer un cordage (une estrope) sous la chaîne « parasite » et le raidir au maximum. Filer sur votre mouillage qui, en principe, se dégage par son poids et le rentrer à bord. Larguer ou couper l'estrope. Parfois, le guindeau est insuffisant et il faut l'aider avec des palans et cordages pris sur des points fixes solides où l'on a frappé des poulies ouvrantes.

Se dégager d'une chaîne croisée.

1 *Virer (au guindeau) pour amener l'ensemble au plus près de la surface.*

2 *Saisir le mouillage au plus court et libérer le guindeau.*

3 *Passer un bout sous la chaîne, le raidir au guindeau.*

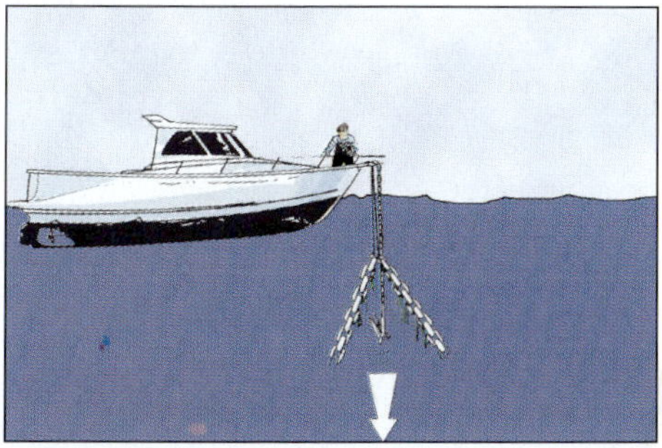

4 *Mollir le mouillage. L'ancre se dégage (faire fouetter la chaîne si nécessaire).*

5 *Prendre l'ancre à bord.*

6 *Paré à appareiller : couper l'estrope de la chaîne.*

■ Filer par le bout

Quand l'ancre ne vient pas ou que le temps presse (marée, aggravation météo), on peut être amené à filer le mouillage par le bout. Gréer un flotteur d'ancre avec un orin plombé à quelques mètres sous le flotteur. Un pare-battage est parfait pour cet usage. Mettre suffisamment de cordage (non flottant) pour que le flotteur n'ait pas à soulever la chaîne, amarrer solidement sur le mouillage en avant du davier, filer le reste de chaîne, couper l'étalingure. On reviendra avec un plongeur.

Si on a un orin préparé, on le maille sur la chaîne.

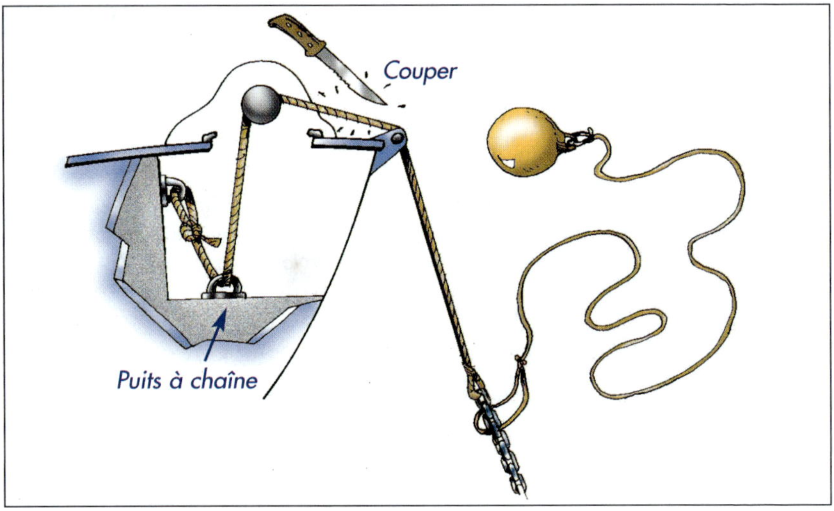

On voit l'importance du « bout d'étalingure » qu'on peut toujours couper.
Ne pas maniller la chaîne au fond du puits, car on ne pourrait la filer rapidement en cas de besoin.

7. L'accostage

L'accostage est la manœuvre qui suscite le plus d'inquiétude chez le pilote néophyte et il est courant de voir sa nervosité croître à mesure que le quai s'approche.
Le caractère, le jugement et le sang-froid, en un mot les qualités de marin du capitaine, s'expriment ici pleinement. Il lui faut, en effet, du premier coup d'œil, trouver la bonne place, celle qui est la plus agréable pour l'équipage et la plus sûre pour le navire. Il lui faut évoluer à la vitesse minimale pour rester manœuvrant, dans un espace restreint et parmi d'autres navires en mouvement, contrôler avec calme le risque de collision, apprécier les possibilités d'évolution, s'assurer que le bateau est paré, avoir l'œil à tout... et garder sa bonne humeur.

L'inquiétude du pilote croît à mesure que la distance qui le sépare du quai diminue.

RAPPELS

■ Les préparatifs

On a paré des défenses du bord à accoster (et deux de l'autre bord, si les choses doivent changer).
Des aussières sont frappées à l'avant et à l'arrière, passées par les chaumards à l'extérieur des balcons et lovées près du plat bord : « claires ». Une gaffe et une défense « volante » sont à portée de main.
Si on est seul, avoir en plus un fort traversier frappé sur la cadène de béquille ou sur le taquet du milieu de pavois.

Navire paré pour accostage.

■ Les généralités sur les évolutions du navire

Elles sont bien présentes à notre esprit et l'on se prépare à les adapter aux circonstances que l'on va rencontrer.
Parfois, on découvre le port dont on ne connaît qu'un plan. Il faut se réserver la possibilité de faire demi-tour. Se souvenir que, dans les manœuvres sans erre, la barre est immédiatement efficace en avant. Naviguer le plus lentement possible pour se réserver l'aide du « coup de fouet ».
Conserver à l'esprit la direction générale du vent dans le port, en supputer la force en observant les pavillons, les fumées, les voiles.
En outre, il est très utile d'avoir sur son avant, sur le balcon par exemple, un petit mât portant un guidon, un pavillon ou mieux une girouette indiquant le vent relatif. L'amiral JAOUEN, frère aîné du père JAOUEN, disait fort justement que *« la manœuvre n'est que l'art subtil d'utiliser le vent »*.
Ainsi, bien que sachant virer plus court à droite (avec une hélice à pas à droite), on peut décider de virer à gauche contre un vent fort qui nous fait décrire une courbe très aplatie, plus facile à loger dans l'espace dont on dispose (voir page 37 en bas).
Il faut aussi imaginer la position d'équilibre stoppé (sensiblement travers au vent) et se rappeler que le navire tend toujours à rejoindre cette position dès que l'erre (la vitesse) devient nulle.
Ne pas oublier que culer avec le vent sur l'étrave provoque aussitôt une abattée d'un bord ou de l'autre, rendant la manœuvre délicate avec un seul moteur.

Le courant est plus difficile à apprécier que le vent, son effet est donc plus trompeur. On peut le repérer sur les bateaux amarrés sur les ducs d'albe, sur les flotteurs des pontons, sur une bouée : sur tout ce qui est fixé sur le fond, amarré ou mouillé.

Courant sur un obstacle

Une bouée s'incline dans le courant

Manœuvrer bout au courant (courant de face) comporte beaucoup d'avantages.

- Le rayon de giration est diminué sur le fond d'où l'impression d'une plus grande efficacité de barre.
- Des évolutions latérales sont possibles très facilement, des deux bords, en inclinant l'étrave dans le courant.
- Le navire, même immobile par rapport au fond, reste manœuvrant puisqu'il a de la vitesse dans l'eau.

Manœuvrer courant de l'arrière est plus délicat, à cause de l'effet évolutif de l'hélice des monomoteurs. La position immobile par rapport au fond ne peut être tenue avec une seule hélice car il s'agit en fait d'une marche arrière.

Les bimoteurs doivent en principe en tirer autant d'avantages que d'un courant sur l'avant. Il reste que les obstacles sont à éviter avec une anticipation fonction de la force du courant.

■ Les effets particuliers

La profondeur des ports est parfois faible. Il arrive que la poussée d'une hélice puissante, canalisée entre la coque et le fond, provoque un courant non négligeable qui, renvoyé par un obstacle, amène une réaction inattendue de la carène. **Les petits fonds** rendent la manœuvre plus délicate.

Sur les coques semi-planantes, la houle d'étrave est assez marquée à petite vitesse ; on note dans les passages étroits un effet de succion sur la berge provoquée par cette houle, alors qu'on pouvait s'attendre au contraire à un effet de surpression.
Il en résulte que, lorsque l'on passe dans un endroit très étroit, la carène se trouve « aspirée » vers la berge la plus proche avec une force qui est fonction de la vitesse et de la proximité du bord.

Effet de succion dans un passage étroit : se présenter parfaitement dans l'axe.

▪ L'évolution des phénomènes

Enfin, les formes complexes des bassins font évoluer considérablement le courant dans les zones d'amarrage au cours d'une demi-marée.
Il ne faut pas conclure hâtivement que le courant porte vers le fond du port parce que la mer monte : près d'un cat-way donné, le courant peut changer plusieurs fois de direction et aller jusqu'à s'inverser et sa force varie constamment au cours d'une marée.
On peut trouver des zones de courants tourbillonnaires et des zones « d'eaux mortes » où le courant s'annule. Dans le golfe du Morbihan, on peut voir des courants forts opposés à quelques mètres l'un de l'autre sur le même mouillage.
Cependant, à mesure que l'on s'enfonce dans une ria ou un bassin envahi par la marée, le mouvement s'amortit et le marnage diminue en même temps que le courant.
Enfin, dans les rades alimentées par des rivières importantes, il arrive, après de fortes pluies, que le courant ne s'inverse plus et reste pendant plusieurs marées vers le large.

En bref : la difficulté majeure est d'apprécier et de contrer le déplacement transversal dû au vent, au courant et parfois au propulseur.
Le monomoteur est moins à l'aise surtout en marche arrière. Le bimoteur voit ses plus gros problèmes liés à sa prise au vent.
Tous les deux sont parfois amenés à porter des aussières à terre pour tenir une extrémité du bateau, pendant qu'on accoste l'autre au moteur.

LA MANŒUVRE D'ACCOSTAGE

■ L'idée de manœuvre

De l'observation détaillée des lieux et des éléments résulte une idée de manœuvre. Elle doit être claire dans l'esprit du capitaine et il est très souhaitable que les équipiers en soient informés.
Elle s'impose par les circonstances particulières, le sens et la force du vent, le courant, le sens de rotation de l'hélice. Elle détermine un endroit, un sens d'approche (en principe face au vent), une zone dégagée depuis laquelle on commence la manœuvre.

■ La méthode

Dans la conduite de la manœuvre elle-même, on attend toujours le résultat d'une action avant d'entreprendre une action corrective. Des corrections successives et précipitées débouchent sur l'incohérence et le cafouillage.
Si on en est là, suspendre toute action et observer... Il n'est pas exclu que le bateau se mette à faire tout seul ce qu'on voulait justement qu'il fasse. Si ce n'est pas le cas, déduire d'une observation calme la manœuvre appropriée.
Même les petits bateaux ont une certaine inertie, c'est le délai de réflexion autorisé au manœuvrier. Dans tous les cas, le bateau rejoint la position « d'équilibre stoppé ». Il est possible que cette position soit sans danger et laisse le temps d'y voir clair.

LA TECHNIQUE

■ Le principe

Amener le bateau progressivement parallèle et sans erre près d'un quai ou ponton, de telle sorte qu'on puisse l'y maintenir par un amarrage.

■ Les moyens

Le gouvernail et le/les moteurs, des aussières dans les cas difficiles, une ancre et une annexe dans les cas extrêmes.

■ Les particularités

L'essentiel est d'être sans erre par rapport au point d'amarrage au moment du contact pour éviter tout ragage brutal.
Se rappeler que l'on n'est pas forcément sans vitesse sur l'eau. S'il existe un courant sur l'avant, lorsqu'on est immobile par rapport au quai, on est en fait en route en avant, à la vitesse du courant. La manœuvre en est grandement facilitée puisque le gouvernail, recevant un flux d'eau projeté par l'hélice, reste efficace.
Cette efficacité s'accroissant avec le régime du moteur, on voit que tout élément qui oblige à augmenter ce régime augmente en principe la manœuvrabilité bien qu'il y ait d'autres inconvénients. Ainsi, un vent fort sur l'avant aide à l'accostage, obligeant à garder plus de tours moteur jusqu'à quai ; mais il peut rabattre brutalement sur un obstacle le pilote qui l'a sous-estimé.

Inversement, la présence d'un courant sur l'arrière fait qu'on est en marche arrière quand on se tient immobile par rapport au quai. Cette situation se contrôle bien sûr bimoteur ou sur monomoteur accosté du bord favorable (c'est-à-dire du bord vers lequel l'arrière est entraîné par l'effet évolutif de l'hélice en marche arrière).
Mais il faut éviter de se présenter du bord défavorable avec un courant sur l'arrière. L'usage énergique de la marche arrière, rendu nécessaire par la vitesse acquise, a tôt fait de vous mettre en travers et perpendiculaire au quai.
Tout vent ou courant, qui tend à écarter le navire du quai, complique beaucoup la manœuvre et oblige à approcher plus vite et à manœuvrer avec rapidité et précision. De plus, il faut s'amarrer rapidement et solidement sous peine de devoir recommencer la manœuvre.

LA MANŒUVRE STANDARD

Les yachts modernes sont très motorisés, donc très manœuvrants. Ils disposent couramment de plus de 50 CV par tonne de déplacement. L'approche directe ne pose aucun problème et surtout permet d'acquérir rapidement une bonne précision.

Supposons, par exemple, qu'il s'agisse d'un navire bimoteur ou d'un monomoteur se présentant du bord favorable face à un vent ou un courant modéré. Prenons par hypothèse le cas d'un accostage bâbord à quai. Dans ce cas, le monomoteur a un pas d'hélice à droite et le bimoteur utilise la marche arrière du seul moteur droit (pas d'hélice à droite également).

Cinq phases se distinguent :

1. Par une évolution fonction des circonstances et l'encombrement des lieux, on rejoint à une **vitesse stabilisée** de 3 nœuds un **secteur initial** à une distance de 6 à 8 longueurs du point d'accostage.

2. De ce secteur, on affiche le régime habituel d'approche finale (s'en fixer un qu'on affinera avec la pratique) et on fait ainsi **route directe** vers le point d'accostage à vitesse lentement décroissante, sous un angle de 30 à 40°. Attention, cela ne signifie pas qu'on vise avec l'étrave le point d'accostage, mais qu'on vise un point « au vent », à droite dans ce cas, de telle sorte que la **route** du navire arrive au point d'accostage en ligne droite.
On a donc tenu compte d'une dérive du vent ou du courant.
Cette dérive ne fait qu'augmenter à mesure que la vitesse diminue de telle sorte que le point visé par l'étrave se déplace de plus en plus vers la droite. Il faut percevoir la trajectoire réelle du navire qui doit être rectiligne et non la direction montrée par l'étrave, qui vient progressivement vers la droite.

3. On atteint un **point de décision** à 2 à 3 longueurs du quai où l'on débraie l'hélice[1], le bateau continuant sa course sur son erre, à vitesse fortement décroissante.
Sur bimoteur, on coupe le moteur extérieur (tribord en l'occurrence) ; il est ainsi prêt à passer en arrière.

4. Faire venir le bateau parallèle au quai. Mettre donc très progressivement barre à droite, en continuant à s'approcher du quai, pour finir très légèrement convergent. Toute la qualité de l'accostage est dans cette courbe et l'expérience permet de « sentir » le moment pour virer et de combien (il faut virer plus tôt qu'on ne l'aurait fait avec une automobile).
Se souvenir que le bateau dérape dans son virage et anticiper en conséquence. Prendre des repères pour le début du virage (par exemple quand l'arrondi d'étrave masque la base du quai).
Se méfier d'une approche trop lente qui rend la barre inefficace au moment de virer ; solliciter le bateau assez tôt pour s'assurer qu'il vire.
Ne pas laisser tomber l'étrave vers le quai parce que la vitesse est insuffisante et qu'on dérive tout en devenant non manœuvrant.
Sur les grosses unités à deux arbres d'hélice, les gouvernails peuvent être peu efficaces à basse vitesse, on aide à la rotation en passant souplement en arrière sur le moteur extérieur. Voir la fin d'explication de la manœuvre page 129.

[1] *Sur certains navires, il est préférable de garder au ralenti en avant pour une meilleure efficacité de barre ou de remettre au ralenti pour entamer la rotation finale.*

Accostage, manœuvre standard : avec un seul arbre.

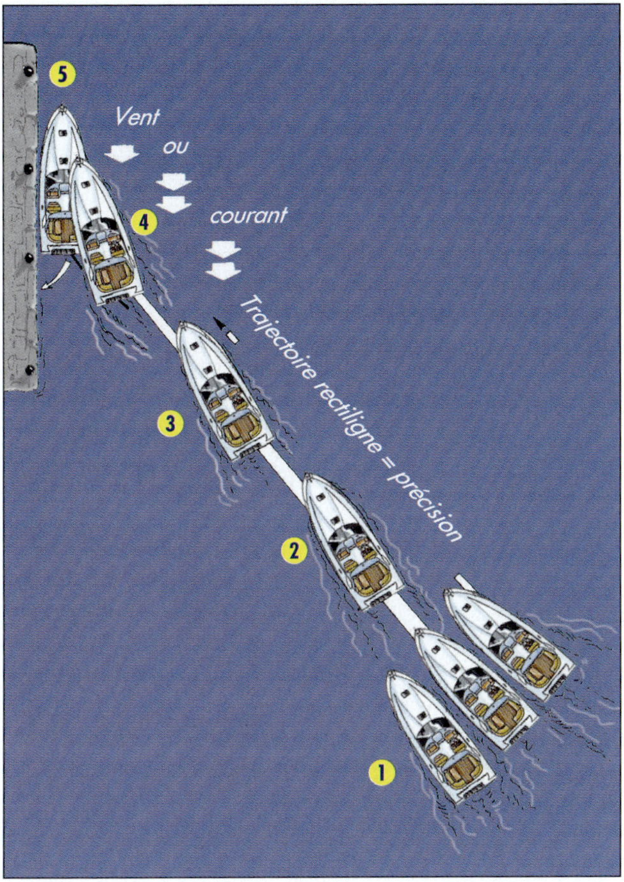

1 *Secteur initial : prendre l'axe définitif d'approche, vitesse stabilisée. Le point précis d'accostage est choisi, il ne change plus. On ajuste l'angle de dérive (vent ou courant) en conséquence.*

2 *Régime d'approche. Le définir : ralenti, ou 100, ou 200 tours au-dessus.*

3 *Point de décision. Couper les gaz, débrayer.*

4 *Barre à droite. On vient doucement à droite, la vitesse diminue ; l'angle de barre croît jusqu'à « droite toute ».*

5 *En arrière. On annule l'erre résiduelle, l'arrière se serre à quai par effet évolutif de l'hélice.*

Accostage, manœuvre standard : avec 2 arbres d'hélice.

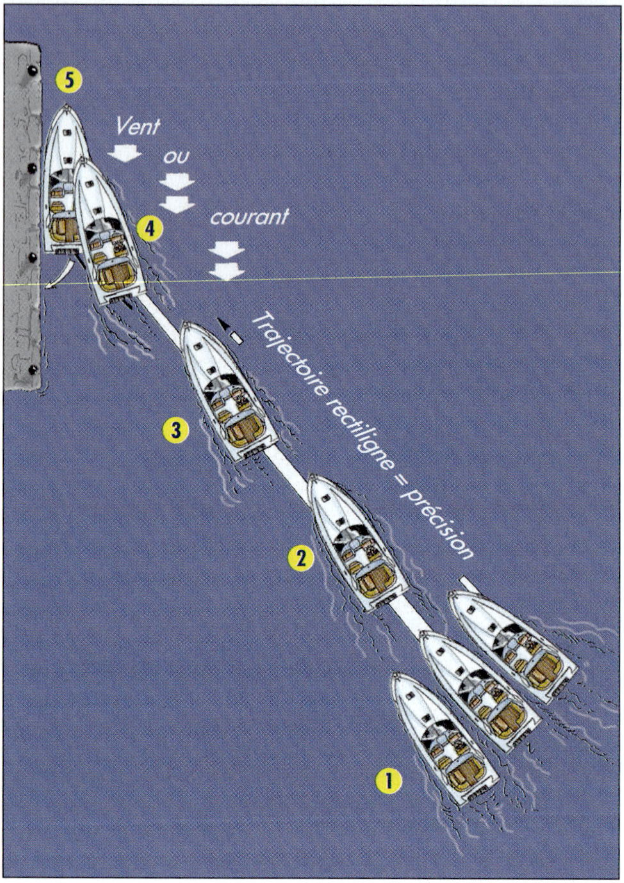

1 *Secteur initial : prendre l'axe définitif d'approche, vitesse stabilisée.*

2 *Régime d'approche.*

3 *Point de décision. Bâbord au ralenti, tribord coupé.*

4 *Barre à droite. On vient doucement à droite, la vitesse diminue, l'angle de barre croît jusqu'à « droite toute ».*

5 *Couper bâbord, faire arrière sur tribord.*

5. Parvenu tout près du quai (la distance variant avec les bateaux et l'efficacité de la marche arrière), on fait arrière jusqu'à casser complètement l'erre. En même temps, l'effet évolutif de la marche arrière serre l'arrière à quai. Sur bimoteur arrière, sur l'extérieur seulement, pour autant qu'il faille encore serrer l'arrière à quai.
La façon dont on engage la marche arrière est importante pour un bel accostage. Cet engagement doit être souple, progressif et contrôlé et l'on coupe les gaz avant que l'arrière soit à quai car il l'atteint ensuite par inertie.
Sur les navires équipés de Z-Drive ou moteurs hors-bord, mettre la barre toute vers le quai avant de faire arrière.

■ Les erreurs courantes

1. On arrive près du quai à la bonne vitesse mais trop perpendiculairement, pour n'avoir pas mis assez de barre à droite : il faut appliquer plus tôt la marche arrière pour virer plus court et l'arrière vient à quai[1].

2. Pour les mêmes raisons, on met trop en arrière et l'on se retrouve stoppé avant d'atteindre le quai. De plus, on n'est pas encore parallèle au quai : il faut faire avant très doucement, la barre étant à droite toute, le bateau s'approche du quai en virant et accoste correctement. Terminer par un très léger coup en arrière.

Trop de marche arrière.

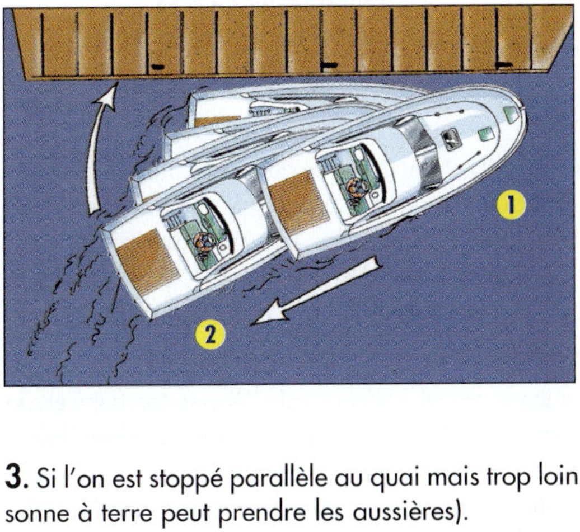

1 *Excès de marche arrière : le bateau repart en arrière au lieu d'accoster.*

2 *La barre étant toujours à droite toute :*
- *stopper,*
- *mettre en avant lente,*
- *le bateau « monte à quai » en virant à droite,*
- *stopper,*
- *arrière doucement,*
- *stopper.*

3. Si l'on est stoppé parallèle au quai mais trop loin, recommencer (sauf si une personne à terre peut prendre les aussières).

[1] *Ne pas confondre avec une approche **trop lente** où la barre étant déjà toute à droite, le bateau ne gouverne plus.*

4. Dans le même cas, une pratique courante consiste à mettre de la barre vers le quai. Mais il est déjà trop tard et cette manœuvre ne peut guère que vous mettre perpendiculaire au quai.

Accoster à la touline.

C'est la méthode ancienne qui était pratiquée par les pêcheurs à la voile pour passer l'aussière à terre.

La touline
50 m de ligne de 4 mm.

- L'aussière est remorquée par la touline et capelée à terre.
- Il reste à déhaler. Si nécessaire, on pratique de même pour l'arrière. La méthode n'est pas rapide, mais elle est efficace.

5. Arrivez trop lentement et le bateau refuse de virer quand on met la barre à droite. On met alors en arrière pour ne pas monter sur le quai et pour essayer de faire virer, mais la marche arrière tarde à provoquer un virage qui n'a pas été amorcé, par contre, elle finit de casser l'erre. On se retrouve donc stoppé à quelque distance du quai et oblique par rapport à lui. Mettre, comme en **2.**, un petit coup en avant et le bateau vire et termine son accostage.

6. Pour la même raison (vitesse insuffisante) on peut voir l'étrave tomber vers le quai par l'effet du vent. Réagir rapidement par un coup de fouet très dosé, barre à droite toute, avant d'être trop près du quai. Cette tendance est particulièrement marquée par vent frais de face sur les bateaux récents qui n'ont plus qu'un aileron arrière en protection de l'hélice.
Sur ces unités, il est plus facile dans ces conditions de se présenter vent arrière !

7. Si l'on est drossé, l'étrave contre le quai pour avoir laissé s'aggraver la situation évoquée en **6.** et avec un monomoteur présenté du bord favorable, on ne s'en tire pas sans quelques éraflures du bord sous le vent, car il faut faire avant à droite toute pour redresser. Quelques défenses en plus sont un excellent investissement[1].

Être drossé le long du quai.

Trop lent, on n'est plus manœuvrant : on est « drossé ».

1. *La situation est stable : le bateau va continuer à dériver en raguant son avant.*
2. *Il faut au plus vite : casser l'erre par rapport au quai et redresser le navire. Faire donc : barre à droite toute ; très bref mais énergique, un coup de fouet* ***en avant.***

Conseils

Notons bien que pour progresser rapidement, il est bon de s'astreindre au côté scolaire de cette technique.

En décomposant les séquences, il ne reste qu'une ou deux choses à faire par séquence. Ces actions systématiques ont des résultats systématiques, de telle sorte que, si les choses ne se passent pas comme prévu, on s'en rend compte rapidement et on en comprend plus aisément la raison.
Le GPS, en fonction vitesse/fond (NAV), est intéressant pour contrôler la décroissance de la vitesse bien qu'elle soit annoncée avec délai.

[1] Le départ en arrière, s'il est possible, fera « raguer » la coque de la même façon si elle n'est pas protégée.

On doit être très souple et précis dans l'inflexion finale de la trajectoire en arrivant à quai. En effet, un excès de barre à droite va nous faire accoster sur l'avant du point choisi ou même nous éloigner du quai.
On corrige donc **vers le quai**, mais c'est à éviter car si le bateau commence à venir vers le quai, on n'aura jamais le temps de le ramener parallèle. En règle générale : **il faut s'interdire de mettre de la barre vers le quai** dans les deux dernières longueurs avant l'accostage. Pour ne pas avoir à le faire, ne mettre à droite que le strict nécessaire, quitte à finir de virer par l'action du moteur.

Toute notre approche se faisant à vitesse décroissante, la dérive augmente rapidement surtout en phase finale en même temps que l'efficacité des commandes diminue. Si la rotation vers la droite peut donner l'impression d'avoir décrit une courbe, on a réalisé en fait une approche quasi rectiligne vers le point d'accostage fixé.

Les pilotes débutants exécutent souvent une approche suivant une courbe molle qui conduit à beaucoup d'imprécision quand au point d'accostage. Cette méthode exige plus de place que nécessaire et interdit donc l'utilisation d'un créneau étroit. Il faut l'éviter.
Les secrets du succès sont donc une route et une vitesse correctes, bien stabilisées en début d'approche, et une action très progressive sur la barre en fin d'approche. Les hésitations et changements de cap successifs conduisent toujours à de mauvais résultats.

Enfin, à chaque fois que cela est possible, on approche sur un alignement pour déceler au plus tôt une éventuelle dérive.

LES CAS D'ACCOSTAGE

■ Sans vent ni courant

Il s'agit de l'accostage de principe pour le monomoteur s'il peut choisir son bord d'accostage.
Le bimoteur finit sa présentation sur le seul moteur intérieur, celui du bord qu'on accoste. L'approche se fait en visant directement le point d'accostage puisqu'il n'y a pas de dérive.
La manœuvre n'est pas plus aisée qu'avec du vent ou du courant de face car on doit arriver avec moins de moteur. La rotation finale peut prendre un peu plus de place.

Monomoteur du bord défavorable

Un bateau, à pas d'hélice à droite, accoste par exemple tribord. La trajectoire à réaliser est une courbe à gauche.
L'usage de la marche arrière transformerait cette courbe en ligne droite ou provoquerait une mise en rotation à droite. Le navire doit donc être amené parallèle au quai uniquement par son gouvernail.

L'approche se fait sous un angle un peu plus faible (20° à 30°) et il n'est pas inutile d'être un peu plus rapide pour rester bien manœuvrant jusqu'en phase finale.
A une distance du quai qui est fonction de la maniabilité (moins d'une longueur, en principe), on lance l'avant vers la gauche, on « refuse » le quai afin de rapprocher l'arrière du quai par le dérapage en virage de la coque. Lorsque ce mouvement aboutit, l'étrave s'écartant nettement du quai, on fait arrière.
La marche arrière stoppe le navire et resserre l'avant à quai.
On voit que cette manœuvre est basée sur la décision de « refuser le quai » qui doit intervenir, très exactement, au bon moment.

Monomoteur accostant du bord défavorable.

Exemple : accoster tribord avec un pas d'hélice à droite.
Contrairement à l'accostage du bord favorable qui peut presque toujours être rattrapé par la marche arrière, cette manœuvre suppose un jugement sûr en **2** *et* **4**, *la marche arrière ne pouvant être utilisée auparavant.*

1 *Approche un peu plus rapide (1/2 nœud), sous un angle un peu plus faible.*

2 *Point de décision : entre 2 et 5 m du quai, lancer à gauche toute, stopper.*

3 *L'arrière vient à quai, l'étrave s'écarte du quai.*

4 *Arrière doucement : l'avant est rabattu vers le quai par l'effet de rotation à droite de la marche arrière. On peut s'amarrer.*

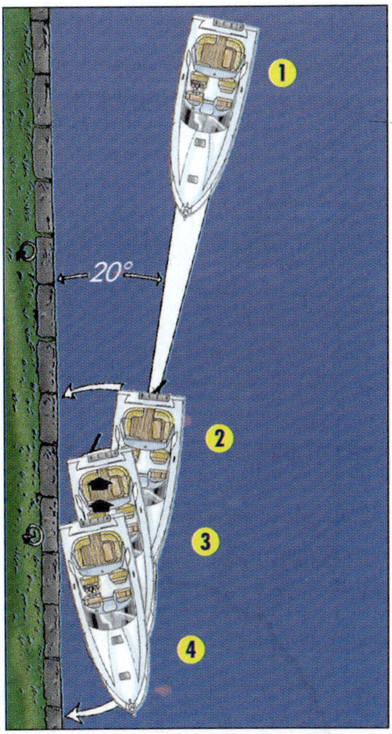

■ Par vent fort sur l'avant

La manœuvre de principe s'applique en tous points, mais avec un régime moteur plus soutenu. Bien s'astreindre à faire route vers le point d'accostage (ainsi l'étrave vise un point au vent) ; une dérive importante mal contrôlée fait accoster sous le vent du point prévu. De plus, ce mauvais contrôle de dérive cumulé avec une vitesse faible peut faire tomber l'étrave contre le quai et le bateau se met à culer en ragant son étrave.

Sur bimoteur, on peut redresser en différenciant les moteurs : avant sur l'intérieur, arrière sur l'extérieur.
Se rappeler aussi que dans le vent frais le navire « tombe » beaucoup plus vite en travers du vent, en particulier les bateaux récents qui n'ont plus qu'un aileron arrière en protection de l'hélice.
Mis à part ce risque qui peut être aggravé pour des navires à fortes superstructures sur l'avant, les réactions du navire sont plus franches et plus sensibles.
On peut avoir à « soutenir » un peu au moteur pendant l'amarrage. **Amarrer l'avant en premier**.

■ Par vent fort sur l'arrière

Si l'on doit accoster vent arrière, il faut choisir le bord favorable. On approche avec moins de moteur, puisque le vent pousse sur la superstructure (cette poussée ne pouvant être réduite). Veiller à ne pas prendre une vitesse supérieure à la vitesse habituelle.

L'approche se fait par une évolution plus large commencée très « au vent ». Le vent rabat, en effet, le navire vers le point d'accostage et la correction de son action conduit à une route plus perpendiculaire au quai. On en retire l'impression qu'il écarte du quai.

Il faut donc « monter » à quai, en prenant une route suffisamment « au vent » ; puis virer plus court. L'usage de la marche arrière sera plus soutenu.

Cette manœuvre nécessite une bonne accoutumance au-delà de 25 à 30 nœuds de vent. Elle est difficile à réussir du bord défavorable.
Dans tous les cas, faire en sorte d'amener l'arrière à quai pour l'amarrer aussitôt. L'avant ne risque pas de remonter dans le vent et on a tout le temps pour s'en occuper.

Accoster avec un vent fort sur l'arrière.

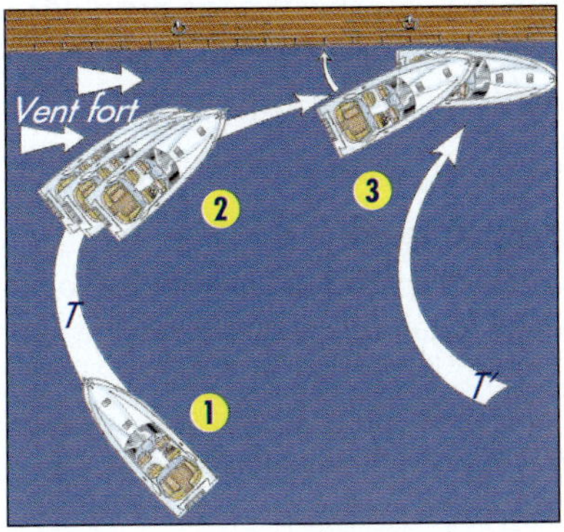

2 *La forte dérive fait arriver sous un angle plus fort près du quai. La vitesse décroît moins vite.*

3 *Il faut virer rapidement en enchaînant sur une action énergique en marche arrière (moteur tribord seul en arrière sur bimoteur).*

1 *Commencer l'approche très « au vent » du point d'accostage, sinon on décrit la trajectoire T' et l'on se retrouve perpendiculaire au quai.*

■ Par vent fort traversier

Vent traversier décollant du quai

La manœuvre peut se faire comme l'approche standard, mais avec plus de moteur, un peu plus de vitesse et plus de rapidité dans les actions. Elle nécessite donc un jugement sûr et un pilotage précis.

Si la manœuvre est imprécise ou trop lente, on est repoussé du quai qu'on a atteint obliquement, ou encore notre trajectoire passe trop loin du point d'amarrage.

Après un passage infructueux, se présenter à nouveau avec 100 ou 150 tours moteur de plus et 5° plus convergent. Virer barre toute au moment précis (repère sur l'étrave), passer en arrière énergiquement, pour « monter » l'arrière à quai.

Accoster avec vent décollant du quai.

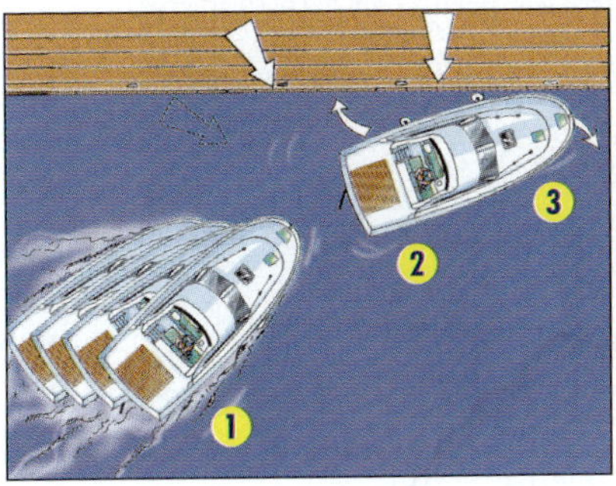

1 *Qu'il soit arrière, sur l'arrière du travers ou plein travers, le vent a un effet similaire : il écarte du quai en faisant dériver et amène à se présenter plus perpendiculairement.*

2 *On doit arriver plus vite, stopper plus tard :*
- virer plus court,
- agir plus énergiquement sur la marche arrière.

3 *S'amarrer tout de suite, même si on ne parvient à passer qu'une aussière.*

S'amarrer immédiatement car la position a été obtenue de haute lutte et n'est que très passagère. Il est bon, seul ou en équipage réduit, de passer d'abord un fort traversier à terre. On amarre ensuite l'extrémité qui est en contact avec le quai, puis l'autre qu'on devra peut-être ramener au moteur (voir « Les manœuvres sur aussières », page 144).

Vent traversier collant à quai

C'est le cas le plus aisé. Que l'on accoste un bord ou l'autre, il suffit de se présenter parallèle au quai, au vent du poste choisi, ayant bien garni le bord sous le vent de défenses efficaces.

Le vent fait le reste. Il vous emmène à quai et vous y maintient. Contrairement au cas précédent, il s'agit d'une situation stable et vous avez tout le temps pour vous amarrer.

Si le vent est très fort et que le bateau risque de s'abîmer en venant à quai, il faut tenter de ralentir sa dérive. On y parvient avec un bimoteur ou un monomoteur accostant du bord défavorable. Arriver parallèle au quai à un ou deux mètres au vent à lui, lancer l'avant dans le vent, puis, quand ce mouvement s'amorce, passer en arrière (du seul moteur intérieur sur bimoteur). Ces deux actions déterminent un mouvement vers le vent tout en conservant le parallélisme avec le quai.

Sur un monomoteur, on ne peut utiliser ce stratagème qu'une fois, choisir donc le bon moment.

Sur bimoteur, on peut avoir une action contrariée des moteurs combinée à celle du gouvernail qui provoque un mouvement transversal vers le vent (voir « Le déplacement transversal », page 27).

Ce procédé n'est efficace qu'avec un bon gouvernail car le bateau n'est empêché de virer que par le gouvernail sous le vent. De plus, cette manœuvre demande une excellente maîtrise de son bateau car on doit commencer par mettre la barre vers un quai qu'on voit arriver trop vite.

Ralentir la dérive vers le quai.

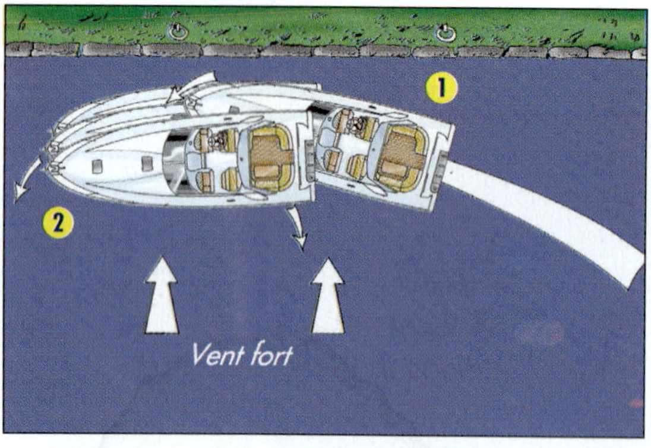

1. *Stopper. Avec la vitesse restante, lancer à gauche toute.*
2. *Faire arrière pour « remonter » l'arrière dans le vent.*

En monomoteur (du bord « défavorable »).

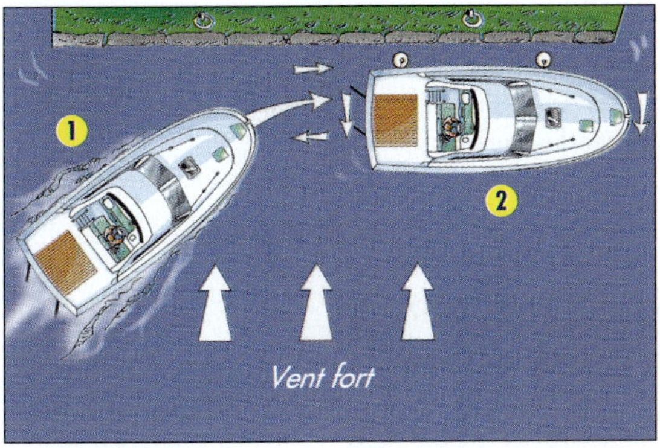

En bimoteur.

1 *Manœuvrer comme pour accoster un quai fictif « au vent ».*

2 *Stopper parallèle au quai. Faire :*
- gauche toute, avant bâbord,
- arrière tribord pour rester parallèle au quai,
- les deux actions ralentissent la dérive vers le quai.

■ Avec vent fort oblique

Du secteur avant

S'il serre à quai, son action est toujours favorable : il ralentit et serre à quai.
S'il écarte, faire une approche autant que possible dans le lit du vent. Ainsi, la dérive est nulle. Etre énergique et rapide en fin de manœuvre.

Accoster vent oblique de l'avant.

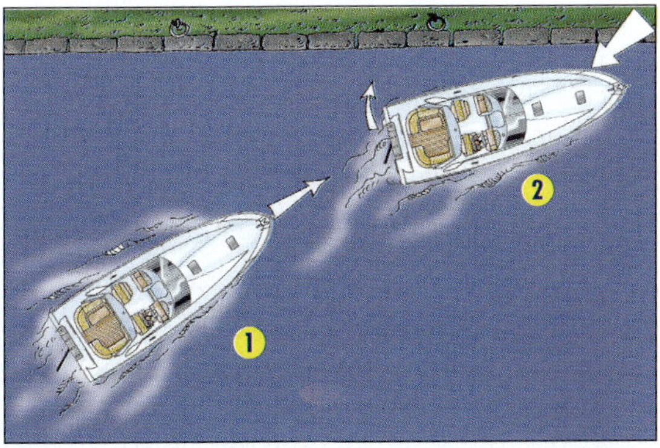

2 *En phase finale, agir énergiquement puisque le vent déborde du quai.*

En approchant dans le lit du vent, on ne subit aucune dérive, on a plus de moteur et on manœuvre bien.

Du secteur arrière

S'il pousse à quai, il redevient favorable en fin d'accostage. S'il décolle du quai, procéder comme lors d'un vent traversier. Se méfier de la dérive en fin d'approche qui tend à mettre le bateau perpendiculaire au quai.

Accoster vent oblique de l'arrière.

*Ne pas être **trop rapide** tout en restant manœuvrant.*

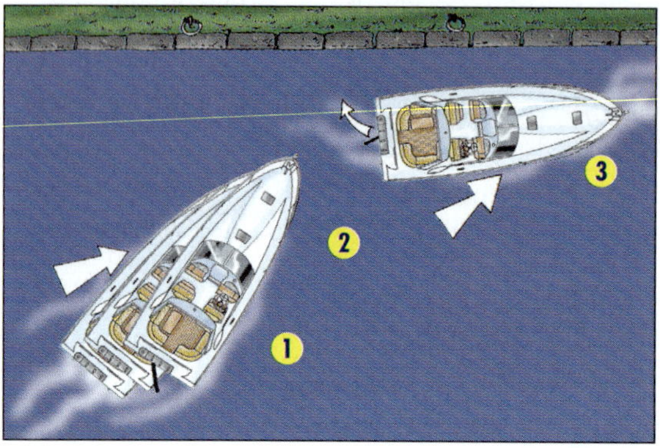

1 *En approche, le vent a le même effet qu'un vent arrière ou débordant du quai. Attention à la vitesse qui ne diminue pas (fardage).*

2 *Stopper, arriver sur l'erre.*

3 *Action souple et prolongée en arrière. Le vent redevient favorable en fin d'accostage.*

■ Avec fort courant sur l'avant

C'est la manœuvre normale en rivière. Cette situation qui peut crisper le débutant, facilite en fait la manœuvre et le pilote entraîné peut s'aider du courant pour faire un accostage d'une grande précision.

Les canoë-kayakistes connaissent bien la technique du déplacement latéral en prenant le courant en oblique. On incline l'étrave sur bâbord pour aller sur bâbord, dès qu'un coup de pagaie ramène le canoë dans le lit du courant le déplacement latéral cesse.

Il est possible donc :

- de se présenter parallèlement au poste choisi, en soutenant au moteur pour étaler le courant ; dès qu'on incline l'étrave vers le quai le navire vient vers le quai. Dès qu'on le remet dans le lit du courant, le mouvement transversal cesse. On peut s'écarter à nouveau si on le souhaite en inclinant l'étrave vers l'extérieur ;
- de procéder par la méthode standard avec le surplus de moteur nécessaire et en surveillant bien la dérive pour ne pas accoster en aval du point choisi.

Dans tous les cas, continuer à soutenir au moteur pendant qu'on passe les amarres.

Accoster face au courant.

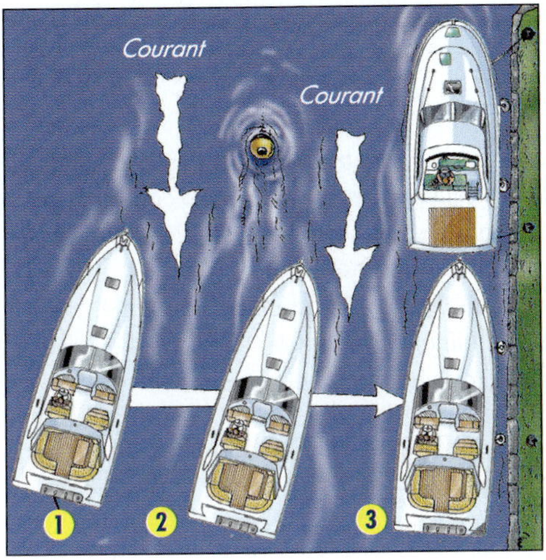

1. *En avant lente, si on incline l'étrave vers le quai, on obtient un déplacement transversal vers le quai.*

2. *Plus on incline, plus on approche vite du quai.*

3. *Redresser. Conserver assez de moteur pour « soutenir » pendant qu'on amarre (l'avant d'abord).*

■ Avec courant sur l'arrière

Manœuvre possible sans grande difficulté avec deux hélices, elle est plus délicate en monomoteur. On la tente de préférence du bord favorable.
Si on doit accoster du mauvais bord, on incline l'arrière dans le courant suffisamment tôt pour contrôler ensuite son effet par l'action de la marche arrière (qui s'oppose alors directement au courant si l'angle est bon).

Accoster, courant de l'arrière avec un bimoteur.

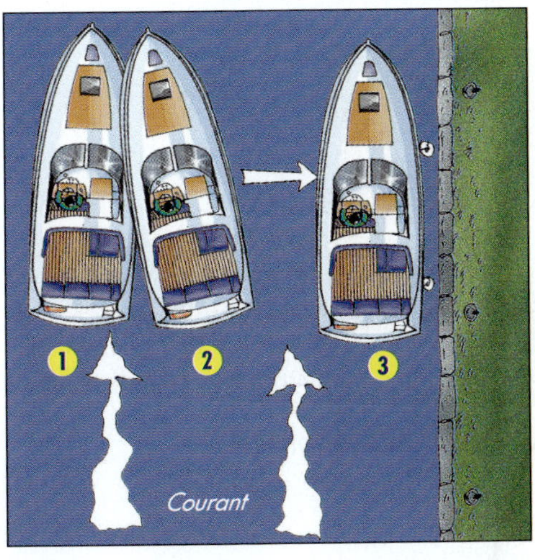

1. *Arrière lente sur les deux pour étaler le courant : mettre un peu plus de gaz à bâbord.*

2. *L'arrière s'incline dans le courant et on vient sur tribord (certains bateaux manœuvrent mieux en mettant barre à tribord avec 2 moteurs au même régime).*

3. *Réduire bâbord (ou barre à zéro). Continuer à « soutenir » pendant qu'on amarre (l'arrière d'abord).*

LES CAS PARTICULIERS

■ Le créneau étroit

Quand il ne reste qu'une petite place (moins de deux longueurs par exemple), on est tenté de passer très près des obstacles situés à l'entrée de ce créneau. On risque ainsi de ne pouvoir virer suffisamment pour « refuser » le quai : l'arrière, qui se porte à l'extérieur dans le virage, pourrait heurter les obstacles. De plus, en monomoteur présenté du bord favorable, la marche arrière rabat sur l'obstacle.
On gardera bien en mémoire l'espace minimum à laisser à l'extérieur d'un virage. Cet espace est fonction de la rapidité de mise en virage et n'excède pas une demi-longueur du navire.

Nota : si le vent pousse à quai, ajouter la dérive.

Créneau étroit (garder la place pour le passage de l'arrière).

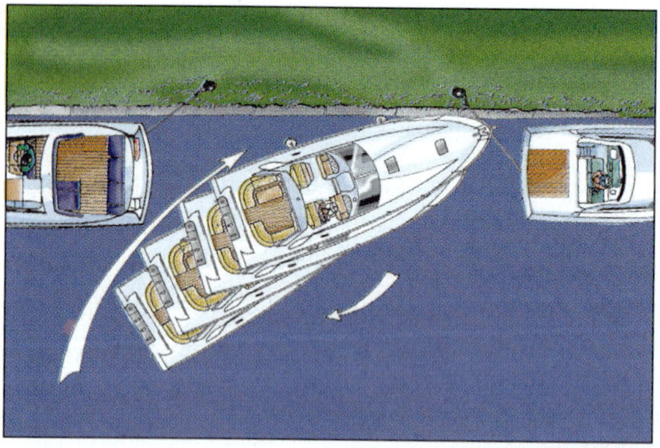

- Penser au « dérapage » de la coque en virage.

- Veiller à ménager une place suffisante au passage de l'arrière bâbord.

- Eviter cette situation où l'on ne peut plus faire grand-chose (sauf avec un Z-Drive ou un moteur hors-bord : droite toute et arrière).

■ Culer dans une alvéole

Avec un monomoteur, par exemple pour entrer en arrière entre des cat-ways.
Avec une hélice à pas à droite, se placer obliquement, nez à gauche, sur l'extrémité du cat-way bâbord (voir le croquis ci-dessous), faire arrière pour tomber en bonne position puisque l'effet évolutif fait virer à droite. Faire cette manœuvre très près de l'extrémité du cat-way.
On pourra toujours parfaire l'alignement en faisant avant.

Culer à poste (pas d'hélice à droite).

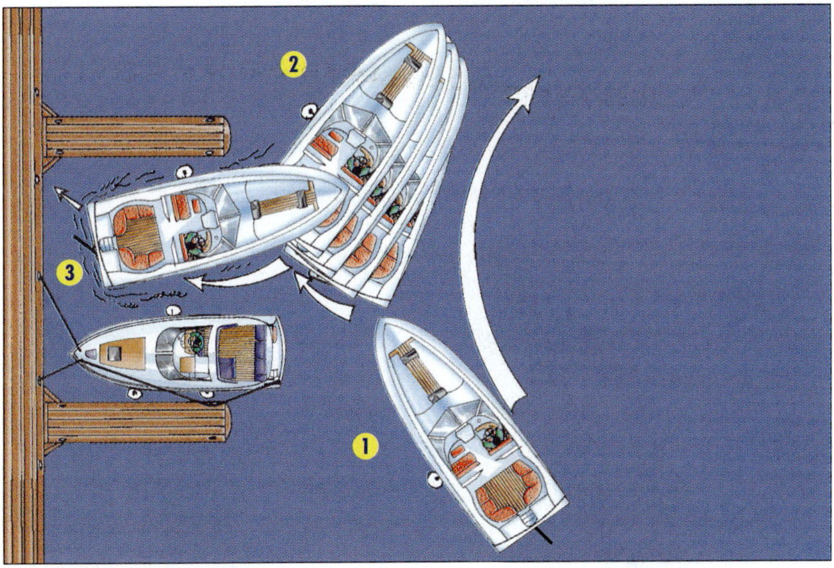

1 *Lancer à droite toute par coup de fouet.*
Stopper.

2 *Arrière avec barre à gauche toute.*

3 *Stopper.*
Changer la barre (à droite toute).
Coup de fouet en avant si nécessaire.

Nota : avec un bimoteur, virer en différenciant.

■ L'accostage sur aussières

Les manœuvres d'aussières classiques utilisées sur les grands navires pour s'orienter dans une zone exiguë (pour terminer un accostage ou pour l'appareillage) sont applicables aux vedettes de plaisance sur lesquelles on les emploiera en cas de fardage important ou de vent fort mais presque toujours sans treuils.
L'inertie étant faible, l'action des équipiers aux aussières est primordiale et une bonne coordination avec l'action du pilote essentielle.
On devra mettre à ces postes des gens compétents. La robustesse n'étant pas la qualité essentielle, un enfant de douze ans qui sait faire forcer une aussière « étalera » sans difficulté un bateau de trois tonnes, un maladroit de 120 kg debout sur un cat-way, qui voudra tenir « en direct », lâchera l'amarre ou tombera à l'eau.

Rappeler aux équipiers les principes de prudence :
- ne jamais faire un tour avec l'amarre autour de son poignet,
- ne pas déborder avec un pied qui peut glisser et se retrouver coincé entre le navire et le quai, etc.

A ne pas faire au voisinage du quai.

Faire retour sur aussières.

Par ce procédé, un enfant de douze ans tient un bateau de trois tonnes.

■ Rattraper un accostage raté

Les conditions sont difficiles et on accoste l'arrière sans pouvoir ramener l'avant. Amarrer l'arrière avec un retour à bord afin de pouvoir régler l'effort ou la longueur. Le bateau en a profité pour s'écarter et nous voilà perpendiculaire au quai.

Accoster sur amarre arrière.

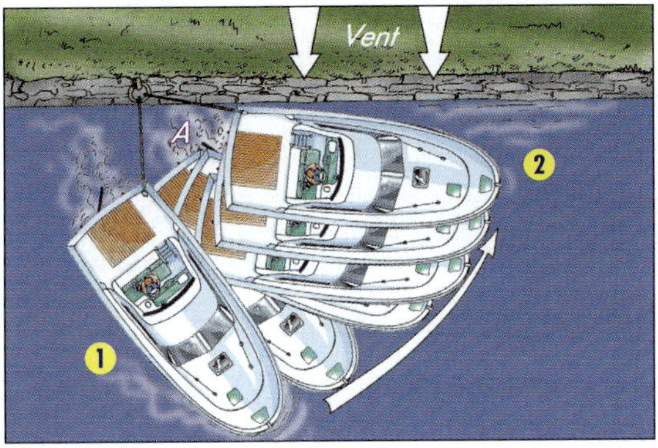

1 *On est parvenu à amarrer seulement l'arrière :*
- faire avant,
- barre à gauche toute.

2 *Freiner la barre à gauche toute :*
- garder le moteur,
- amarrer l'avant.

Mettre alors la barre toute vers le quai et faire en avant doucement : le bateau « monte » alors vers le quai par une large courbe limitée par l'amarre arrière. Il suffit de débarquer un équipier avec l'amarre avant.
Seul, maintenir en avant et freiner la barre « comme ça » pendant qu'on débarque pour tourner l'amarre.
Sur bimoteur, n'utiliser d'abord que le moteur extérieur en avant. Suivant les formes de l'arrière, ou pour soulager l'amarre qui force beaucoup, on peut faire légèrement arrière sur le moteur intérieur.
Si les conditions sont vraiment difficiles, ponton avec violent courant traversier par exemple, on peut débarquer par l'arrière, un équipier frappant l'amarre avant, et la « virer » depuis le bord sur la poupée du guindeau.

Nota :
- cette manœuvre est assez laborieuse lorsque le vent est fort car le couple à virer est faible. Pour plus d'efficacité, avancer le point de fixation de A quand c'est possible ;
- sur bimoteur : avant sur tribord seulement, ou même contrarier (arrière sur le moteur intérieur).

On peut aussi manœuvrer sur une amarre avant. Si on fait arrière, il faudra être sur bimoteur (utiliser les deux moteurs en sens inverse) ou du bord favorable sur monomoteur (c'est-à-dire vouloir mettre bâbord à quai avec une hélice à pas à droite). La manœuvre sera moins aisée, le gouvernail étant sans efficacité.

Manœuvrer sur amarre avant en arrière.

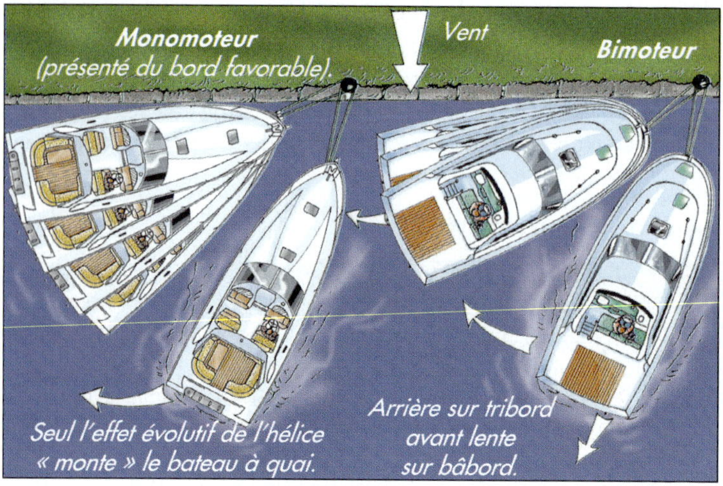

Nota : la barre est inefficace puisqu'on est sans erre.

Manœuvrer en avant sur amarre avant est simple : faire barre toute à l'extérieur et venir doucement au contact du quai sur une bonne défense. On peut avoir à régler la longueur de l'amarre, d'où l'intérêt de l'avoir en retour à bord.
L'action de cette aussière est identique à celle de la garde avant qui tient le bateau à quai pendant qu'on largue. Ici, on maintiendra tout « comme çà » pendant qu'on amarre l'arrière et qu'on passe les traversiers (il est utile d'avoir un frein de barre ou un système quelconque pour la bloquer.

Manœuvrer sur amarre avant en avant (c'est faire « garde avant »).

Nota : la manœuvre est toujours possible : bimoteur ou monomoteur, bord favorable ou défavorable ; **le gouvernail est efficace.**

Enfin, si l'on est amarré des deux bouts sans parvenir à embraquer les amarres (à défaut de guindeau par exemple), il suffit de faire avant ou arrière (selon la convenance) pour voir le bateau monter à quai. Passer alors deux traversiers.

Venir à quai sur deux traversiers.

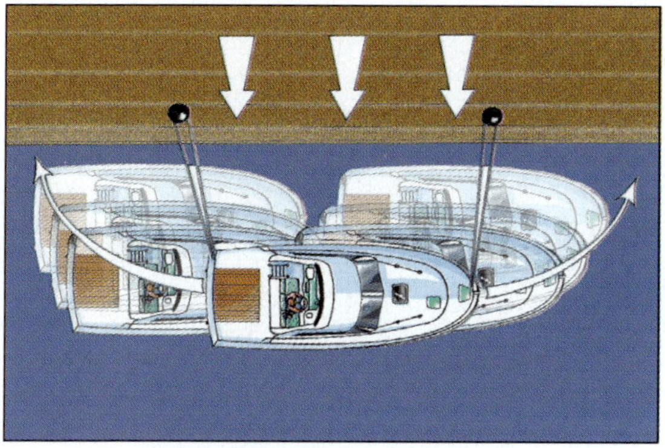

(C'est un cas sans doute assez rare).
- En avant comme en arrière, le bateau « monte » à quai par un effet de balancier. La barre est inutile.
- Maintenir au moteur jusqu'à être amarré correctement.

Conclusion : dans toutes ces manœuvres, agir avec beaucoup de souplesse sur les moteurs. Etre conscient des masses en mouvement et des limites étroites du déplacement. Penser aux efforts importants supportés par les points fixes. Employer des aussières souples, en nylon et tressées de préférence.

L'USAGE D'UNE ANCRE

■ Mouiller et culer à poste

Dans certains ports, on doit mouiller à l'avant et amarrer l'arrière à un quai ou un ponton. Ne jamais procéder ainsi, sauf s'il s'agit d'une coutume locale, car il se trouverait à coup sûr au fond un vieux mouillage pour se prendre d'amitié avec votre ancre au point de ne plus vouloir vous la rendre.
La manœuvre peut poser quelques problèmes au pilote de monomoteur : si le vent est fort de la droite et le pas de l'hélice à droite par exemple (tirant vers bâbord donc sous le vent, en arrière). Il faut en effet mouiller à peu près trois longueurs de bateau pour tenir et il sera impossible de culer droit sur cette distance. On ne peut compenser en mouillant trop au vent sous risque de croiser sur le mouillage du navire au vent.

La seule façon de compenser la dérive vers bâbord, consistera à orienter l'arrière vers le vent et à culer avec la barre à droite tout en mouillant rapidement (éviter de raidir sur la chaîne pour ne pas tomber sous le vent).

Mouiller et culer à poste (vent de travers du bord défavorable)

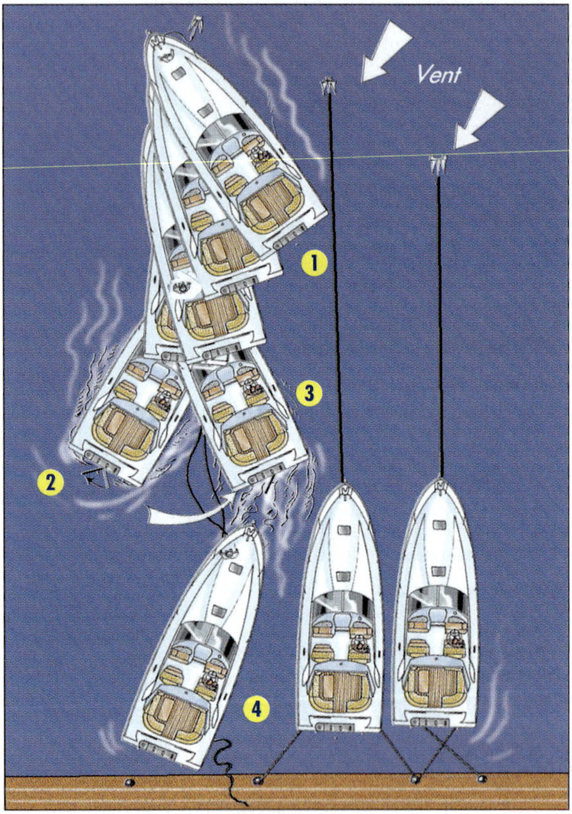

On dérive sous le vent, l'arrière tombe vers bâbord.
On redresse par coup de fouet avant à gauche toute.

1. *Mouiller l'arrière « au vent », faire arrière. On tombe sur bâbord.*
2. *Changer la barre :*
   - *gauche toute,*
   - *coup de fouet en avant, pour remonter l'arrière dans le vent.*
3. *Stopper. Faire à droite toute. Arrière lente.*
4. *Amarrer l'arrière, raidir devant pour redresser.*

Nota : se reporter au dessin « culer en monomoteur » (page 26).

En culant, on décrira une courbe vers bâbord qui nous amènera dans l'axe du poste à prendre. Si on doit encore culer, on tiendra alors sur la chaîne (pour empêcher l'étrave de tomber sous le vent) pendant qu'on fera avant gauche toute pour « remonter » l'arrière dans le vent. Puis mettre barre à droite toute et arrière, comme précédemment, jusqu'à être en place.
L'arrière une fois amarré, bien raidir la chaîne qui peut avoir fait des paquets en filant trop vite. De toute façon, elle n'a pas été mouillée en ligne droite et l'on doit s'assurer de la prise de l'ancre.
Ce type de mouillage nécessite des réglages de la touée, en port à marée, en fonction de la hauteur d'eau.

■ Prendre une pendille

En Méditerranée, on prend souvent une « pendille » (voir « L'appareillage » page 55) qui est reliée à un corps mort pour faire l'économie de l'opération de mouillage.
Il restera à aller mettre l'arrière à quai (pour s'amarrer et récupérer la pendille), mais on pourra limiter la marche arrière au strict nécessaire. Se méfier toutefois pendant cette marche arrière, du mouillage qui dépasse l'étrave du voisin. Se présenter au vent de l'axe de l'alvéole disponible et suffisamment en biais pour compenser l'effet évolutif pendant la marche arrière (voir « Culer dans une alvéole » page 141).
On peut aussi choisir de mettre l'avant à quai.

■ Les autres usages d'une ancre

Si l'on est dans la nécessité d'aborder un quai soumis à du ressac, on doit pouvoir s'écarter rapidement quoi qu'il arrive même si un vent fort porte vers lui. Si les fonds sont sains, on peut mouiller. Laisser le bateau faire tête et filer la ligne de mouillage à la demande pour approcher le quai par l'arrière, mais on expose les flaps ou la plage arrière à des chocs dangereux.
Il peut être préférable de mouiller par l'arrière et de présenter l'avant à quai, il est alors plus facile de choisir son point d'accostage. **Ne pas utiliser la marche arrière**, mais la ligne de mouillage pour éviter le quai.

Approcher un quai malsain sous le vent.

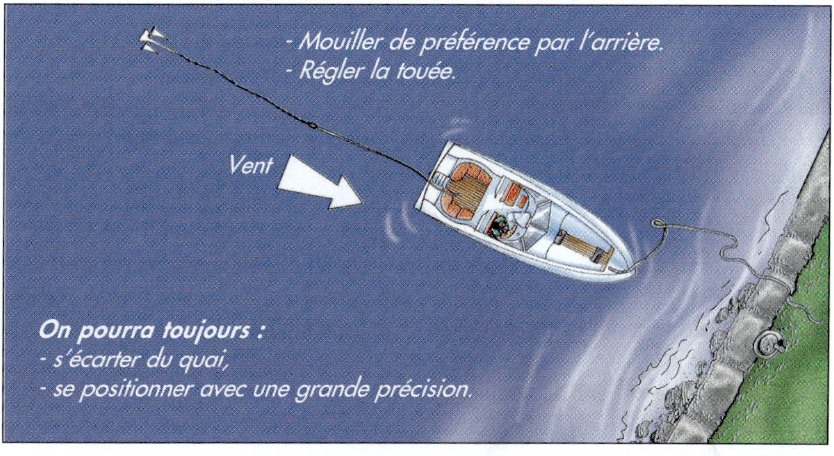

Sur bimoteur, ayant mouillé au vent d'un quai, il est possible de tomber vers le quai, en maintenant le bateau parallèle à lui par l'effet des moteurs agissant en sens opposés.

Avec un bimoteur.

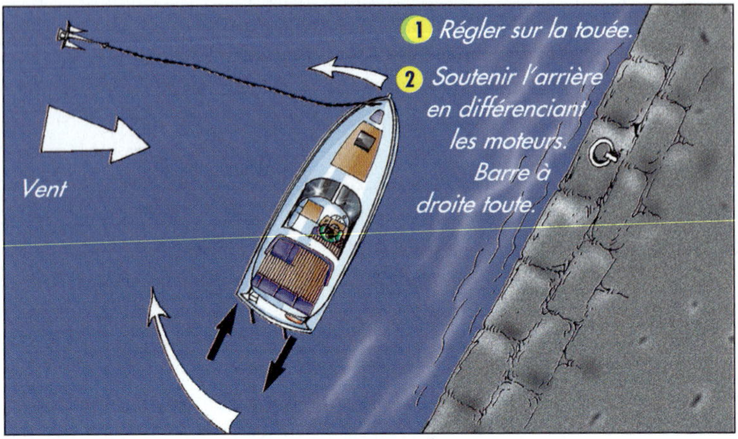

Ne tentez pas ce genre de manœuvre si vous prenez seulement votre bateau en main.

Le principe du mouillage d'annexe peut aussi être utilisé (voir page 103).

PRENDRE UN COFFRE

On peut être amené à prendre un coffre sur rade pour éviter d'entrer de nuit dans un chenal mal balisé ou simplement pour attendre la marée. Des coffres ou bouées sont souvent disposés en mouillage d'attente sur corps morts, au voisinage de ports à marée comportant des écluses (par exemple, St-Martin-de-Ré).

La manœuvre, sans être complexe, pose le problème du choix de l'axe d'approche, dès qu'il y a un peu de vent ou de courant. Avec du vent sans courant, l'approche se fait tout simplement face au vent.

Si l'on a du courant fort, on verra le sillage que fait le coffre, immobile, dans l'eau qui défile. Se présenter en remontant ce sillage. On restera ainsi en route en avant pour se tenir près du coffre et manœuvrer avec beaucoup de facilité et de précision.

Si l'on a du vent et du courant, le courant principalement devra être pris en compte pour le choix de l'axe d'approche, mais on pourra modifier cet axe en fonction de la force du vent.

Pour tenir compte du vent, il faut que ce dernier ait une vitesse plus de dix fois supérieure à celle du courant. Par exemple, on ne se soucie pas d'un vent arrière ou traversier de 15 nœuds, dès lors qu'on a un courant d'un nœud et demi et on approche face au courant.

Le problème du choix de l'axe d'approche se pose donc, avec vent et courant, lorsque le vent est très fort ou lorsque l'axe du courant est difficile à déterminer.

Dans ce cas, **observer**. D'autres navires peuvent se trouver amarrés sur des coffres voisins, vedettes comme voiliers.

1. Ils s'évitent tous dans le même sens : le vent et le courant sont dans le même sens ou l'un est faible par rapport à l'autre. S'assurer quand même que les bateaux ne sont pas embossés. Approcher suivant l'orientation des bateaux sur rade.

2. Ils s'évitent différemment : les vedettes dans un sens, la plupart des voiliers dans un autre sens. Cela signifie que les voiliers possédant une quille profonde sont dans le lit d'un courant fort, quand les bateaux à moteur à faible déplacement s'orientent dans le lit du vent [1].
Les voiliers à quille peuvent aussi se situer dans une position d'équilibre entre l'action du vent et du courant. Quoi qu'il en soit, on approche le coffre convoité dans la direction montrée par l'étrave des voiliers, car l'important est d'être assez proche de l'axe du courant.

3. Il n'y a aucun autre bateau à proximité. Se placer au voisinage du coffre, stopper, laisser dériver. La dérive montre la trajectoire à remonter pour l'approche.

Accessoirement, par cette manœuvre, on a vu le coffre, apprécié sa solidité, la hauteur de l'anneau, sa taille, vu s'il y avait un bout, etc.

Attention : ne pas se placer par le travers du coffre, en amont dans le courant, car on pourrait être drossé sur sa chaîne et engager une hélice ou un safran de gouvernail.

■ La prise de coffre

Préparation

Tout d'abord, amarrer une aussière à l'avant, passant dans le davier et à l'extérieur du balcon. Il est bon de la régler en longueur pour qu'elle ne puisse atteindre les hélices si elle venait à tomber à l'eau.

Paré à prendre le coffre avec une aussière ou avec une gaffe automatique.

[1] *Les bateaux auront également des orientations diverses par vent calme et courant faible. Dans ce dernier cas, l'axe d'approche importe peu.*

Manœuvre

1. Le courant est fort mais on a un bon équipier. On se présente face au courant pour amener l'étrave au-dessus de la bouée et l'y maintenir pendant qu'on passe l'aussière dans l'œil de la bouée. Voilà la méthode traditionnelle issue des manœuvres à la voile. Cela suppose, si le franc-bord est important, d'avoir un équipier avant acrobate et capable d'enfiler le cordage d'une seule main, quand l'autre main tient un chandelier du balcon sous lequel il est allongé. C'est donc plus facile avec deux équipiers : l'un monte la bouée à la gaffe, l'autre passe l'aussière. Se munir de préférence d'une de ces gaffes automatiques qui permettent de passer le cordage à distance.
On facilitera grandement le travail des équipiers d'avant en trouvant le régime qui « étale » le courant, c'est-à-dire qui tient le bateau sensiblement sur place.

Le vrai problème est de passer l'amarre dans l'œil de la bouée.

2. Le courant (ou le vent) est fort et l'on est seul. Ne pas tenter de prendre le mouillage par l'avant : l'étrave serait déjà tombée sous le vent ou dans le courant avant d'en avoir eu le temps.
Préparer l'amarre comme ci-dessus et la ramener à l'arrière en passant à l'extérieur de tout.
Amener le coffre le long du bord en se présentant face au courant et sous le vent (quand on subit les deux). Bien observer pour ne pas se tromper de bord, on risquerait de tomber en travers sur le coffre dans la suite de la manœuvre.
Au moment où le coffre est travers le long du navire (qui garde un peu d'erre en avant), mettre la barre sous le vent, pour le faire abattre. Ceci aura pour effet de rapprocher l'arrière du coffre et d'empêcher qu'on tombe du mauvais bord. Saisir l'anneau et y passer l'aussière.
On peut alors faire un nœud, capeler un gros mousqueton, ou simplement passer « en retour » et aller amarrer à l'avant, si le bateau ne « rappelle » pas trop tôt.

S'amarrer sur un coffre.

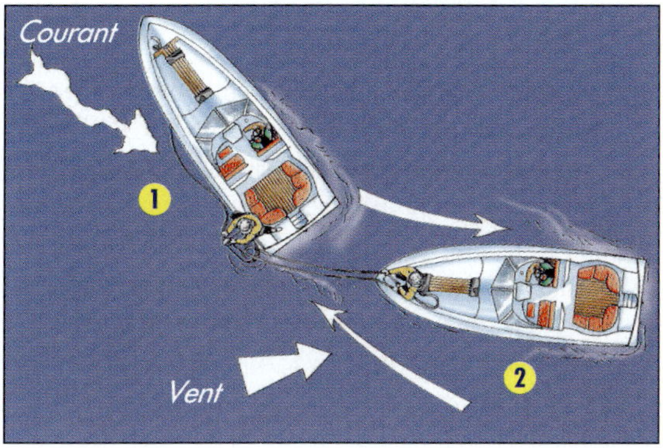

1 *Accoster sous le vent. Amarrer l'aussière venue de l'avant.*
2 *Reprendre depuis la plage Avant.*

3. Si les conditions sont très délicates, le bateau très lourd ou au contraire très volage et si le couronnement arrière est le seul endroit d'où l'on peut agir efficacement. Venir en arrière sur le mouillage, sans honte et de la même façon qu'on approcherait en avant. Avec un bimoteur, c'est assez facile. On débraye les hélices avec un peu d'erre en arrière et on vient contre le coffre sur lequel on passe un « bout » provisoire depuis un angle du tableau. Il suffit ensuite de ramener sur le coffre l'aussière de l'avant et larguer l'arrière. Revenir à l'avant prendre le mou pendant que le bateau évite et fait tête. Avec un monomoteur, on peut de la même façon approcher l'arrière du bord favorable.

ACCOSTER UN NAVIRE SUR RADE

La mer doit être belle pour tenter une telle manœuvre et l'on disposera toutes les défenses nécessaires du bord choisi pour l'accostage.
Se méfier de la houle qui peut faire rouler les deux navires l'un après l'autre et provoquer des accrochages de superstructures ou d'antennes.
Se méfier de la même façon du ressac lié au passage d'autres navires. Enfin, les mouvements des deux bateaux peuvent être très différents, et l'on ne s'en rendra compte qu'une fois arrivé très près.
Se présenter **de façon à pouvoir refuser l'accostage** jusqu'au dernier moment.

LE NAVIRE EST MOUILLÉ

S'il évite face au vent, il n'y a aucun courant ou il est avec le vent. Se présenter par l'arrière, sous un angle de 30° environ, mais du bord **défavorable** car l'important n'est pas de faire un bel accostage mais de pouvoir garder ses distances si nécessaire. Avec un bimoteur, être prêt à faire arrière sur le moteur intérieur pour les mêmes raisons.
Si le navire s'évite hors du lit du vent, il y a un courant oblique. Il faut donc déterminer de quel bord on risque d'être rabattu sur le navire mouillé. Venir sur son arrière et stopper. Observer de quel bord on est entraîné par la dérive. Accoster de ce bord de façon à être naturellement écarté de l'accosté.

Accoster un navire mouillé avec vent contre courant.

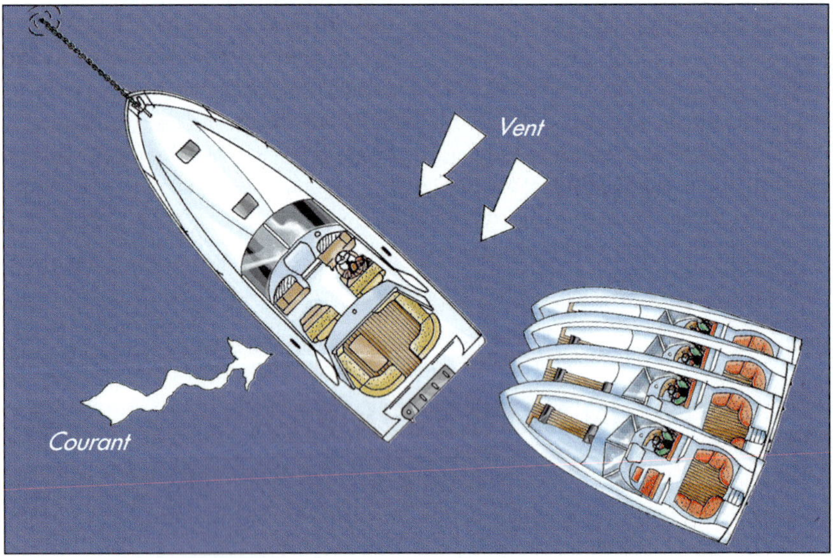

1 *Se présenter sur l'arrière.*

2 *Si on constate une dérive à gauche, on accoste à bâbord du navire mouillé.*

LE NAVIRE EST EN DÉRIVE

Accoster comme un quai sans vent, ni courant. Venir en principe sous le vent (en effet, seul le vent compte) pour profiter de l'accalmie relative sous le vent du navire accosté. Quand on est beaucoup plus gros ou pour les problèmes de pas d'hélice évoqués ci-dessus, on peut en décider autrement surtout si le vent est faible.

Accoster un navire en dérive.

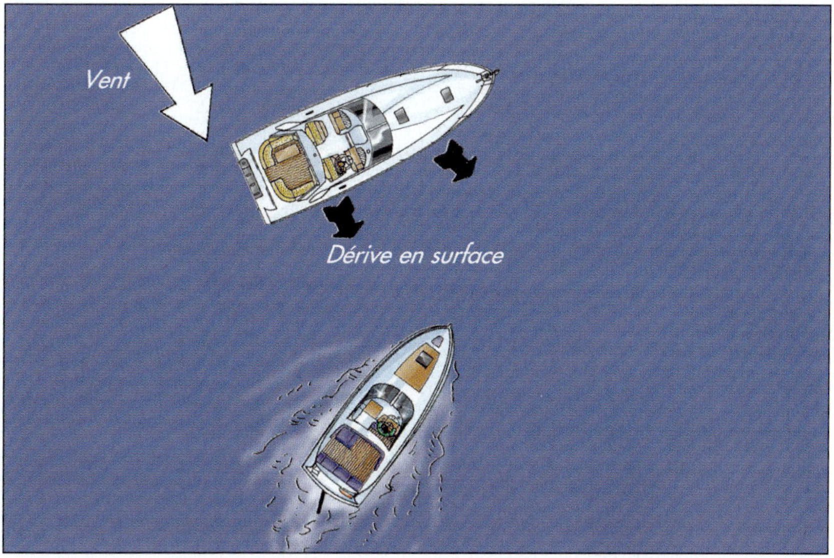

Si le navire est gros, accoster sous le vent car il constitue un abri relatif.

LES CAS DIFFICILES

Quand l'accostage se révèle délicat, l'autre navire peut faire route à petite vitesse, travers à la mer pour limiter le tangage, et l'on vient se mettre à la traîne sur l'arrière. On peut ainsi, avec pas mal de risques, transférer du personnel ou du matériel, d'un navire à l'autre, en réduisant l'aussière de remorque à des moments choisis.
Le tangage constitue le grand danger de cette manœuvre.

Se mettre à la traîne.

1 *S'amarrer à la traîne.*

2 *Réduire temporairement la remorque pour effectuer les transferts. Choquer aussitôt.*

8. S'amarrer

GÉNÉRALITÉS

Quand un vent soutenu déborde du quai, malgré un bel accostage, tout n'est pas fini. Si on se trouve au fly-bridge d'une vedette de 15 mètres pesant ses douze tonnes, il faudra que l'équipage se dépêche d'amarrer et qu'il le fasse solidement. Le plus généralement, l'amarrage avant ou arrière sera raté et il faudra à nouveau montrer son talent de capitaine, en rattrapant la manœuvre avec brio, et sans manifester de mauvaise humeur.

Rocher avec anneau dans la ria de Pont-Aven.

■ Principe

L'amarrage vise à maintenir le navire à quai, ou contre un ponton flottant, ou encore dans une zone étroite d'évitage : l'avant étant mouillé et l'arrière amarré à quai (comme dans les mers sans marées ou sur les plans d'eau intérieurs).

■ Moyens

- Les points fixes « à terre » : bollards, canons, anneaux, pontets.
- Les points fixes à bord : taquets, bittes, cadènes, écubiers à oreilles, etc.
- Les cordages de liaison entre ces points (voir les noms page 159 et 160).
- Les accessoires, manilles, cosses, fourreaux, etc.
- Les moyens de traction : guindeaux, winches.
- Et les nœuds (voir les nœuds page 169 et suivantes).

Points fixes à terre.

Bitte à paille.

Anneau (qui peut retenir les cordages qui tirent vers le bas).

Les points fixes du bord

Si l'on ne peut rien changer des points fixes à terre, on peut équiper son propre bateau de points suffisants en force et en quantité.

On préfèrera les bittes aux taquets, les bittes doubles aux simples. Devant chaque point fixe, on trouvera sur la lisse un chaumard suffisant. La poupée du guindeau devra être utilisable directement par un davier ou un chaumard bien disposé, ce qui est rarement le cas.

La plus modeste unité devra posséder au moins cinq ou six points fixes :

- Deux taquets avant ou une bitte.
- Deux taquets milieu.
- Deux taquets arrière.
- Des guides et protections des cordages ou chaînes : un davier avant et deux chaumards, deux chaumards de milieu et deux autres à l'arrière.

Il faut se méfier des beaux taquets arrière profilés inclinés pour suivre la courbe du pont, qui sont inutilisables à la mer car ils travaillent très mal. De plus, ils sont tellement fins qu'on ne peut y passer que des cordages ridicules.

Les navires les plus mal équipés sont les day-boats de style américain, où le dessin inspiré de l'automobile tend à supprimer tout ce qui coupe la ligne, et les chaumards en priorité.

■ Observations

L'accostage a été parfait, à vitesse correcte, le bateau est stoppé contre le quai ou parallèle au quai à très faible distance.

Deux cas peuvent se présenter : soit les éléments vous maintiennent dans cette position (l'une des raisons de votre bel accostage), soit ils vous écartent rapidement du quai, et il y a urgence à rendre définitive cette situation passagère (l'action du courant est immédiate quand celle du vent est plus progressive).

Il faut donc passer sur les points fixes à terre des amarres préparées à l'avance.

La plupart du temps, on débarque un ou plusieurs équipiers porteurs de cordages déjà tournés à bord.

(Les grands navires pratiquent au contraire : c'est-à-dire qu'ils font amarrer à terre par les lamaneurs des aussières qu'ils reprennent ensuite depuis leur bord, à l'aide de treuils puissants. On ramène ainsi à quai une étrave qui s'écarte déjà, ou l'on monte à quai un arrière un peu rétif).

Pour les équipages réduits, des bateaux plus modestes armés en plaisance, débarquer avec des aussières amarrées à bord permet de tenir le bateau « en laisse » et de contrôler sa position en faisant retour sur un point fixe à terre. On fait un tour mort si nécessaire pour résister sans peine à un effort supérieur à son propre poids. On obtient un positionnement définitif du bateau en réglant les aussières : soit laisser aller (filer ou choquer), soit maintenir le cordage sous tension en position (étaler), soit reprendre du mou (embraquer)[1].

Un pilote habile peut aider efficacement au moteur. On peut amarrer de cette façon et sans difficultés majeures des unités déplaçant jusqu'à trente tonnes.

Tenir en « faisant retour » sur un taquet.

[1] *Ou encore, laisser filer l'aussière avec une résistance dosée (faire travailler).*

L'AMARRAGE DE PRINCIPE - VOCABULAIRE

De nombreux termes spécifiques ne peuvent être évités. Le terme générique de « bout » permet de répondre à l'urgence et d'obtenir de l'équipier peu amariné « qui reste à déventer », un cordage quelconque, qui fera l'affaire temporairement. Il est probable que si l'on avait demandé la « bosse », il n'aurait pas compris, l'aussière il l'aurait emmêlée, et je passe sur les grelins et quaranteniers qui sont des termes pour érudits. Les cordages à usage d'amarres ont par ailleurs des noms liés à leur fonction particulière.

Les pointes avant et arrière, sont longues, souvent souples, parfois molles et utilisées seules pour absorber les variations de niveau dans les ports à marée.

Les gardes limitent les déplacements longitudinaux par rapport au quai, ou par rapport à un autre navire sur lequel elles sont prises. Avec un voilier, elles permettent de décaler le mât de vos superstructures et vous épargnent les avaries de radar ou d'antennes possibles en cas de roulis brutal.
Ce sont les amarres les plus intéressantes car leurs usages sont multiples et prépondérants. Dans la plupart des accostages et des appareillages, une garde est la première amarre mise en place et c'est aussi la dernière larguée.

Les traversiers empêchent l'écartement. On les prévoit très robustes, en matériau souple (nylon) et avec un peu de mou si le plan d'eau n'est pas parfaitement calme.

Ces cordages, amarres, bosses et aussières peuvent être passés à terre, soit par une touline (ligne à lancer lestée d'une boule de cordage), sur laquelle on les aura amarrées (frappées), soit portées directement par un équipier.

On a vu qu'une amarre à terre permet de se sortir des situations les plus embarrassantes. Elle aide à terminer élégamment un accostage impossible par les méthodes traditionnelles, pour cause d'exiguïté ou de conditions trop difficiles.

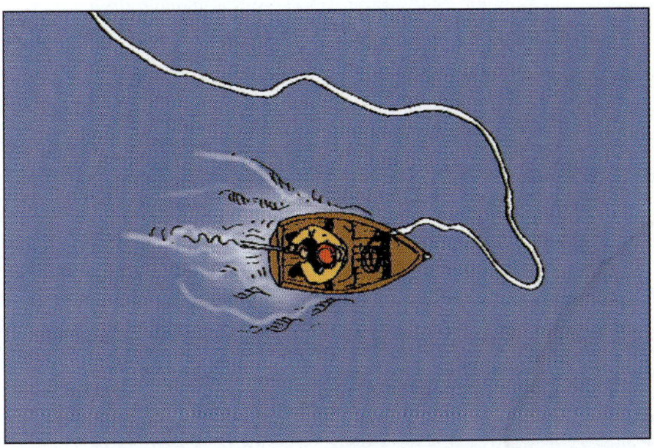

L'annexe est un accessoire essentiel pour l'amarrage et la vie au port, et plus encore au mouillage.

3 amarrages de principe.

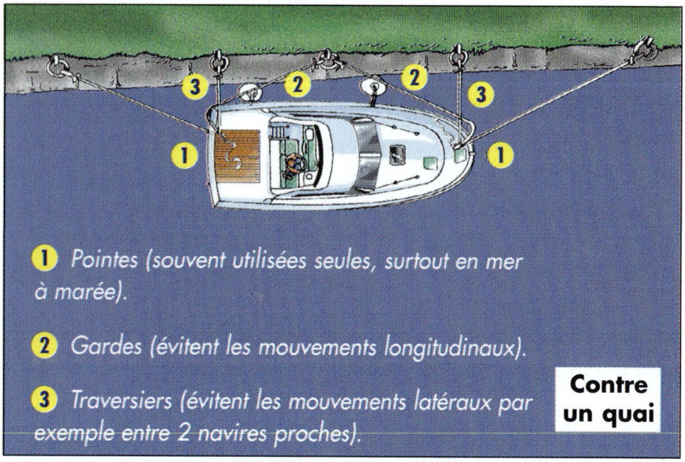

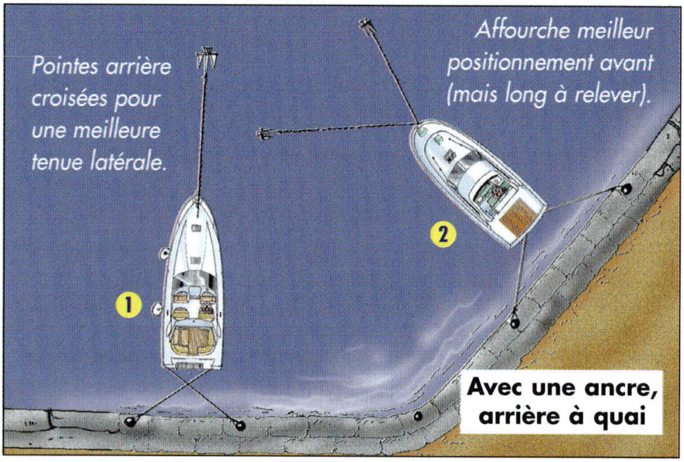

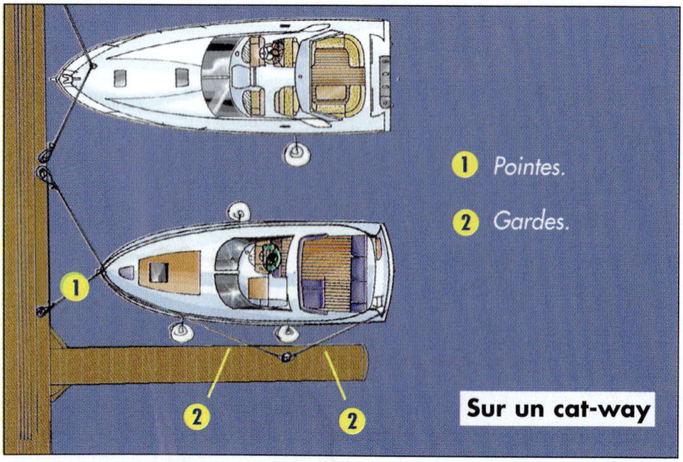

LA TECHNIQUE DE L'AMARRAGE

On voit souvent les équipages se donner plus de mal que nécessaire pour s'amarrer. Lorsqu'il est difficile de se maintenir près du quai assez longtemps pour s'amarrer, une garde avant mise en place en premier, solutionne la plupart du temps le problème.
Selon les formes avant du navire, cette garde est prise tout à l'avant ou plus près du travers, pour ne pas contrarier outre mesure le rapprochement de l'arrière.

La garde trop avant gêne l'accostage de l'arrière.

Ayant amarré cette garde à terre et à bord, réglée en longueur, faire avant doucement : le bateau s'appuie obliquement sur le quai retenu par sa garde. Il suffit alors de mettre toute la barre à l'opposé du quai pour voir l'arrière monter à quai et s'y maintenir (voir dessin ci-dessous).

Tenir sur garde.

Sur un bimoteur, on fait avant sur le seul moteur « intérieur », celui qui est du bord du quai. Le couple à virer vers l'« extérieur » aide l'action du gouvernail. On maintient tout « comme ça », en avant doucement, barre toute freinée ou retenue par un sandow, et on a tout le temps pour finir l'amarrage.

On peut utiliser cette technique pour s'amarrer à un poste habituel (par exemple, entre cat-ways). On gréera alors une garde de bonne longueur avec éventuellement un dispositif amortisseur et qui restera à poste à terre. On peut aussi avoir à bord une garde préparée de la même façon qu'on accrochera en arrivant avec un fort mousqueton, monté à l'extrémité d'une gaffe « automatique ».
Dans les deux cas, la garde étant en place, il suffit de manœuvrer ensuite comme ci-dessus pour finir l'amarrage.

Garde de terre.

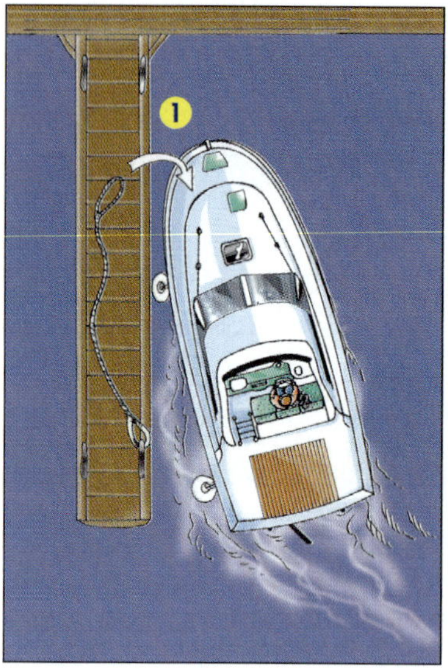

Garde de terre fixée à demeure sur le cat-way.

Nota : l'inconvénient est que l'on doit débarquer pour la prendre sauf si on l'a laissée sur une fourche spéciale fixée sur le cat-way.

Garde du bord.

Garde du bord qu'on va « capeler » avec une gaffe.

Nota : on peut l'équiper d'un amortisseur caoutchouc et d'un mousqueton.

Garde du quai.

Ce procédé est utile pour un poste où l'on arrive la plupart du temps vent arrière.

Dans ce dernier cas, on peut aussi garnir le fond de l'alvéole avec une bonne défense de quai cylindrique comme il en existe depuis peu (Bumper de Plastimo®). On vient alors s'appuyer doucement, sur la défense du fond et le moteur en avant lente et barre toute à l'opposé du ponton, le bateau restera dans cette position le temps de l'amarrage.

Tenir le bateau au moteur, pendant l'amarrage, ne présente qu'un inconvénient : **le risque d'engager l'hélice**, si une aussière tombe à l'eau. Avoir des amarres flottantes (polypropylène) supprime en grande partie ce risque.

En solitaire, si on doit s'amarrer à un quai d'où l'on est débordé par un vent fort, on prépare un robuste traversier amarré au milieu du bateau. On stoppe travers un bollard et on saute à terre avec le traversier qu'on tourne aussitôt.

On retourne à bord pour amarrer l'arrière, on amarre l'avant en dernier pour le cas où le guindeau serait nécessaire pour finir de monter l'étrave vers le quai.

En solitaire, passer un traversier.

Préparer un fort traversier. Stopper à hauteur du bollard.

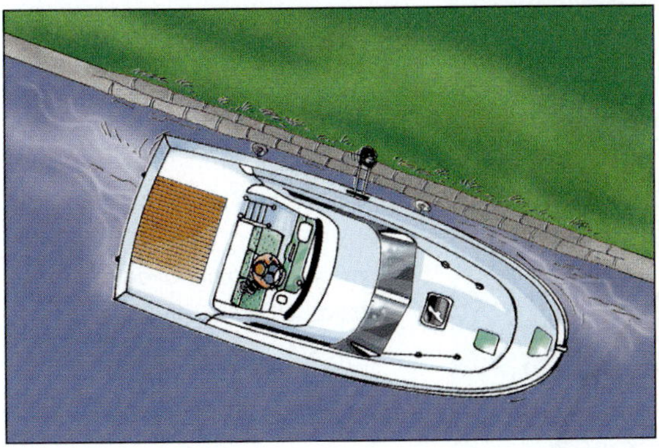

S'amarrer fortement. Si on est un peu trop long sur le traversier, on l'utilise alors comme une garde en poussant dessus et le bateau se tient à quai.

S'AMARRER À COUPLE

Il peut arriver dans un port encombré, qu'on doive s'amarrer à couple d'un autre navire. On se tient d'abord par deux traversiers, puis on installe des gardes en veillant à décaler les superstructures qui pourraient s'accrocher au roulis. Enfin, il est courtois de porter des pointes à quai pour ne pas se faire tenir uniquement par le navire accosté.

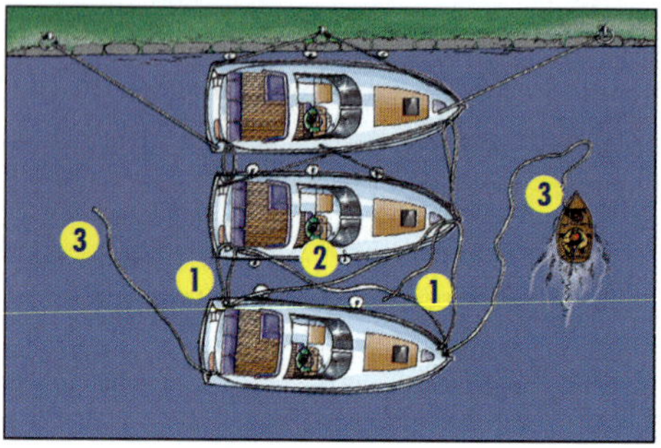

1 *Passer 2 traversiers.*

2 *A couple, les gardes évitent les mouvements longitudinaux (décaler les antennes en cas de roulis).*

3 *Porter des pointes à terre par courtoisie pour le premier qui « tient» tout le monde.*

Enfin, si un autre navire vient à couple et qu'on se retrouve en sandwich, il faudra à l'appareillage passer sur votre arrière et réamarrer sa pointe et son traversier (voir le croquis ci-dessous).
Dans cette manœuvre, on demande la participation de l'équipage du navire venu à couple. Il lui reste à raidir les aussières déplacées.

Larguer d'un amarrage « en sandwich ».

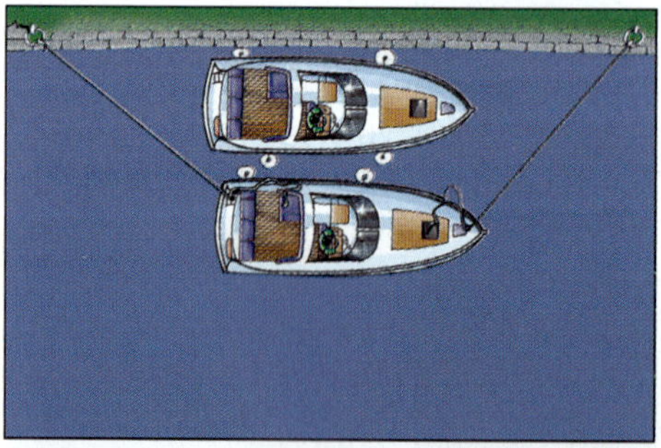

1 *Larguer toutes les amarres avec le quai et le bateau voisin (on ne peut guère bouger).*

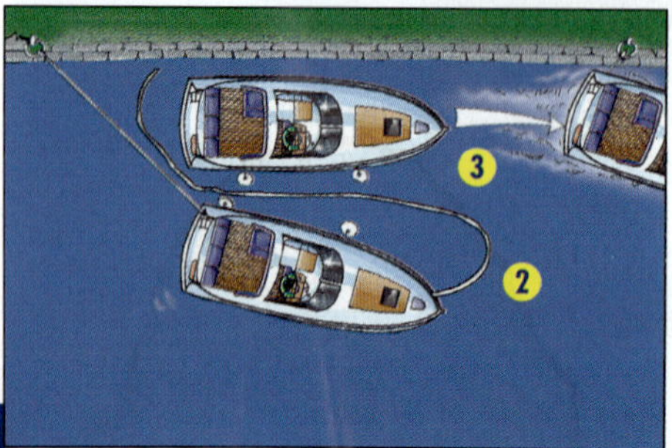

2 *Larguer la pointe avant du bateau extérieur. La passer par l'arrière. Faire avant.*

3 *Rembarquer l'équipier qui a frappé à nouveau la pointe à terre.*

LES DIFFÉRENTES CIRCONSTANCES D'AMARRAGE - LES MERS À MARÉE

On ne s'amarrera pas de la même façon si on fait une courte escale en laissant des équipiers à bord ou si on abandonne le bateau plusieurs jours dans une météo incertaine.

Dans certains petits ports à marée, le marnage est important. Si la mer monte, il faut penser que l'anneau de la cale, sur lequel est la pointe arrière, sera sous l'eau dans une demi-heure. Dans ces ports, passer systématiquement les aussières « en double » (faisant retour à bord, pour pouvoir larguer depuis le bord).

Si la mer descend, on devra laisser un mou suffisant pour ne pas se retrouver en pendant, ou simplement avec des amarres tellement raides qu'on ne peut plus les larguer.

Un amarrage trop court dans un port à marées : le bateau en pendant.

Mauvais amarrage.
Mauvais échouage.
Le bateau est rempli par la marée montante.

Nota : dans certains endroits à fortes marées (les zones d'estuaires à écluses), il existe des bollards flottants.

On évitera de laisser sans surveillance un navire amarré à quai dans un port à marée. En effet, le mou nécessaire dans les aussières occasionnera, avec les mouvements du navire, un raguage continu. De plus, les défenses mises en place entre le bordé et le quai remonteront avec les mouvements verticaux et n'assureront plus leur fonction. Tout ceci entraînera rapidement des dommages importants à votre bordé.

Un amarrage sur pointes dans un port à marée.

Frapper les pointes le plus loin possible pour qu'elles donnent moins de mou à marée haute.

Il en va de même pour un navire à l'échouage : une béquille peut se coucher ou poser sur une pierre et le navire subira de graves avaries au retour du flot.
Enfin, et surtout, on n'abandonnera pas pour plusieurs jours son bateau dans un port qui assèche et qui est soumis au ressac.
Certains petits ports charmants sous un beau soleil d'été sont de véritables pièges quand l'automne arrive. Il suffit pour en juger d'observer la taille des amarrages qui courent sur le fond du port à basse mer. Ce sont des havres que les pêcheurs fréquentent à la belle saison et qu'ils désertent dès les premiers coups de vent d'équinoxe.

Un port d'échouage, Kernevel (Larmor plage - Morbihan).

Les bateaux mal tenus à l'arrière viennent en travers avec le ressac (laissés sans surveillance, ils se rempliront de sable et seront détruits avant la fin de l'hiver).

En Atlantique, beaucoup de ports sont équipés de pontons flottants sur lesquels il est très commode de s'amarrer sans réglage à prévoir pour les variations de hauteur d'eau.
On obtiendra le même service en s'amarrant à un navire de travail mais il ne faut pas déranger. Dans bien des cas, on s'aperçoit en l'invitant pour l'apéritif, que le pêcheur, qui devait appareiller incessamment, reste là une bonne partie de l'après-midi et qu'on aura le temps de manger ou de faire quelques courses, avant son départ.

PRÉVENIR L'USURE

Un tour mort diminue l'usure en limitant le mouvement et en augmentant la surface de portage.
Il est préférable d'avoir des garnitures.
Les amortisseurs augmentent la longévité des aussières.

L'amortisseur en caoutchouc.

À ressorts.

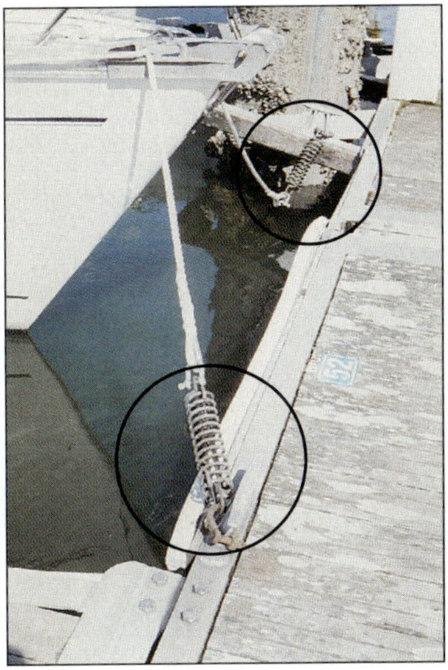

Un tour mort.

La garniture.

Un morceau de tuyau d'arrosage.

9. Les nœuds

On aura beau avoir réussi un bel accostage, s'être amarré promptement et sans complication inutile, on ne pourra passer pour un marin confirmé si on laisse sur ses aussières en guise de nœuds des tours multiples et confus.
La fiabilité de cet embrouillamini n'est pas établie et on passera plus de temps que nécessaire à larguer. Une belle manœuvre est terminée seulement quand les nœuds adaptés sont faits et que le surplus de cordage est rangé proprement à bord.
Il faut donc connaître quelques nœuds, et utiliser ceux qui sont adaptés à l'usage souhaité.
Qu'est-ce qu'un nœud « adapté » ?
C'est un nœud qui tient bien dans les circonstances où l'on veut l'utiliser. C'est aussi un nœud qui se largue bien dans ces mêmes circonstances.
Pour une amarre par exemple, c'est un nœud qui se largue bien sous tension.

LES NŒUDS À FRAPPER OU DE DORMANT

Le plus important est de savoir attacher un cordage sur un point fixe. On dit « frapper » un cordage sur un canon ou tourner sur une bitte à paille, une bitte double, un taquet, un cabillot, etc.

Une bosse de quai.

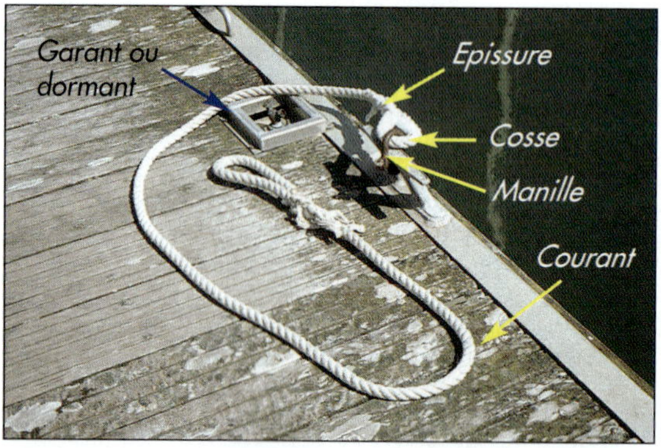

Pour une étude plus complète, voir le *Mémento Vagnon des Nœuds marins* aux Éditions Vagnon.

Un nœud à proprement parler n'est pas toujours nécessaire pour frapper une amarre de façon fiable. Lorsqu'on dispose de taquets par exemple, on se limite à faire un tour mort puis des huit entre les deux extrémités du taquet. Même procédure avec un écubier à oreilles (ou à cornes), une bitte double, etc.

Frapper sur un taquet.

On peut renverser la dernière passe en demi-clef, mais cela n'est pas absolument nécessaire si le nombre de huit est suffisant.
On peut aussi s'affranchir de ces nœuds « à frapper » en ayant des aussières portant un grand œil à une extrémité. On enfile alors le bollard dans l'œil (on dit « capeler sur un bollard »).
La garde à tout faire qui sert pour l'amarrage porte bien sûr un œil assez large. Sur les taquets ou bittes doubles, on peut renverser l'œil pour améliorer sa tenue (pour éviter qu'il ne puisse décapeler).

Œil long.

Œil retourné.

Le meilleur, le plus utile et le plus facile à larguer des « nœuds de dormant » consiste en un **tour mort et deux demi-clefs**. Sa tenue n'est jamais prise en défaut et l'on peut le larguer même sous forte tension.
On utilise pour les ancres ou grappins un nœud très voisin : le « **nœud d'étalingure** » ou de Grappin. La différence : la première demi-clef est passée dans le tour mort.
Ce nœud, très utile sur une ancre, est à déconseiller pour les aussières car il se serre (il se souque) et devient difficile à défaire.

Tour mort et deux demi-clés.

Attention : ne pas passer la 1re demi-clé dans le tour mort, car si le nœud se souque, il sera difficile à défaire (c'est le nœud d'étalingure 2).

Nœud d'étalingure.

Il s'utilise pour frapper un cordage sur une ancre de jet.

Le nœud de cabestan est constitué de deux demi-clefs. Il est très rapidement fait sur un bollard. Il est le nœud d'amarrage de l'annexe par excellence ; mais s'il force, il se souque et devient difficile à larguer. Pour éviter cet inconvénient, on peut le ganser (repasser le courant dans le nœud afin qu'il se largue en tirant sur l'extrémité).

Son cousin constitué de deux demi-clefs renversées est à déconseiller, on l'appelle parfois le nœud de soldat.

Enfin, s'il est fait sur un support de gros diamètre, il peut glisser et il faudra lui préférer un œil réalisé avec un nœud de chaise par exemple.

Nœud de cabestan.

Nœud de soldat.

C'est un nœud de cabestan mal fait qui va glisser.

Le nœud de chaise n'est pas un nœud de dormant à proprement parler, mais il permet de faire une boucle (un œil) qui ne se serre pas ; on peut donc l'utiliser pour les canons ou pour les bittes, etc.
Il ne faut cependant pas le mettre à toutes les sauces comme on le voit souvent et on doit lui préférer un tour mort et deux demi-clefs pour un amarrage sur un pontet de cat-way par exemple car il est très difficile à larguer sous tension.

Nœud de chaise.

Conclusion : la nature du point fixe détermine la nature du nœud à frapper qu'on doit utiliser. On s'amarre :
- par des huit sur un taquet.
- par un tour mort et deux demi-clefs sur une boucle, un anneau, ou un pontet.
- par un œil épissé ou fermé par un nœud de chaise sur bollard ou un canon.
Notons qu'il faut passer cet œil à l'intérieur des autres si le bollard est déjà occupé.

Capeler un œil.

LES NŒUDS D'AJUT

Ils sont utilisés pour assembler deux cordages (allonger une amarre, une remorque, un mouillage). L'un des plus connus est **le nœud plat**, il est peu fiable sur les textiles modernes et tend à glisser. Son cousin : **le nœud de vache** est de médiocre tenue et doit être réservé à des amarrages légers et temporaires.

Le nœud de plein poing est à déconseiller car il est presque impossible de le larguer dès qu'il a forcé. On ne peut guère s'en servir que pour éliminer rapidement une partie de cordage abîmée.

Le meilleur nœud d'ajut est **le nœud d'écoute**, très solide et cependant très facile à larguer : il permet d'assembler des cordages de sections différentes.

On se méfiera de son cousin **le nœud d'écoute « à gauche »**. On augmente encore la sécurité de l'ajut par un nœud d'écoute double surtout si les cordages sont de sections différentes.

Le nœud de pêcheur est très sûr pour les petits cordages ou les lignes.

Le nœud d'agui est constitué de deux nœuds de chaise l'un dans l'autre.

Le nœud d'eau est excellent si les cordages sont de même grosseur.

Nœuds d'écoute.

D'écoute simple.

D'écoute double.

D'écoute fait à l'envers ou « à gauche ».

Conclusion : on aboutera deux cordages au plus vite par le nœud d'écoute qu'on pourra faire double pour palier le cas où on l'aurait fait « à gauche ». Le nœud d'agui est plus long à faire et consomme plus de longueur. Si ces nœuds doivent être oubliés tout un hiver entre deux eaux, on les assurera par des petites surliures (génopes). On le fait systématiquement pour les étalingures (amarrages sur la cigale d'une ancre).
S'il faut génoper provisoirement, les rubans adhésifs modernes qui tiennent à l'eau remplacent avantageusement le fil à voile et font gagner beaucoup de temps (mais c'est sans vouloir vous priver du plaisir discret du matelotage).

Génoper.

Utiliser une génope ou surliure au ruban adhésif résistant à l'eau.

■ Les manœuvres de force

On peut être contraint, en solitaire en particulier, à utiliser des moyens mécaniques, hydrauliques ou électriques pour amener le navire à l'endroit souhaité.
Pour ce faire, on utilise le guindeau. S'étant assuré que l'ancre est saisie, on libère le barbotin en desserrant le frein. On bloque le frein de la poupée qui se situe en principe à l'opposé à bâbord et on la « garnit » de l'aussière à embraquer, c'est-à-dire qu'on en tourne 4 à 5 tours sur la poupée en gardant le courant dans la main. On vire ensuite (on fait tourner le guindeau) en reprenant le mou à la main. Veiller à enrouler le cordage dans le bon sens. Attention aussi au point de tire (le davier d'étrave en principe) pour éviter le surpattage (chevauchement) du cordage, car on ne pourrait plus le libérer, ni dans un sens, ni dans l'autre, tant qu'il est sous tension. Si ce malheur arrive, vous aurez à utiliser le nœud décrit ci-après.

■ Le nœud de bosse

D'usage restreint, il est bien utile quand le problème se pose. Ce nœud permet de frapper un cordage sur un autre cordage et, avec l'aide du palan, à tout faire que le manœuvrier avisé aura à bord, de reprendre l'effort du cordage sous tension sur un autre point fixe.
Cela s'appelle « bosser un palan ». Au-delà du nœud de bosse, le cordage devient mou et on peut libérer la poupée de guindeau. Une forte poulie ouvrante bien placée permet d'orienter correctement la traction pour éviter le surpattage.

Bosser un palan pour libérer le surpattage.

Enrouler à l'envers des spires du cordage.

■ Libérer une aussière

Une manœuvre faite sur une dernière amarre passée en retour à bord, se passera très mal si l'aussière ne file pas le moment venu. Cet inconvénient n'existe pas avec un canon ou un bollard, mais peut se produire avec un anneau qui pince sur le quai si on tire sur l'extrémité qui sort de l'anneau par le dessus. Il suffit de changer le sens de traction si on a encore l'autre bout du cordage.

Dépasser une amarre d'un anneau.

En tirant ainsi, ***ça vient.***

En tirant ainsi, ***ça pince.***

Pertes de résistance à la rupture dues aux nœuds ou épissures

Le tableau ci-dessous donne le pourcentage restant de résistance à la rupture du cordage utilisé.

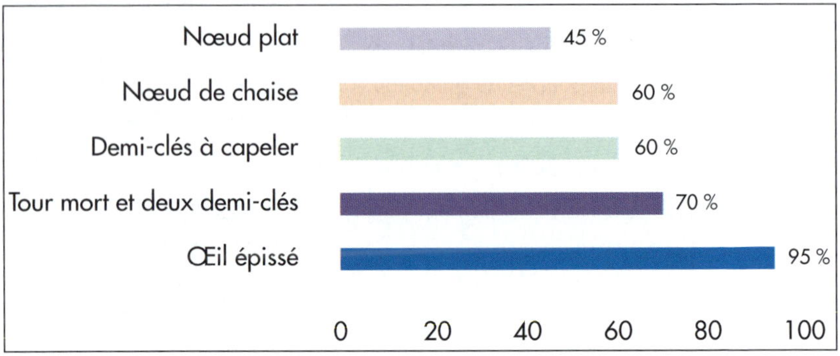

10. Le pilotage
Le GPS

Le pilotage est un art où la manœuvre rejoint la navigation. Il consiste, à vue, au radar ou en s'aidant du compas de relèvement et de documents très détaillés, à reconnaître une côte, à naviguer sur une carte de détail, en s'aidant des amers, à suivre un chenal par des alignements, de jour comme de nuit, pour se tenir à l'écart des dangers qui le bordent et accéder à un abri.

Les techniques du pilotage s'appliquent à un cheminement précis entre des repères identifiés afin de se maintenir sur les meilleurs fonds, et ceci malgré vent et courant.

Elles nécessitent une bonne étude des documents, un repérage prudent permettant une identification certaine des amers, l'application de quelques principes simples et le respect des limitations de vitesse.

Pour effectuer un pilotage sûr que ce soit à vue ou au radar, il faut avoir une connaissance quasi-réflexe de la manœuvre à exécuter pour se tenir sur un axe.

On tiendra un axe :
- soit grâce au compas, en suivant un relèvement constant sur un amer,
- soit grâce à un alignement.

Approcher sur les meilleurs fonds.

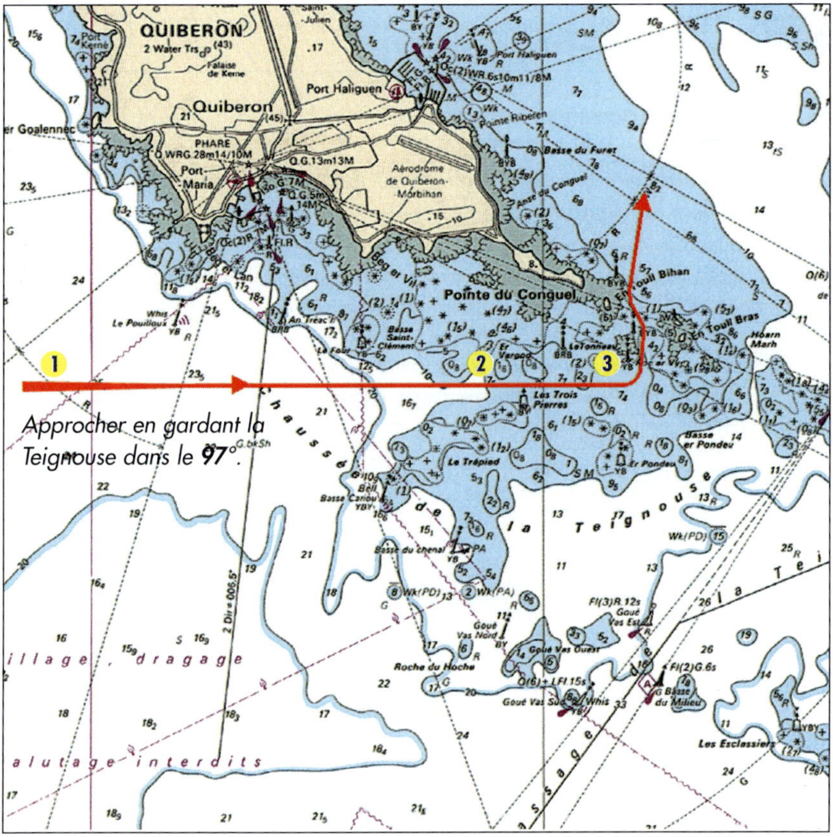

D'après la carte du SHOM N° 7033. Autorisation de reproduction N° 771/2000.
Ne pas utiliser pour la navigation.

Exemple : se présenter dans le Toul Bihan (par très beau temps et marée montante seulement).

1. *Viser la Teignouse dans le 097°.*
2. *Laisser le Four au Nord, les 3 Pierres au Sud.*
3. *Virer à gauche : après l'alignement de la Cardinale Est par la Cardinale Sud avant l'alignement des 2 Cardinales Est.*

- *Serrer à l'Ouest vers cet alignement, après avoir passé la 1re Cardinale Est.*
- *La manœuvre ressort de l'examen de la carte. Chaque repère doit être identifié de façon certaine.*

Nota : cette passe est délicate même par très beau temps. Ne pas s'y engager dès qu'il existe la moindre houle.

FAIRE ROUTE À RELÈVEMENT CONSTANT VERS UN AMER

Le navigateur aura déterminé à la lecture de la carte la meilleure trajectoire à suivre vers tel amer pour tenir la route la plus sûre (les Anglais disent « the fairway »). Il ne suffit pas de viser un amer pour faire vers lui une route directe (voir « L'effet du vent, du courant »).

Au contraire, dès que le navire est soumis à un vent, à un courant, ou aux deux à la fois, il décrit vers le but visé en permanence une « courbe du chien ». Cette courbe peut s'éloigner beaucoup de la meilleure route et mener sur des dangers.

La courbe du chien vers un but visé constamment : la route directe choisie avec dérive correcte affichée.

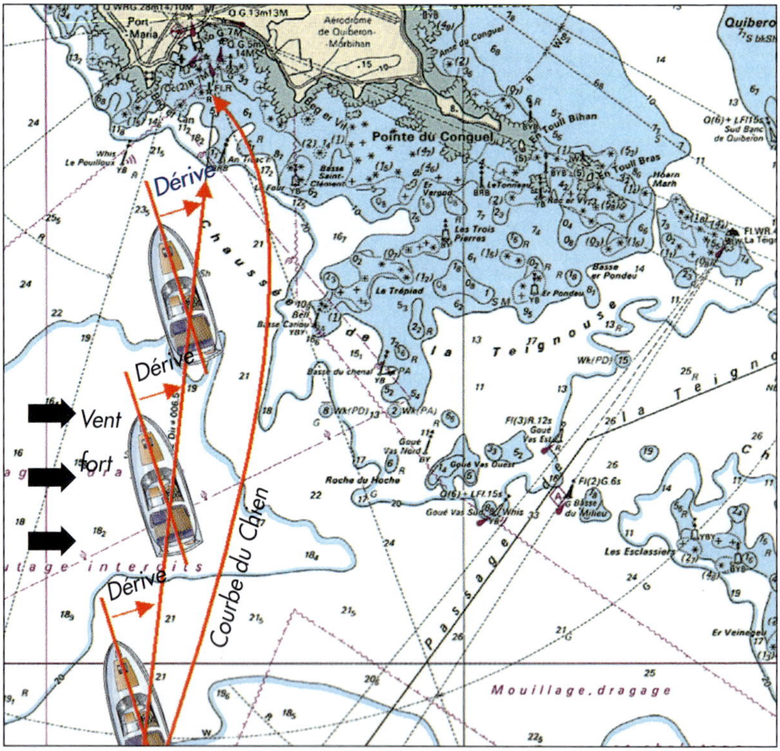

D'après la carte du SHOM N° 7033. Autorisation de reproduction N° 771/2000.
Ne pas utiliser pour la navigation.

Approcher du Port-Maria par fort vent d'Ouest.
Si l'on vise simplement l'entrée du port, on décrit une dangereuse « Courbe du Chien ».
Il faut, pour suivre l'axe d'approche, afficher une dérive.
Ici, l'alignement permet de vérifier aisément sa position.

À défaut d'alignement matérialisé par des amers ou des phares, on devra se tenir sur l'axe déterminé à l'aide du compas en affichant une **dérive** déterminée par le calcul ou par tâtonnement.

Cet axe, **devenu la route à faire vers le but** correspond à **un certain relèvement de l'amer**, mais ce n'est pas le **cap** que le bateau doit tenir pour faire route vers lui.

Exemple : supposons un navire naviguant vers l'est, au sud de Port Maria de Quiberon pour s'engager dans le passage du Toul Bihan décrit plus haut.

La pratique de la tenue du relèvement.

Approche au 097 citée sur la carte page 181.

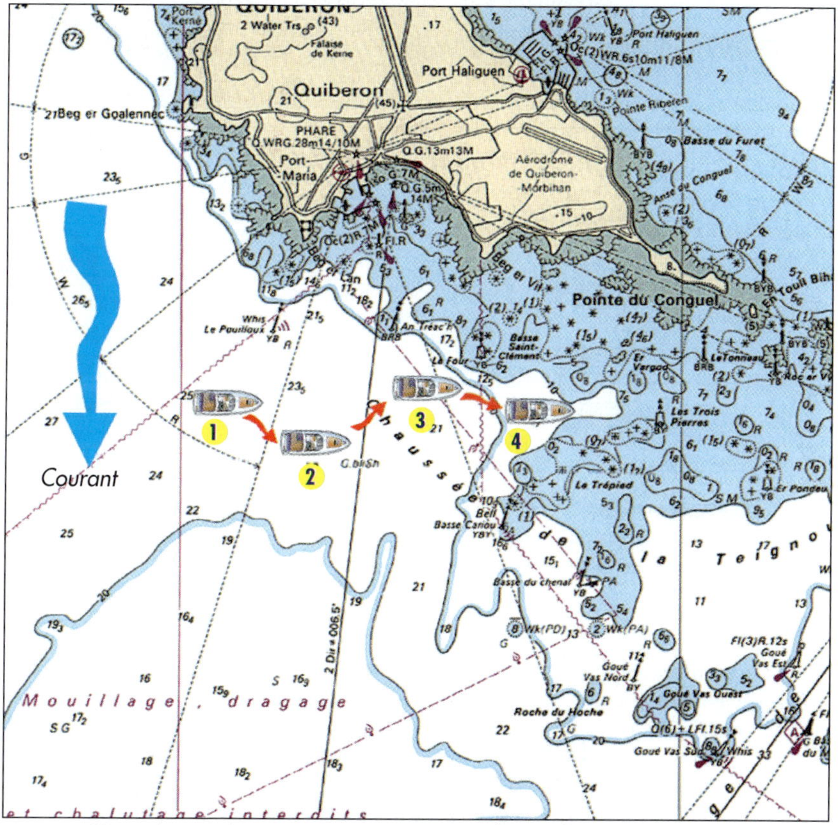

D'après la carte du SHOM N° 7033. Autorisation de reproduction N° 771/2000.
Ne pas utiliser pour la navigation.

On chenale de façon hésitante et l'on occupe successivement les positions **1**, **2**, **3** *et* **4** *ci-dessus.*

On verra la Teignouse (photo) suivant les 4 situations ci-dessous depuis notre bord.

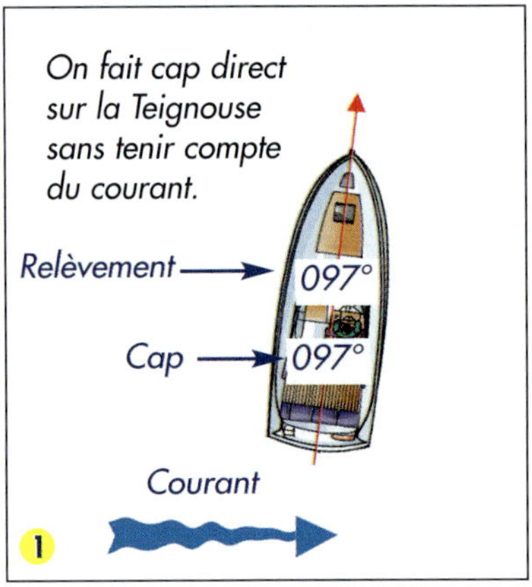

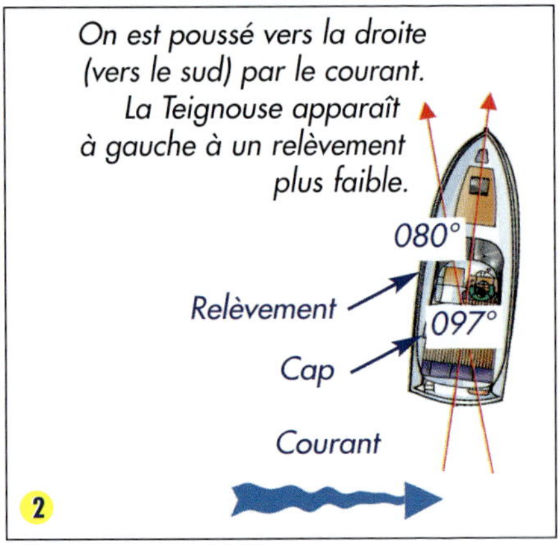

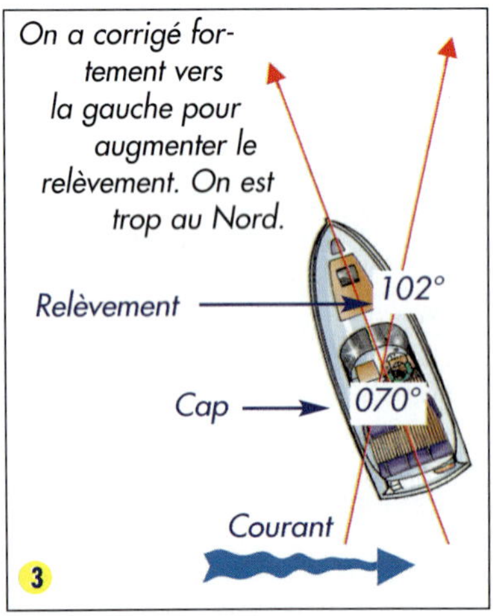

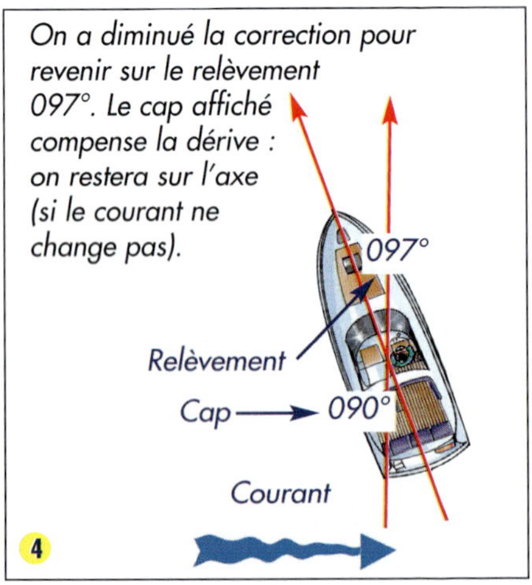

1. Le navire relève la Teignouse au 097. Il doit se tenir sur ce relèvement, pour faire route sur les meilleurs fonds. Un courant le porte vers le sud.

2. Très vite, il constate que le relèvement de la tourelle diminue (le cap à faire vers elle est de plus en plus faible, il dérive vers le sud) ; il doit augmenter le relèvement pour revenir sur la route choisie.

3. Il vient à gauche vers le nord et constate que le relèvement augmente mais la correction a été trop forte et maintenant le relèvement est trop fort.

4. Il vient à droite et le relèvement diminue. Il choisit une correction moyenne correspondant à sa dérive et se tient sur le relèvement.

Ainsi, pour se tenir sur un relèvement, il faut corriger à l'inverse du cap.

Si l'on souhaite auGmenter le relèvement, on vient à Gauche.

Si l'on souhaite Diminuer le relèvement, on vient à Droite.

Cette règle mnémotechnique permet de suivre avec précision une direction géographique déterminée sur la carte qui est le chemin le plus sûr, en contrôlant par le relèvement et en corrigeant une dérive forte et parfois variable.

Le compas de relèvement est donc l'un des outils essentiels du pilotage. Tel amer encore invisible doit apparaître dans telle direction et c'est là qu'on le découvre, quand on possède cet excellent équipement, que sont les **jumelles à compas de relèvement**.
Le GPS vous rend le même service si vous avez rentré le point visé en way-point. Toutefois il n'est vraiment plus aisé que s'il est associé à un lecteur de carte de bonne dimension, ou à un écran d'ordinateur, **lu directement par le barreur**.
Les GPS portables, seuls, sont souvent moins rapides d'usage que le compas parce que leur écran est trop petit. Le compas n'a pas non plus les « états d'âme » liés aux problèmes de piles.

SUIVRE UN ALIGNEMENT

C'est un procédé beaucoup plus aisé et l'on doit rechercher systématiquement l'aide d'un alignement pour les passages délicats, car on détecte ainsi un écart de route de quelques mètres seulement.
Outres les alignements d'entrée tracés sur la carte, on peut en repérer quantité d'autres qui sont utiles pour la route qu'on veut suivre. Il suffit d'avoir identifié de façon certaine deux points remarquables : un clocher et une maison, un château d'eau et un sémaphore, un pylône et un phare, deux tourelles, etc. portés sur la carte et qu'il est utile de tenir alignés dans les circonstances du moment.
On vérifie que leur direction au compas et celle relevée sur la carte correspondent. On peut le noter pour la prochaine fois et même le baptiser d'un numéro de référence comme font les pilotes.

On a vu dans l'« effet du vent » qu'on se maintient sur un alignement en manœuvrant toujours vers le premier des deux amers quand ceux-ci s'écartent. On rétablit de cette façon l'alignement et par tâtonnement, on détermine le cap à suivre et la dérive totale du navire (vent plus courant).
On procède de même, de nuit, avec les feux du balisage. On peut aussi dans un secteur d'approche déterminer des alignements de garde ou de sécurité qu'on ne franchit pas.

Zone d'interception d'un axe d'approche.

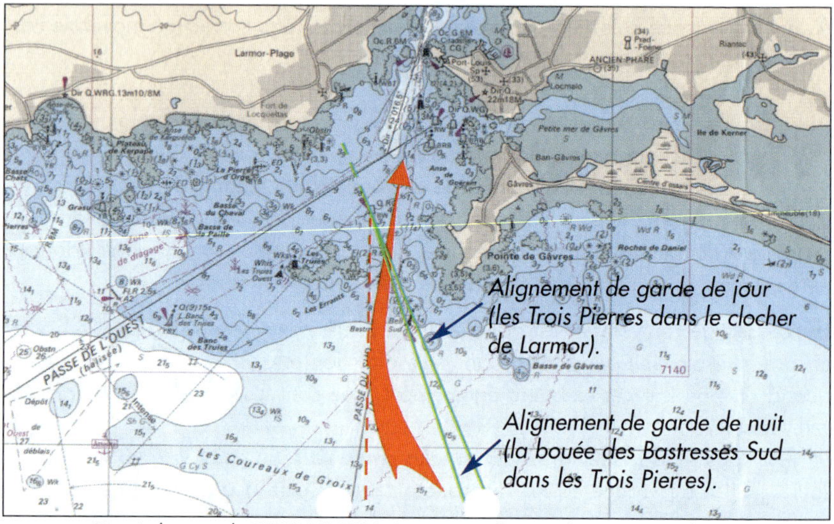

D'après la carte du SHOM N° 7032. Autorisation de reproduction N° 771/2000.
Ne pas utiliser pour la navigation.

Les alignements de garde ci-dessus parent les rochers de gâvres. Un feu vert a été ajouté en 2002 sur la bouée Bastresses Nord qui sécurise le chenalage de nuit.

MANŒUVRER DE NUIT

De nuit, près de côte, on observe quantité de feux. La plupart sont sans intérêt, voire gênants. Ils rappellent simplement la présence proche de la côte, en dessinant parfois la forme. Le manœuvrier soucieux de précision devra trouver, parmi cet excès de lumière, les feux du balisage qui sont **obligatoirement rythmés**, et qui vont donc apparaître et disparaître régulièrement et permettre ainsi leur identification et leur utilisation pour déterminer la trajectoire à suivre par le navire.
Sur la carte, les marques portant un feu sont indiquées par une petite languette rouge « magenta », le rythme et la période du feu étant portés à côté.
Le *Livre des Feux* du Service hydrographique et océanographique de la Marine ou les ouvrages de vulgarisation, comme *L'Almanach du Marin Breton* ou *Guides Escales Chagnon* précisent les caractéristiques détaillées de chaque feu de la côte ; de nombreuses marques du balisage maritime n'étant pas éclairées de nuit.

■ Le rythme des feux

Les feux les plus puissants sont **les phares d'atterrissage** (servant à identifier la côte : à atterrir). Ces feux sont à éclats, leur période de lumière intense est brève et coupée par des périodes d'obscurité plus longues. D'autres marques du balisage pourront porter des feux à éclats.

Les feux à éclats sont indiqués par le sigle Fl (flashing light). Le nombre des éclats vient ensuite entre parenthèses, puis la période en secondes, enfin la hauteur du feu et sa portée théorique.

Exemple : Fl (4) 25 s 59 m 29 M feu de Pen-Men à Groix. Feu à 4 éclats en 25 secondes d'une hauteur de 59 mètres portant à 29 milles (53,7 km).

Les feux à occultations ont des périodes d'obscurité plus brèves que celles de lumière. Les périodes lumineuses sont de durées inégales et caractérisent le feu. On trouve beaucoup de feux à portée moyenne (15 milles) à 3 occultations en 12 secondes. Ils constituent l'essentiel des repères de navigation côtière.

Exemple : Oc (3) 12 s 32 m 15 M.

Les feux isophases comme leur nom l'indique montrent successivement des périodes égales de lumière et d'obscurité.

Exemple : Iso G 4 s, feu isophase vert (green), période de 4 secondes.

Les feux scintillants montrent des éclats rapides (plus de 57/minute) ou très rapides (plus de 90/minute). Ils sont repérés par le sigle Q (quickly) ou VQ (very quickly).
Quel que soit leur rythme, les feux sont souvent limités à des secteurs. Ils sont invisibles (obscurc.d) dans certaines parties de l'horizon (à terre en principe).
Certains ont des secteurs de couleur. Ainsi, un navire voulant entrer dans le golfe du Morbihan relèvera le feu de Port Navalo : Oc (3) WRG 12 s 32 m 15/11 M, (c'est-à-dire : Feu à trois occultations en 12 secondes à secteurs blanc, rouge et vert, d'une hauteur de 32 mètres et d'une portée de 15 milles dans le secteur blanc et de 11 milles dans les secteurs de couleur).
Si le navire est proche et dans le secteur géographique le plus sûr, il verra le feu blanc. S'il s'écarte de ce secteur vers la droite, il verra verdir le feu ; s'il s'en écarte par la gauche, il le verra rougir. Dans les deux cas, il saura qu'il entre dans une zone contenant des dangers. Il saura aussi de quel côté se diriger pour regagner le secteur sain : le blanc.
Dans certains chenaux complexes ou dangereux, on passe ainsi du secteur blanc d'un phare au secteur blanc d'un autre et l'on reste de cette façon sur le meilleur chemin pour franchir ce passage (Raz de Sein) sans faire appel au navigateur et sans cesser de surveiller la mer.

Approche de nuit à la trinité.

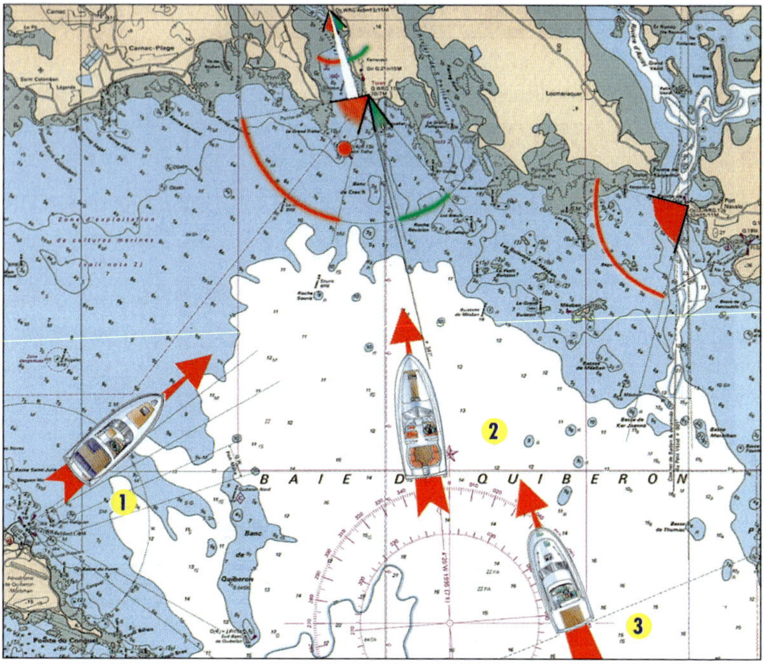

D'après la carte du SHOM N° 7033. Autorisation de reproduction N° 771/2000.
Ne pas utiliser pour la navigation.

Quand on est dans l'axe, le feu à occultation en 4 secondes (OCWRG4S 13/11M) est blanc, si on vient trop à droite il verdit, à gauche il rougit.

Le navire 1 situé très à gauche de l'axe voit de gauche à droite :

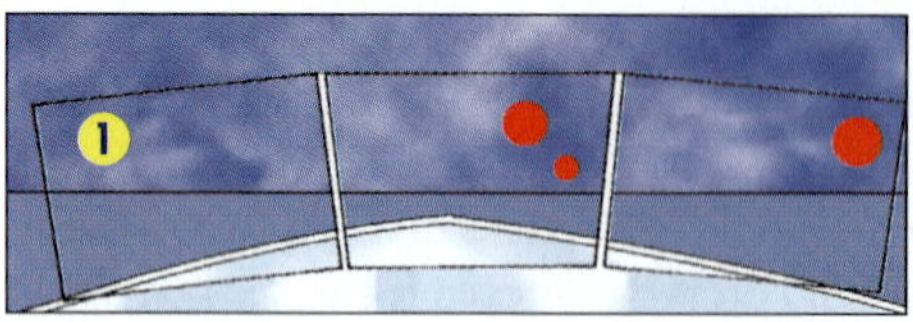

- le feu aval rouge scintillant de l'alignement de Kernevest,
- plus faiblement à droite, les 4 éclats rouges du Petit Trého,
- à 30° sur la droite, les 3 occultations rouges de Port Navalo.

Le navire 2 très proche de l'axe, mais à gauche voit :

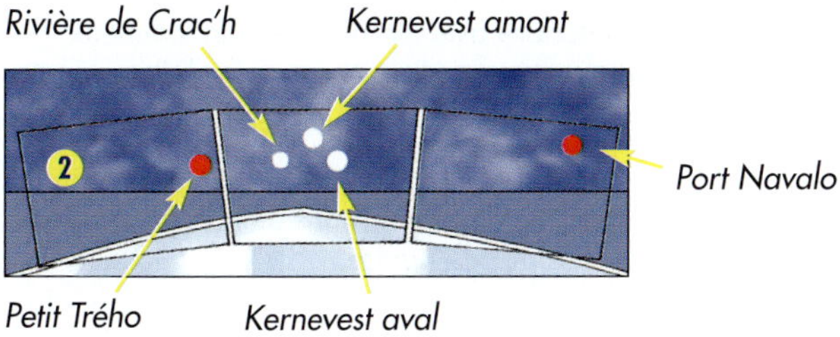

Le navire 3 voit (de droite à gauche) :

- le feu blanc à 3 occultations de Port Navalo,
- le feu aval vert de Kernevest,
- le feu amont blanc de Kernevest,
- le feu de la Rivière de Crac'h dans son secteur vert,
- le Petit Trého

MANŒUVRER PAR RAPPORT À UN NAVIRE DONT ON NE VOIT QUE LES FEUX

Il est plutôt plus aisé de naviguer de nuit. On identifie facilement et de façon certaine des feux portés sur la carte, qu'on aurait positionnés de jour avec plus de difficulté.

Il n'en va pas de même pour la manœuvre par rapport aux obstacles ou aux navires. L'absence de tout repère entre notre navire et la masse noire d'un rocher ne permet pas d'en apprécier la distance avec précision.

Et attention aux cuisiniers qui embuent le pare-brise au point de ne pas voir plus loin que le guindeau.

Les vitres et les reflets des instruments ou de l'éclairage de la timonerie gênent la visibilité vers l'extérieur.

Près de côte, l'abondance d'éclairage public rend difficile l'identification de marques lumineuses entre le navire et la côte.

Enfin, la présence de bouées de pêcheurs indétectables au radar incite à réduire la vitesse et à naviguer avec la plus grande prudence. Les feux des navires font partie des feux fixes et peuvent donc se confondre avec un arrière plan lumineux. Par ailleurs, à défaut d'arrière plan lumineux, on ne percevra pas le défilement des feux d'un navire à gisement constant. Ce navire semblera immobile, alors qu'il est en route de collision.

Il est donc très important de savoir déduire des feux montrés par un navire la trajectoire et le risque éventuel représenté par ce navire.

■ les secteurs des feux

Dans le croquis ci-dessous, on voit que le navire 1 voit le feu rouge de bâbord et le feu blanc de mât du navire 2 .
Le navire 2 voit le feu vert de tribord et le feu blanc de mât de 1..
Le navire 3 voit droit devant les deux feux de côté et le feu de mât de 1 .

Les flèches blanches montrent les manœuvres conformes aux règles de barre.

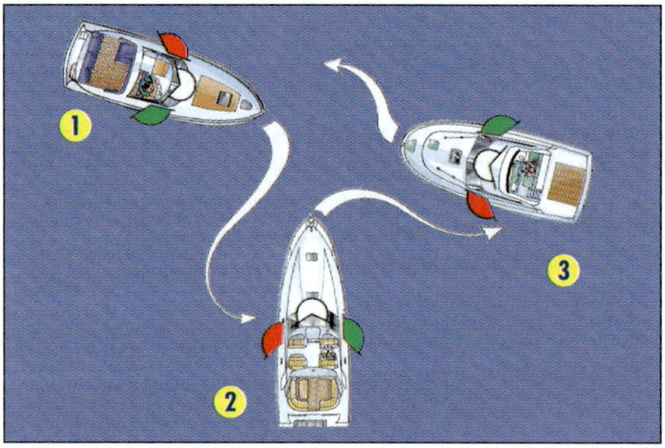

De la timonerie de 1 , on voit :
- 3 faisant route opposée,
- 2 arrivant par tribord et prioritaire.
On a deux raisons de virer à droite.

De la timonerie de 2, on voit :
- 1 qui arrive à bâbord (non prioritaire),
- 3 qui arrive à tribord prioritaire.
On doit virer à droite pour 3 et surveiller 1 qui devrait nous laisser passer.

De la timonerie de 3, on voit :
- 2 qui arrive à bâbord (non prioritaire),
- 1 qui fait route opposée.
On doit se décaler vers la droite pour le croisement.

On peut déduire des situations ci-dessus et ci-contre :

1. Qu'un navire, 1 en l'occurrence, qui voit un feu rouge sur son feu vert, doit manœuvrer.

2. Qu'on se trouve sur la trajectoire d'un navire dont on voit à la fois les deux feux de côté (on est droit devant lui). Que si ces feux sont droits devant, on est en route opposée, il faut donc venir très rapidement à droite (règle de barre n° 14).

3. Qu'on est privilégié sur un navire qui montre du vert sur notre gauche (2 privilégié sur 1, comme 3 privilégié sur 2.

Attention : *Si on voit <u>seulement un feu vert</u> sur bâbord, c'est un voilier. On doit donc manœuvrer même en arrivant à sa droite. Si on voit des feux de priorité (voir le* Code Vagnon Permis côtier *aux éditions Vagnon), on doit aussi manœuvrer.*

En conclusion :
Si des navires en routes obliques se montrent des feux de côté de couleurs opposées, l'un est privilégié sur l'autre.
A l'inverse, si les navires se montrent des feux de côté de même couleur, il n'y a pas route de collision et l'on dit pour se rappeler ces situations :

Rouge sur rouge : rien ne bouge **Vert sur vert : tout est clair**

Feux de navires ne présentant pas de danger.

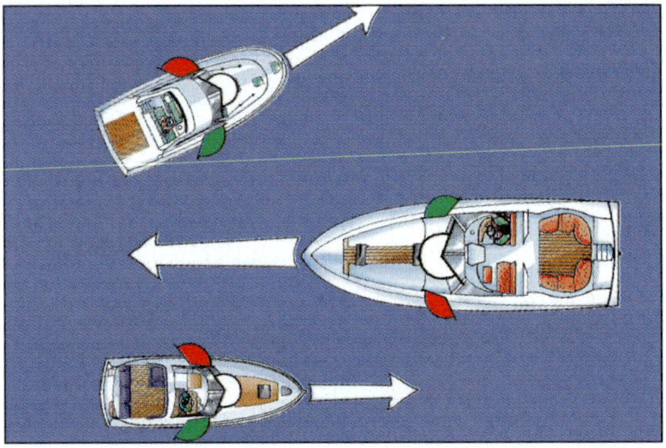

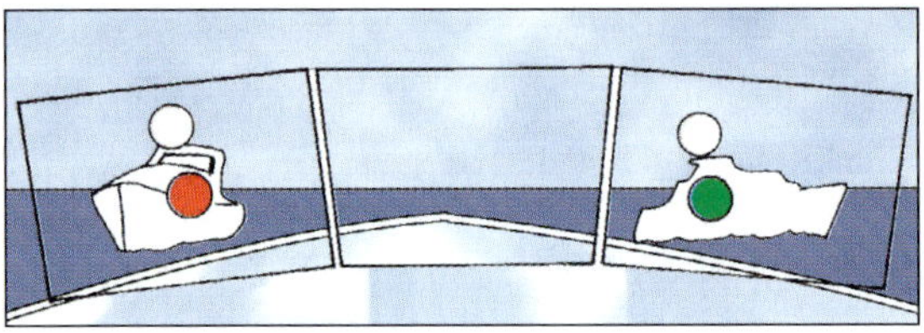

Le GPS

Un GPS portable.

De type MLR®
(fabrication française).

Un GPS fixe.

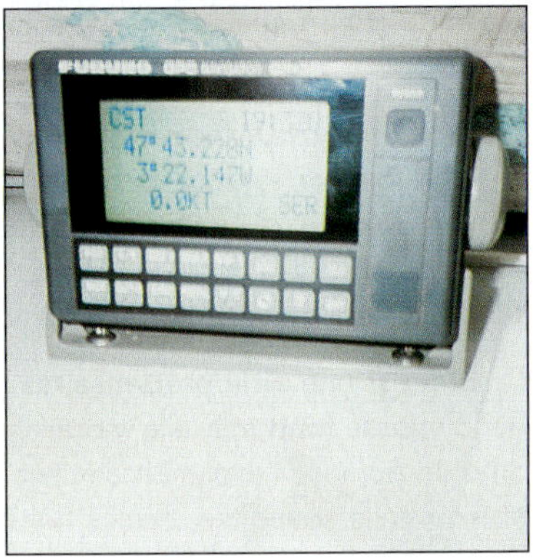

Avec antenne fixe extérieure,
installée à une hauteur de 5 m
(fabrication japonaise - Furuno®).

Le GPS (*Global Positionning System*) est un appareil merveilleux qui a levé définitivement les doutes du navigateur quant à sa position. C'est également une aide appréciable pour la manœuvre. Mis en place au cours des années 1980-1995, par le lancement de satellites géostationnaires, il est parfaitement fiable, si l'on reçoit au moins trois satellites.

La précision et la rapidité du calcul fait que l'on obtient non seulement une position instantanée et permanente à quelques mètres près [1] (ce qui suffirait au bonheur de ceux qui ont connu le gonio), mais la machine donne aussi la route et la vitesse sur le fond.

Vous pouvez également enregistrer des points de la route à suivre (way-points) et connaître aussitôt la direction et la distance vers ces points, l'heure d'arrivée, l'écart de route si vous dérivez. Enfin les données du positionneur peuvent entrer dans votre ordinateur de bord transmettant des ordres au pilote automatique.

[1] *Depuis mai 2000, les militaires américains ont supprimé l'erreur introduite volontairement dans le système pour la remplacer par un brouillage des signaux dans les zones sensibles. Il en résulte que la précision d'un bon GPS est désormais de 5 à 10 m.*

Une précaution importante : il reste à vérifier que la carte sur laquelle vous reportez les trajectoires est dans le système géodésique WGS 84 et non ED50, comme bien des cartes françaises, ou que les corrections sont paramétrées dans l'appareil, mais ceci ne concerne que les utilisateurs des cartes papiers. **Le lecteur de carte** vous affranchit de cette erreur (qui peut atteindre 110 m, voir dans le cartouche des cartes ED50 la correction à apporter).

Une erreur courante consiste à mal lire la position en prenant les 3 chiffres après la minute pour les secondes et fractions de secondes, alors qu'il s'agit de 10°, 100° et 1000° de minute. Une telle lecture peut introduire jusqu'à 600 m d'erreur !

Apprenez à tous, à bord, à lire et retransmettre la position GPS ; cela peut sauver des vies.

Les GPS différentiels font appel à une station de recalage au sol. La précision redoutable obtenue a forcément un prix, qui les rend inintéressants en plaisance.

Enfin, vous pouvez décider de vous diriger vers un way-point sans remarquer que la trajectoire entre votre position et ce point **passe sur des dangers**. Le sondeur devrait prévenir, diront les optimistes, mais il vaut mieux ne pas prendre ce risque : vérifier son tracé sur de bonnes cartes papier, met à l'abri des graves lacunes présentes sur certaines cartes électroniques.

Le GPS est une aide précieuse au manœuvrier par l'indication quasi instantanée de la **vitesse fond**, car elle représente la vitesse réelle de rapprochement d'un quai ou d'un ponton. L'évolution de cette vitesse permet d'ajuster le régime moteur pour obtenir celle souhaitée. L'œil s'habituera rapidement au défilement lié à la vitesse idéale. Vous apprendrez vite à la corriger, par vent arrière, à la « soutenir » au moteur par grand vent sur l'avant. Vous découvrirez à quelle vitesse, le gouvernail devient suffisamment efficace pour abandonner la différenciation, etc.

La fonction Homme à la mer (touche MOB : *Man Over Board*) indique en permanence la direction et la distance du point où l'homme est tombé. On augmente ainsi de beaucoup les chances de survie d'un homme qui glisse à l'eau la nuit. Toutefois, si le courant est fort, par exemple 2 nœuds, il faut savoir qu'en 1 minute l'homme aura été entraîné à 60 m dans le courant. La position « MOB » (notée sur le fond), est à corriger de 60 m dans ce sens.

La fonction mouillage indique si votre bateau chasse : testez-la en faisant bouger le bateau au moteur sur le mouillage ou en donnant de la touée.

Conclusion : le GPS est essentiel à bord ; l'indication de vitesse et la fonction MOB peuvent s'utiliser pour toutes sortes de manœuvres (mouillage d'ancres ou de marques de régates, etc.), mais cet appareil ne doit pas être votre seule référence de navigation, même avec un excellent lecteur de carte.

11. Le remorquage

AVANT-PROPOS

Il n'est pas inutile de rappeler, en tête de ce chapitre, que la quantité de travail emmagasinée dans un corps en mouvement est fonction du carré de sa vitesse ($W = {}^1/_2 M V^2$). Lorsqu'il faut stopper l'ensemble du train de remorque, le seul frein dont on dispose est la résistance de carène. Si par malheur le vent est arrière, il peut annuler cette résistance et transformer le remorqueur en remorqué. Enfin, la masse du navire est l'autre élément principal du problème du remorquage.

■ Le poids ou le déplacement

Les poids des vedettes diffusées pendant les quinze années écoulées ont peu évolué. En effet, comme on l'a déjà dit, les puissances installées ayant plus que doublé, le poids de la motorisation augmente. Les équipements de confort sont aussi de plus en plus nombreux et plus sophistiqués.

Enfin, si les matériaux et les techniques ont progressé, on a peu gagné sur les structures qui doivent maintenant résister à une vitesse accrue. En un mot, les bateaux sont donc mieux faits, mieux équipés, plus rapides, mais pas moins lourds qu'il y a quinze ans.

Les versions « Open » affichent au peson environ 15% de moins que les versions à timonerie fermée dites « Sedan ».

La première petite vedette de croisière côtière de 6,5 m accusera environ 1 500 kg, alors qu'on passera les 2 tonnes en même temps que les 7 mètres. Un bateau de 8 mètres atteindra 3 tonnes en version croisière et on ne sera pas loin des 4,5 tonnes avec un 9 m bien clos à l'anglaise.

Un « Open » de 10,50 m pèsera environ 6 tonnes pour 7 à 8 tonnes à son homologue en version croisière classique.

Dans les grandes tailles, la fourchette s'élargit. Un bateau de 12,5 m (41 à 42 pieds) se situera entre 8,5 et 11 tonnes. Une belle unité de 15 m (50 pieds) passera de 15 à 22 tonnes selon sa conception. Enfin, un bateau ancien de mêmes dimensions pourra franchir allégrement les 25 tonnes.

On ne peut donc envisager de remorquer n'importe quel engin, même avec plusieurs centaines de chevaux dans le local machine.

Il faut encore considérer la robustesse des points de fixation possibles, la nature de la remorque et la complexité de l'opération dans les circonstances du moment : état de la mer, densité du trafic, ou exiguïté de l'endroit où le remorqué est conduit. Enfin, dans toutes ces opérations, il est très souhaitable d'avoir une liaison radio avec le remorqué.

On distingue d'abord deux types de remorquage essentiellement différents : **le remorquage en pointe et le remorquage à couple**.

En pointe : Le remorqué est à la traîne du remorqueur, avec une courte remorque en eaux protégées, avec une remorque longue et lourde au large.

Remorquage en pointe ou en flèche.

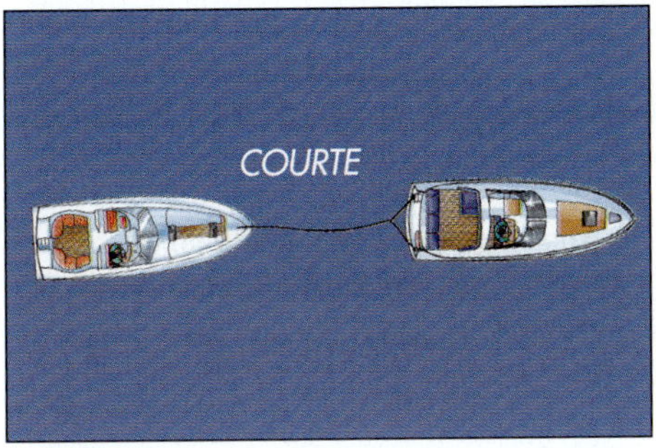

La remorque est tendue par le poids.
Elle ne doit jamais sortir de l'eau.

A couple : Les deux navires sont amarrés bord à bord pour les manœuvre de port.

Remorquage à couple.

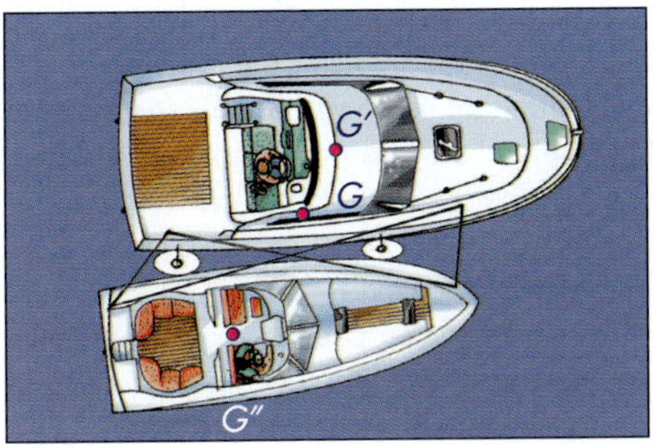

La garde transmet l'essentiel de la force.

La poussée doit passer au plus près de G, centre de gravité de l'ensemble.

LE REMORQUAGE EN POINTE (ou en flèche)

Sur une courte distance en eaux abritées, il suffit d'une forte aussière assez souple et juste assez longue pour éviter d'être rattrapé par le remorqué s'il vient à « surfer » sur le sillage du remorqueur ou d'un navire qui dépasse.
La remorque doit être maintenue tendue. Le remorqué peut y aider en prenant une route légèrement divergente de celle du remorqueur quand c'est nécessaire.

Attention : si le point de fixation de la remorque est sur l'arrière (bitte ou taquet arrière), le remorqueur sera gêné pour virer remorque tendue. Pour les mêmes raisons, les embardées du remorqué feront embarder à l'envers le remorqueur. Fixer la remorque au plus près du centre de gravité.

Remorque trop arrière.

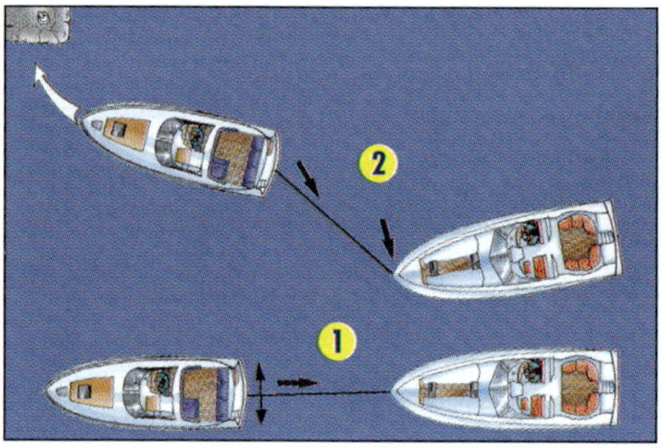

1 *Un point de tire trop arrière rend la barre inefficace.*

2 *L'embardée du remorqué fait emborder le remarqueur à l'opposé. On peut être amené à larguer pour éviter l'accident.*

■ Le remorquage en haute mer

Il se fera bien sûr en pointe, mais pas à remorque tendue comme ci-dessus car on risquerait de tout casser dans les rappels liés aux mouvements de la mer.
On gréera donc une remorque longue et lourde qui ne pourra jamais se tendre, ni même sortir de l'eau en son milieu. Ainsi la traction sera pratiquement constante. Il restera à surveiller les portages et à les protéger ou les « rafraîchir » (en filant un peu de remorque).
Utiliser la chaîne de mouillage du remorqué est souvent une solution commode pour obtenir le poids et la souplesse nécessaires car on peut en régler facilement la longueur avec le guindeau. Cette chaîne conserve son ancre jusqu'à atteindre des petits fonds. Il faut alors décider de raccourcir ou de démonter l'ancre ou de maniller sur le diamant de l'ancre.

■ Passer la remorque

Dès qu'on a du vent et du clapot, appliquer les principes suivants.

Le navire est en dérive

Le navire en difficulté est en dérive travers au vent (position d'équilibre stoppé).

- Se présenter sur son arrière pour le dépasser au vent à petite vitesse (un éventuel courant importe peu puisqu'il agit de la même façon sur les deux navires).
- L'aussière est prête, amarrée au point de remorquage choisi, passée à l'extérieur de tout, du bord sous le vent et bien lovée dans la main du lanceur.
- Lancer l'amarre dès qu'on est à portée, par le travers, surveiller sa trajectoire, éviter de dériver sur elle si elle tombe à l'eau.

La difficulté de cette manœuvre dans une mer agitée est de bien contrôler sa trajectoire pour passer au plus près sans risquer la collision. En effet, quand on se trouve par le travers, notre dérive vers le navire assisté devient sensible puisqu'on le protège d'un vent qu'on subit toujours.

Il est préférable d'utiliser pour cette manœuvre une aussière en polypropylène qui flotte. On risque ainsi beaucoup moins d'engager une hélice et l'équipage du remorqué peut la ramasser le long de son bord s'il en a raté la réception.

Si l'on possède une ligne de touline, on la frappe sur la remorque et c'est la ligne qu'on envoie grâce à sa boule qu'on utilise comme une fronde. Le remorqué déhalera ensuite la remorque par cette ligne. Peu de navires possèdent cet équipement simple et peu coûteux.

- Quand le remorqué a frappé la remorque, venir doucement au vent pour la tendre sans à-coup.

Passer la remorque, navire en dérive.

Il est plus facile de se tenir en bonne position si le navire assisté fait route à petite vitesse.

Quand le vent est fort, on peut sur un petit bateau à la cape, filer par l'avant un seau et un flotteur, avec une remorque en polypropylène. Le seau rempli d'eau va constituer ancre flottante et l'aussière va s'élonger au vent de l'étrave. Il suffira au remorqueur de la ramasser à la gaffe en passant.

Le navire est mouillé

On peut procéder comme pour un navire en dérive, mais en principe, on n'aura pas de dérive du vent puisqu'on sera face à lui. Faire très attention au courant et passer au vent si le navire mouillé s'évite obliquement dans le vent. Si les conditions sont difficiles mais permettent de mouiller, mouiller très au vent pour tomber doucement vers le navire assisté, jusqu'à pouvoir lui passer la remorque (il est possible d'utiliser une bouée portant une ligne légère qui dérivera dans le vent).

Quand il a pris la remorque, l'assisté relève son mouillage. Le remorqueur tient les deux navires au moteur et vient à long pic. Il dérape quand le remorqué a pris son mouillage à bord.

Passer la remorque à un navire mouillé

Avec courant oblique et vent fort.

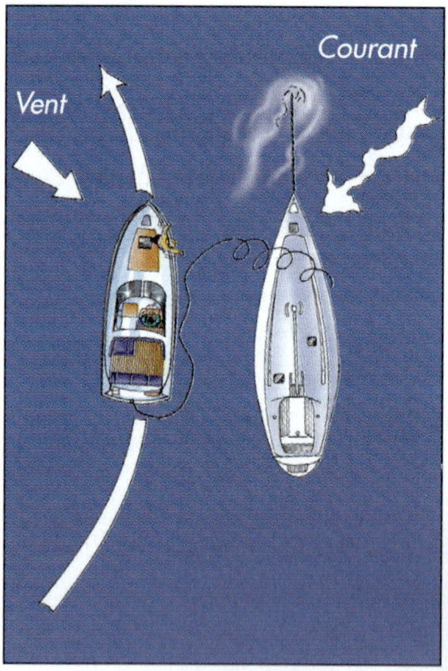

En se plaçant au vent, on lutte contre le vent qui est plus facile à apprécier que le courant. De plus, il est impossible de lancer la remorque contre un vent fort. On peut aussi lancer une touline.

Mouiller et culer.

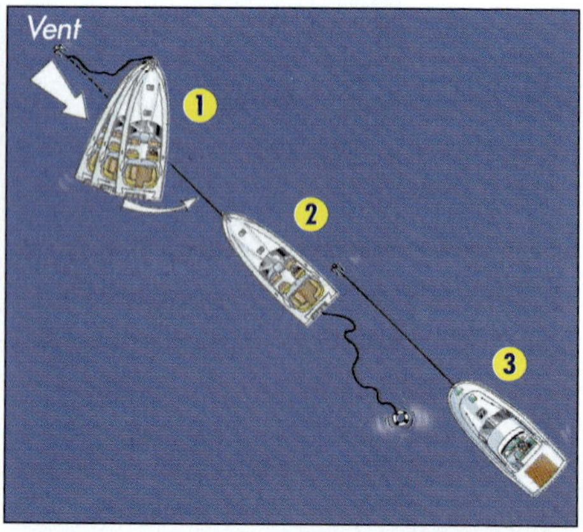

1 *Mouiller au vent du navire à assister.*
2 *Régler la distance en réglant sur la touée.*
3 *Filer éventuellement une ligne avec un flotteur.*

Relever les mouillages.

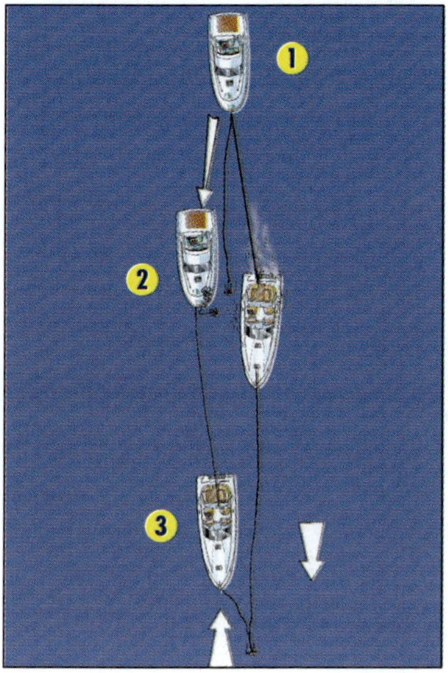

1 *Le remorqueur fait avant pour aider le navire assisté à relever son mouillage.*

2 *Le remorqué embarque son mouillage.*

3 *Le remorqueur est aussi venu à long pic. Il dérâpe quant tout est paré. On peut profiter pour régler la remorque.*

La longueur de la remorque

Elle est de quatre à cinq fois celle du remorqué par beau temps, mais avec de la houle, on s'adapte à la longueur de cette houle afin que remorqueur et remorqué montent la houle et la descendent en même temps, sinon s'attendre aux à-coups. La remorque peut alors dépasser 100 m.

Régler la remorque dans la houle.

Le remorqueur et le remorqué doivent être sur la même pente de la houle.

Le mauvais temps

Se rappeler que sur une forte embardée, la traction de la remorque peut induire une importante composante à gîter qui, synchronisée avec le roulis et les mouvements de la mer, devient vite dangereuse. Se tenir prêt à réduire la puissance, et même à couper ou larguer la remorque si nécessaire.

Danger de couper une aussière sous tension.

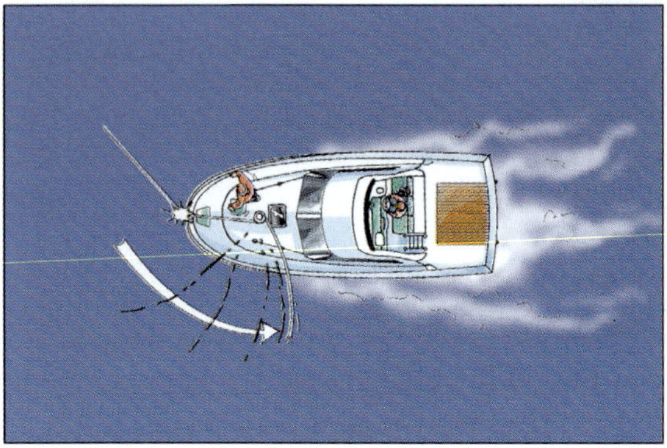

Si l'aussière est coupée ou casse au portage, elle fouettera vers l'extérieur.

Se placer toujours à l'intérieur de l'angle formé par une aussière qui force.

Les évolutions

Le remorqué gouverne pour maintenir son étrave sur l'axe longitudinal du remorqueur. Si on doit virer, le remorqué attend pour mettre sa barre, de façon à être aidé à virer, par la traction du remorqueur. Cette manœuvre maintient tendue la remorque.

La vitesse de remorquage

Elle est bien sûr fonction de l'état de la mer. Elle se situera entre 2 et 3 nœuds. Il faut une mer d'huile sans la moindre houle pour espérer franchir 4 nœuds. La vitesse limite est atteinte quand la remorque menace de sortir de l'eau. Si cela arrivait, il s'en suivrait un à-coup brutal pouvant entraîner des avaries.

La consommation

La consommation par mille parcouru est sensiblement multipliée par deux. Vérifiez votre autonomie en fonction de la consommation par moteur au régime utilisé, comparée à la vitesse obtenue.

Stopper

Si on doit stopper d'urgence, la tradition veut que le remorqueur vienne sur tribord. Le remorqué vient sur bâbord et largue la remorque.

LE REMORQUAGE À COUPLE

Si l'on doit remorquer un navire jusqu'à son poste à quai, on ne pourra le faire qu'en le prenant à couple. Cette manœuvre peut donc suivre un remorquage en pointe. Il s'effectue bien sûr en eaux plates.

Les deux navires devront être fortement solidarisés et suffisamment protégés pour que l'on puisse franchir le sillage d'un navire sans que rien bouge de l'attelage.

On s'amarrera donc par deux traversiers et deux gardes croisées bien raidies (éventuellement en utilisant le moteur du remorqueur ou le guindeau).

Attention de bien choisir le côté de l'amarrage. L'évolution à faire peut imposer un choix précis quand le remorqueur est monomoteur, car les qualités évolutives ne seront pas du tout les mêmes d'un bord et de l'autre.

Couples en présence avec un monomoteur à pas d'hélice à droite.

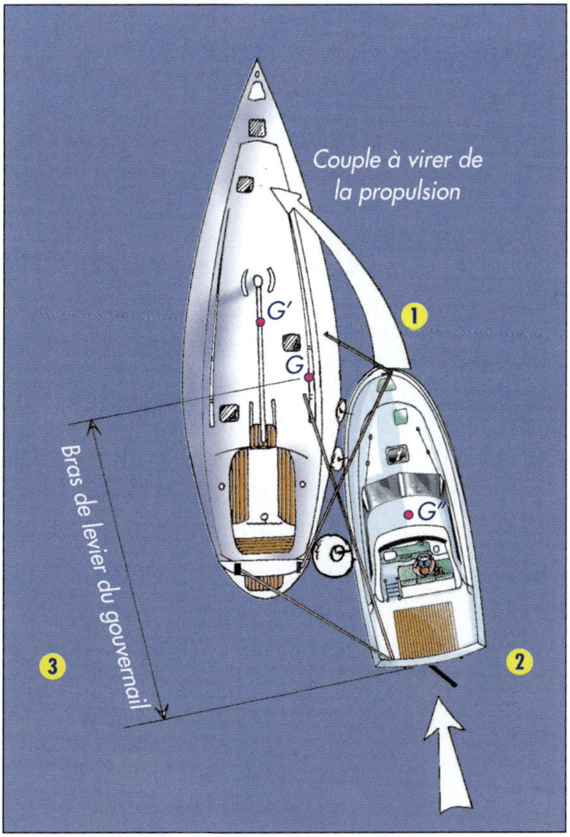

1 *Incliner autant que possible l'axe du remorqueur vers le centre de gravité du remorqué.*

2 *Barre toute à droite n'empêchera pas la rotation à gauche. La barre redeviendra efficace avec un peu de vitesse et moins de gaz (donc moins de couple).*

3 *L'efficacité du gouvernail est d'autant plus grande que le remorqueur est sur l'arrière.*

En effet, l'attelage constitué aura une fâcheuse tendance à virer vers le remorqué. Ceci tenant à deux raisons principales. D'abord l'inertie, augmentée de la résistance de carène du remorqué, agira comme une sorte de pivot. Ensuite, la poussée du remorqueur s'exerçant avec un bras de levier entraînera l'ensemble en rotation autour de ce pivot.

Il faudra contrer cette rotation par les procédés habituels : effet contrarié des moteurs sur les bimoteurs, gouvernail et effet évolutif de l'hélice sur monomoteur.

On aura donc quelque difficulté à lancer les deux bateaux sur une trajectoire rectiligne, et plus encore à virer vers le remorqueur. C'est pourquoi, si le remorqueur est monomoteur à pas d'hélice à droite, on l'amarrera à tribord.

Le remorqueur sera amarré le plus possible en arrière du remorqué. Eviter surtout que les axes des deux navires divergent. Essayer au contraire de les faire converger, afin que la poussée du remorqueur, passe au plus près du centre de gravité de l'ensemble.

La position reculée du remorqueur rend également plus efficace son gouvernail et l'effet évolutif de son hélice en augmentant le bras de levier.

Enfin, il faut se souvenir que l'inertie de l'ensemble est deux à trois fois supérieure à celle à laquelle on est habitué. Manœuvrer lentement, en attendant le résultat de chaque manœuvre. Si on le peut, on mettra quelqu'un à la barre du remorqué (s'il est possible de lui transmettre ses ordres). Sinon, on amarrera la barre.

Conclusion : pour lancer en avant, et autant que possible en ligne droite, un navire remorqué à couple par un monomoteur à pas d'hélice à droite, il faudra d'abord battre en arrière.

Ainsi, le remorqué situé à gauche, constitue pivot, comme indiqué plus haut, et, l'effet évolutif de l'hélice et la position excentrée du remorqueur entraînent l'ensemble en rotation à droite.

Mettant alors en avant et à droite toute, on prend peu à peu de l'erre, d'abord en virage à droite, puis l'inertie étant vaincue en virage à gauche, enfin l'attelage prend assez de vitesse pour être pilotable.

Les possibilités de virage à droite restent très modestes. S'il faut venir à droite assez court, on devra utiliser à nouveau la marche arrière. L'inertie importante permet cette manœuvre sans casser vraiment son erre et l'ensemble reste manœuvrant.

Lancer en avant en remorquage à couple (remorqueur à tribord, pas d'hélice à droite).

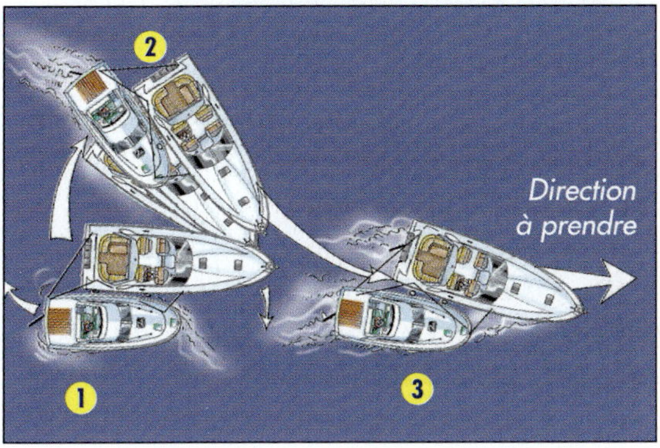

1 *Faire arrière, l'ensemble pivote à droite.*

2 *Faire avant barre à droite toute.*

3 *L'ensemble cesse de virer à droite, puis vire à gauche, mais avec la prise de vitesse, on peut réduire la puissance et gouverner.*

Si on utilise un remorqueur à pas d'hélice à gauche, il faut l'amarrer à gauche du remorqué, on aura vers la gauche les effets évolutifs qu'on obtient à droite avec une hélice à pas à droite.
Si on utilise un moteur hors-bord ou Z-Drive, le travail sera simplifié puisqu'on pourra faire passer la poussée du moteur par le centre de gravité de l'ensemble, ou l'orienter pour créer le couple à virer souhaité.

■ Le remorquage mixte (navire et annexe)

Il peut être commode lorsqu'on a une annexe pneumatique au moteur puissant, de remorquer en pointe (avec une aussière courte) en amarrant l'annexe à l'arrière.
Il faut bien sûr une liaison radio avec le pilote de l'annexe et ce dernier agira, sur les instructions du remorqueur, pour ralentir comme pour orienter le convoi en tirant ou poussant.
L'annexe peut aussi être utilisée sans amarre pour contrer une forte dérive en exerçant une poussée transversale. De la même façon, elle peut finir de mettre le remorqué à quai.

Le remorquage avec une annexe.

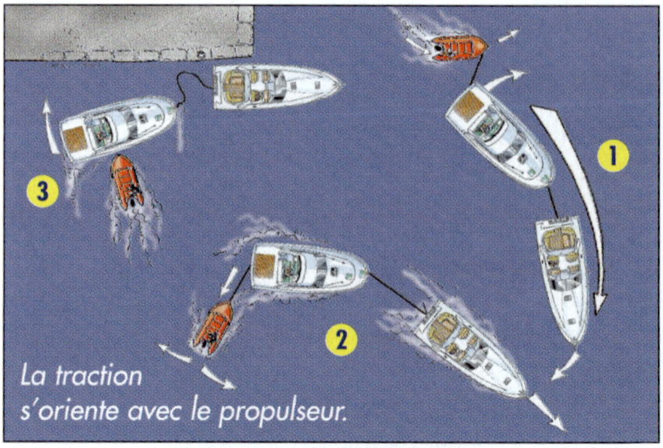

1 *C'est une disposition permettant de virer court,*

2 *de ralentir une évolution,*

3 *de déplacer le remorqué transversalement.*

PASSER LA REMORQUE À UN NAVIRE ÉCHOUÉ AU VENT D'UNE CÔTE MALSAINE

On suppose que cette opération s'effectue par un vent établi poussant à la côte. Il n'est raisonnable de la tenter qu'avec une mer bien maniable et au moins un ou deux équipiers compétents. On choisit de se présenter une heure avant la pleine mer.
On utilise une carte très détaillée de l'endroit ou même une reconnaissance à pied à basse mer dans le cas d'un navire « amorti » (qui ne flotte pas à chaque marée). On peut aussi baliser un chenal d'accès ou prendre des alignements et poser un orin et une bouée sur la maîtresse ancre du navire échoué, laquelle aura été enfouie le plus possible vers le large.
Malgré ces préparatifs, il sera bon d'approcher très lentement, parfaitement au vent du navire à secourir, en surveillant le sondeur et en faisant « peneau », c'est-à-dire avec un mouillage en pendant à 5 ou 6 m sous le navire. Cette pratique permet de contrôler la sonde et de conserver des possibilités de manœuvre. Le mouillage est tenu par une ligne qui casse quand l'ancre commence à draguer, tandis qu'une longueur complémentaire de chaîne, préparée en biture (en zig-zag sur le pont), file en assurant un mouillage correct.
Le remorqueur pivote alors et vient face au vent, il est à pied d'œuvre sans courir aucun risque. Il peut ensuite culer doucement pour se rapprocher en contrôlant parfaitement le fond disponible sur l'arrière à la sonde.

S'il peut s'approcher jusqu'à saisir le flotteur préparé sur la maîtresse ancre avant que le « remorqué » flotte, c'est l'idéal. Il lève alors cette ancre, frappe la remorque sur l'organeau, ou sur le diamant, selon le fond disponible. Il peut ensuite rentrer une bonne partie de son mouillage en filant la remorque.
S'il est impossible d'atteindre l'orin de l'ancre du navire échoué, il faudra lui faire passer la remorque par une touline, un flotteur ou une annexe.
Quand le navire échoué a saisi la remorque, le remorqueur fait à nouveau en avant pour lever son mouillage en filant la remorque à la demande.
Il garde son ancre au guindeau sur frein à un mètre sous sa quille, puis il commence à raidir la remorque.
Si le remorqué ne vient pas, il doit se méfier de tomber en travers du vent. Ce risque est d'autant plus grand que la remorque est saisie en arrière du centre de gravité, car elle réduit beaucoup les possibilités de virement.
Dès qu'on se voit tomber sous le vent, il faut abattre en grand pour mollir la remorque et ainsi pouvoir redresser et revenir prendre sa place au vent du remorqué.
Attention, dans cette manœuvre à ne pas engager l'hélice. Toujours utiliser de préférence une aussière en polypropylène qui flotte.
Il faut être prêt à mouiller à nouveau si les choses se gâtent, on aura ainsi plus de temps pour apporter des remèdes aux problèmes. L'ancre est laissée dehors pour cette raison.

Assister un navire jeté à la côte.
1. *Approcher en faisant « peneau ».*

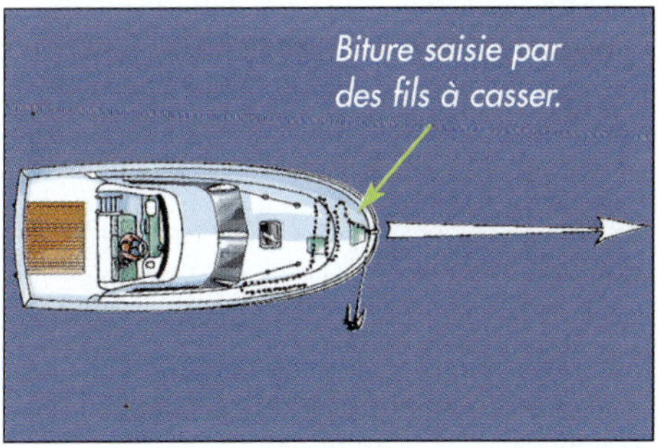

L'ancre croche, la biture se dévide et l'on se retrouve mouillé.

2. *Culer vers le navire assisté.*

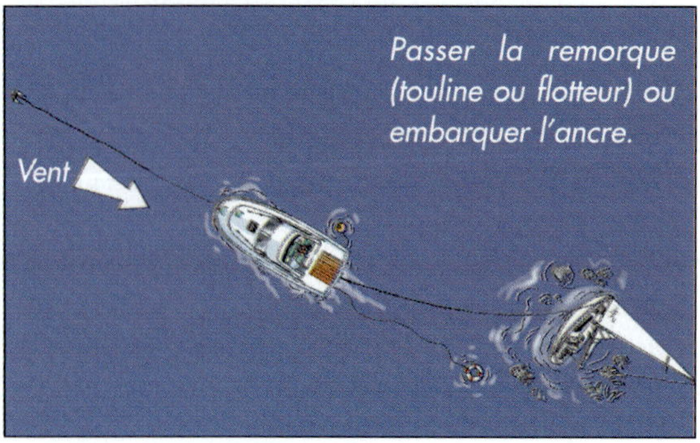

3. *Lever le mouillage.*

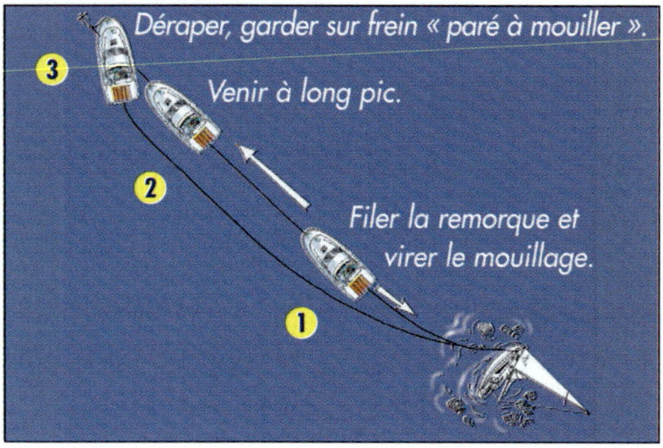

On ne peut essayer de déséchouer le navire assisté sans avoir d'abord relevé notre mouillage.

4. *Déséchouer le navire assisté.*

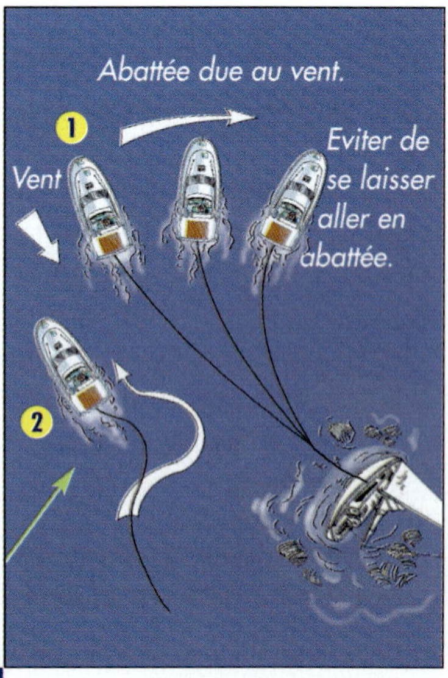

Dans les gros efforts de traction et au début du remorquage, il y a beaucoup de risques de tomber en travers du vent.

Réagir rapidement en virant court pour obtenir un peu de mou et redresser aussitôt vers le vent. Utiliser progressivement toute la puissance.

Cette difficulté de tenir face au vent se présentera encore si le remorqué tarde à remonter un second mouillage plus ou moins engagé. On aura donc tout intérêt à bien préparer le bateau remorqueur en installant un point de fixation de la remorque suffisamment avancé (voir page suivante).
Il est inutile d'insister pour déséchouer un bateau au-delà d'une demi-heure après la pleine mer (sauf phénomène local de « tenue du plein » comme dans la région du Havre).
En cas de succès, le fait de remorquer par l'ancre ne présente que des avantages. Le poids donne beaucoup de souplesse, le remorqué peut raccourcir la remorque avec son guindeau, et enfin si on doit filer la remorque, le remorqué se retrouve mouillé.

Remorquer par l'ancre.

Si l'on doit filer la remorque, le remorqué se retrouve mouillé.

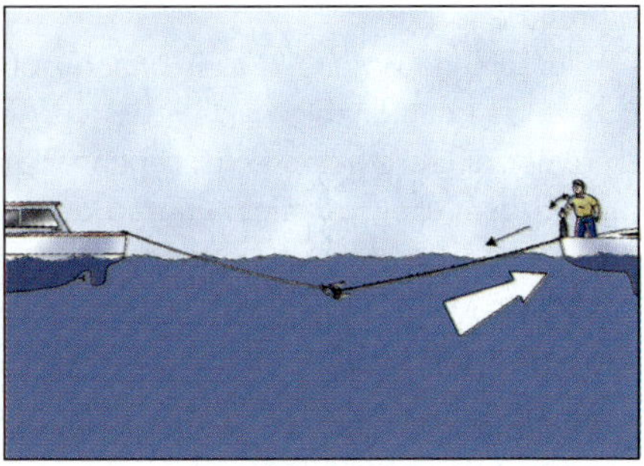

Le remorqué peut filer ou raccourcir.

INSTALLER UN POINT DE TIRE POUR REMORQUER

Une vedette de plaisance n'est pas un remorqueur, mais les fortes puissances généralement installées sur les bateaux modernes, permettent des interventions qu'il ne serait pas raisonnable de tenter avec un « pêche-promenade » de 15 CV.
Si toutefois on a le temps, pour bien préparer un remorquage en pointe, il sera bon de gréer un point de tire adapté à l'opération. Les taquets arrière n'ont pas été prévus pour tenir toute la poussée des 200 CV qui sont dans la cale.

Même si les points d'amarrage supportent cette surcharge temporaire, la traction s'exerçant trop en arrière du centre de gravité vous empêchera de virer.
Pis encore si le remorqué embarde beaucoup, il vous entraînera dans des embardées à l'opposé et vous ne parviendrez pas à contrôler correctement votre trajectoire.
Pour conserver une bonne maniabilité, on devra installer un point de tire très robuste, au plus près possible du centre de gravité. On multipliera les saisines, tout en veillant à ce que ces amarrages soient moins robustes que leurs points de fixation et ne puissent les arracher.
Une des solutions les plus efficaces est **de ceinturer le bateau** par une forte aussière passant sous la pièce d'étrave et soutenue par deux bouts ramenés aux taquets avant.
Cette aussière est reprise sur le pont à l'intérieur du balcon et maintenue le long des passavants par des lignes à casser prises sur les taquets, cadènes de béquilles ou rail de fargue.
On la ramène ensuite sur un anneau ou une grosse manille immédiatement en arrière de la timonerie.
La remorque sera frappée sur cet anneau par un nœud largable sous tension (tour mort et demi-clés, ou mieux, nœud de remorque).
Ainsi, l'effort maximum de traction sera supporté par l'étrave. On pourra donc appliquer toute la puissance si cela devient nécessaire, sans pour autant risquer des avaries.

Attention : tout ce qui se trouve sur le couronnement arrière (feu de poupe, emplanture de mât de pavillon, dame de nage, etc.) sera inexorablement arraché par une remorque sous forte tension si l'on vient à embarder.

Installer un point de tire par ceinturage.

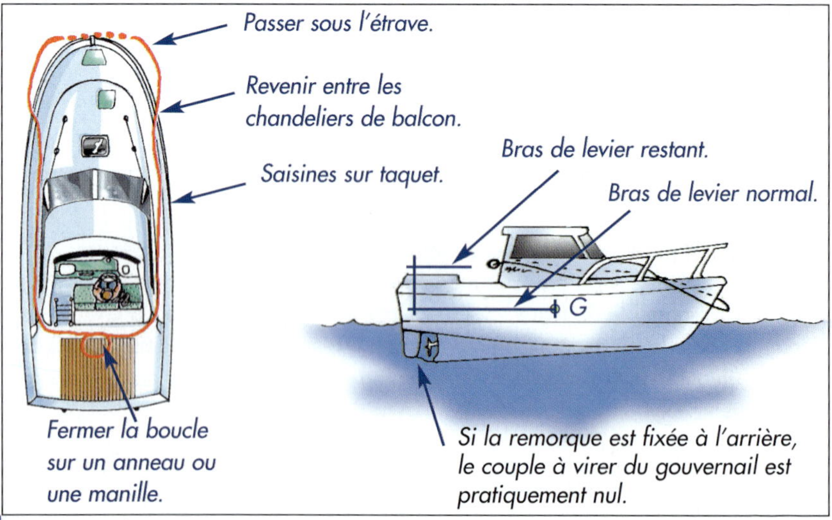

12. Les manœuvres liées aux opérations d'entretien

Ce chapitre traite essentiellement des problèmes liés au carénage à l'échouage. Les calculs inévitables sont expliqués succinctement et dans leur ordre chronologique avec un exemple complet.
Cet exposé étant entièrement consacré à une manœuvre précise, il ne fait pas double emploi avec l'ouvrage de Marc Hozette : *Naviguer avec la marée* qui aborde le problème de façon plus encyclopédique.

Vue de bateaux à l'échouage.

ÉCHOUER POUR CARÉNER (sur radier équipé)

■ Généralités

Quelques navires de plaisance à moteur de grandes dimensions sont réalisés en acier. Certaines unités plus spécialement destinées à la plongée sont en alliages d'aluminium. La grande majorité de la flotte est construite en polyester armé de tissu de verre.
Qui parle polyester, évoque bientôt l'osmose. Problème inhérent au matériau ou conséquence de l'emploi de produits de second choix, l'osmose est constatée sur de nombreuses coques. De plus, en l'absence de toute manifestation d'osmose, les coques prennent du poids avec l'âge en s'imprégnant d'humidité.
Il ressort de ces constatations que la meilleure façon de conserver une coque polyester dont on ne se sert pas l'hiver, sera de la mettre au sec. Cette mise à terre sera l'occasion d'un carénage et de divers travaux d'entretien menés dans des conditions optima.

Un carénage annuel est suffisant pour les navires qui naviguent six à huit mois par an. Pour ceux qui restent à l'eau toute l'année, et quel que soit le matériau de construction, l'entretien devra s'exécuter avec la même périodicité, c'est-à-dire deux fois par an, par grutage ou chariot de mise à terre.
Rappelons à ceux qui penseraient pouvoir s'affranchir de cet entretien, qu'un séjour à l'eau de six mois dépose une végétation semblable à une moquette verte sur toute la carène, et de l'herbe un peu plus longue à la flottaison. Cet état des œuvres vives entraîne une perte de 20 à 25% en vitesse de pointe et augmente d'autant la consommation par mille parcouru. Par ailleurs, la disparition des anodes peut amener une érosion par électrolyse des pales des hélices ou des safrans des gouvernails.
En Manche et Atlantique, on peut procéder par échouage. C'est cette manœuvre, qui demande une certaine préparation, que nous allons traiter dans ce chapitre.

Carène très sale.

A ce stade, les performances sont réduites de moitié.

Anodes usées.

L'aluminium du système propulseur se carrode nsuite très vite par électrolyse.

Signalons d'abord que beaucoup de coques de vitesse à moteur in-board ne peuvent être échouées, car les hélices ne sont protégées par aucun aileron ou quille. Le poids du bateau reposerait donc sur l'hélice ou le gouvernail, entraînant des avaries graves.
Des coques semi-planantes à demi-quille ne peuvent être échouées que sur des sols durs, car tout début d'enfoncement aurait les mêmes conséquences que ci-dessus.
Enfin, les transmissions par Z-Drive nécessitent parfois un calage sur l'arrière de la carène.

On voit ainsi que les manœuvres liées aux opérations d'échouage demandent une bonne connaissance des œuvres vives et imposent de prendre des dispositions propres à chaque navire. De plus, pour la sécurité du navire et l'efficacité de la manœuvre, on devra béquiller ou s'appuyer sur un quai et souvent glisser des tins sous la coque avant qu'elle pose.
Si on laisse la coque poser sur un de ses bouchains, on ne fera que la moitié du travail par marée.

Une coque semi-planante d'échouage aisé.

On ne peut carèner qu'un côté.

■ Le choix du lieu

Il ne vous appartient plus s'il s'agit de caréner. En effet, l'application (tardive) des directives européennes vous fait obligation de conduire cete opération sur un radier bétonné doté d'un dispositif de rinçage. Les eaux de carénage et les eaux de rinçage qui le suivent, sont recueillies dans un puisard. Ces eaux, polluées par des métaux lourds, sont levées avant le retour de la marée pour être traitées.
Même la peinture est interdite hors des endroits spécialement équipés. Vous ne pouvez faire, sur un radier ordinaire, que des visites d'hélices, remplacement d'anodes, examens de coque après un échouement, etc... à l'exclusion de toute intervention polluante.
La grande cale du port du Moulin-Blanc, à Brest, a été récemment équipée d'un tel dispositiff de rinçage et relevage des eaux usées (*photo*). il s'ensuit bien sûr que son usage est payant, mais il reste moins couteux qu'un grutage.

Radier de carénage de Brest, port du Moulin-Blanc.

Quelque soit votre problème et l'endroit que vous choisirez pour le solutionner, il doit être exempt de tout ressac et suffisamment dur pour éviter l'enfoncement des ailerons de protection des hélices ou gouvernails.
Vous aurez sûrement besoin d'une petite échelle ; n'oubliez pas de l'amarrer sur la lisse ou sur un taquet. Les accidents sont fréquents suite à une mauvaise appréciation de la verticale du lieu, de l'enfoncement brutal de l'un des pieds, etc, ennuis qui font penser que l'échelle est peu adaptée au service à la mer.

LA PRATIQUE DE L'ÉCHOUAGE

On peut, à l'imitation des usagers locaux, utiliser une plage, un gril ou un radier bétonné, sans calcul préalable et sans idée préconçue, confiant au mouvement immuable des marées le soin de déposer au sec et de venir reprendre le soir, le navire à caréner.

Le hasard intervient pour l'heure de la posée, celle du déséchouage, et le temps restant entre les deux pour l'intervention. Il pourra donc arriver que le temps de travail soit insuffisant, ou pis encore, que le bateau ne revienne pas à flot à la marée haute. Le manœuvrier, soucieux de précision, ne laissera au hasard que la part minimale liée aux imperfections des procédés de prévision.

Concernant les marées, les calculs sont simples et d'une fiabilité totale sur nos côtes. Trois procédés principaux existent pour connaître la hauteur d'eau à un instant précis en un endroit précis : le plus simple est la règle des **douzièmes**[1].

Souvent décriée parce que simpliste, elle reste assez exacte et l'on constate rarement plus de 3 à 5 mn de différence entre l'heure prévue par le calcul et la réalité.

■ Les sondes

Quand on examine une carte marine, à la limite du littoral, on voit que les zones bistre (terres toujours émergées) sont bordées par une zone gris-vert (terres alternativement couvertes et découvertes) appelée l'estran. Les zones toujours recouvertes d'eau viennent immédiatement ensuite et sont de couleur bleue, puis blanche plus au large.

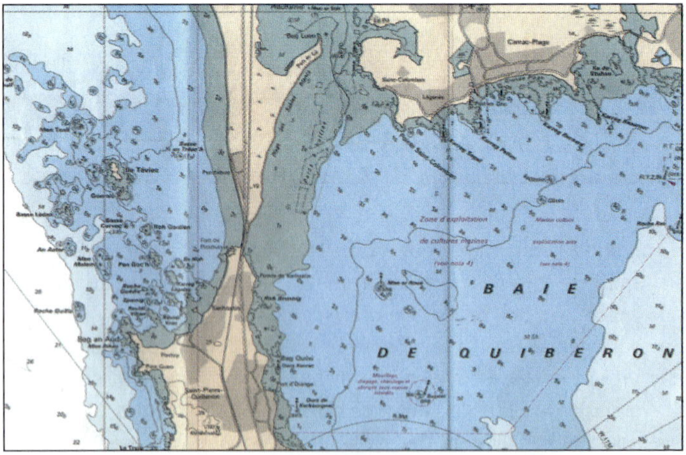

D'après la carte du SHOM N° 7033. Autorisation de reproduction N° 771/2000.
Ne pas utiliser pour la navigation.

[1] *On peut utiliser aussi les graphiques de l'annuaire du SHOM ou la formule de Laplace.*

Un trait noir gras sépare le bleu du gris-vert, il correspond à la limite des eaux à la plus basse mer possible : c'est **le niveau zéro des cartes ou zéro hydrographique** (niveau le plus bas que la mer atteint).

Les zones bleues (et les zones blanches) sont toujours recouvertes d'une quantité minimale d'eau précisée par les chiffres qui s'y trouvent inscrits. Ces chiffres sont **les sondes**.

Ils correspondent à la profondeur restant quand la mer atteint le niveau zéro (basse mer d'une marée astronomique, coefficient 120).

Si l'on doit caréner, on ne pourra le faire dans une zone bleue ou blanche, car il y reste toujours une certaine quantité d'eau.

Ce qui nous intéresse au contraire, ce sont les zones gris-vert de l'estran que l'eau va envahir, puis abandonner nous laissant le loisir de faire les travaux d'entretien nécessaires.

Dans ces zones, les sondes rencontrées sont soulignées. Elles sont découvrantes ou négatives et indiquent de combien le fond émerge quand la mer est au niveau zéro.

Niveaux de marée et informations portées sur les cartes.

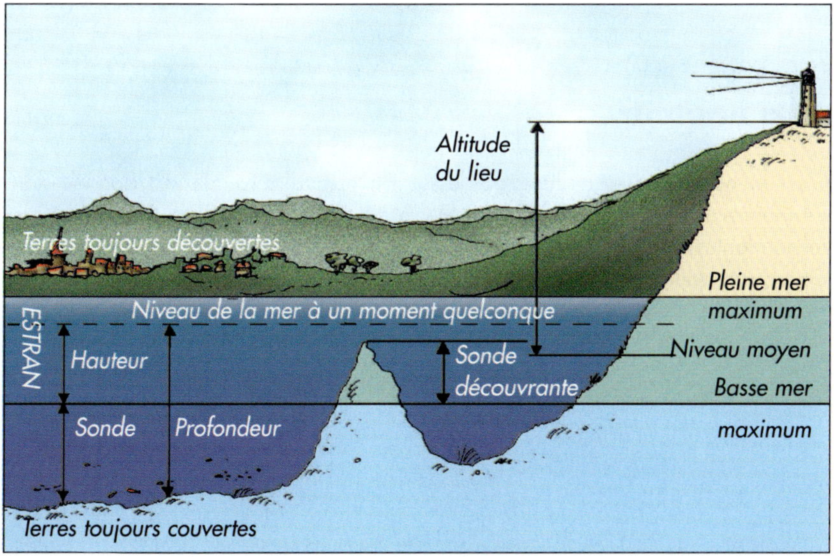

La profondeur

C'est la distance entre le fond et la surface, soit la quantité d'eau dont on dispose pour naviguer. Malheureusement pour l'homogénéité du vocabulaire, la profondeur se mesure avec le sondeur (ce que donne le sondeur n'est donc pas une sonde, mais une **profondeur**. Quand on mesure la **profondeur de l'eau** en un endroit des zones bleues ou blanches, on trouve une valeur généralement supérieure à **la sonde** portée sur la carte.
Ceci provient du fait qu'on n'est pas à la plus basse mer possible (niveau zéro), mais à un instant quelconque d'une marée quelconque, on a donc, en plus de **la sonde** de l'endroit une certaine quantité d'eau, liée à la marée.
Cette quantité qui varie avec la marée est **la hauteur**.
La **profondeur**, quantité d'eau dont on dispose, est donc égale à :
- la **sonde**, quantité d'eau constante, présente entre le niveau Zéro des cartes et le fond (chiffre inscrit sur la carte à cet endroit),

+

- la **hauteur**, quantité d'eau variable, liée à l'importance et au moment de la marée.

La relation **profondeur = hauteur + sonde** est donc la base de tout raisonnement sur la marée [1].

La hauteur

C'est la quantité d'eau située au-dessus du niveau zéro. Elle est donnée dans *l'Annuaire des marées* pour la Basse Mer et pour la Haute Mer avec les heures correspondantes.
On pourra donc extraire de ces données :
- la durée de la marée (montée ou baissée), par différence des heures,
- le marnage (variation totale de la hauteur d'eau), par différence des hauteurs.

[1] L'observation des variations de hauteur d'eau liées à la marée conduit aux constatations suivantes :
- Le mouvement est semi-diurne (il a lieu deux fois par jour). On observe chaque jour deux montées (flot) et deux baissées (jusant), dont le mouvement s'accélère pour atteindre un maximum à la mi-marée et décroître ensuite.
- Le niveau reste stable pendant quelques minutes à basse-mer (BM) et à pleine mer (PM), c'est l'étale.

Chaque mois, l'importance des marées croît et décroît à deux reprises : ce sont les vives eaux et mortes eaux. Deux fois dans l'année, les marées atteignent un maximum : ce sont les marées d'équinoxes (en mars et septembre).

Extraits de *l'Annuaire des marées.*

SAINT-MALO

h — HEURES ET HAUTEURS DES PLEINES ET BASSES MERS — Lat. 48° Long. 2°

CTOBRE 1999				NOVEMBRE 1999						DÉCEMBRE 1999				
Haut m		Heures h min	Haut. m		Heures h min	Haut. m		Heures h min	Haut. m		Heures h min	Haut. m		Heures h min
2,5s 11,0s 3,0 10,5	**16** S	4 52 10 22 17 15 22 42	4,0 9,8s 4,2 9,3	**1** L	0 19 7 06 12 50 20 00	9,6s 4,2 9,6 4,1s	**16** Ma *PQ*	5 53 11 33 18 37	4,8s 8,9s 4,8	**1** Me	1 11 8 00 13 41 20 45	9,4s 4,3 9,5s 4,0s	**16** J *PQ*	6 33 12 16 19 16
3,4 10,2 3,8	**17** D *PQ*	5 26 11 00 18 00 23 34	4,6s 9,1 4,8 8,8	**2** Ma	1 47 8 36 14 23 21 26	9,2s 4,4 9,5 4,0	**17** Me	0 23 7 07 13 08 20 00	8,6s 5,1s 8,7 4,8	**2** J	2 29 9 15 14 58 21 55	9,4 4,2s 9,8s 3,9	**17** V	1 00 7 46 13 38 20 29
9,6 4,1s 9,5 4,2s	**18** L	6 21 12 09 19 14	5,2s 8,4s 5,2	**3** Me	3 15 9 58 15 42 22 38	9,5s 4,0 9,9s 3,4s	**18** J	2 04 8 40 14 44 21 33	8,8 4,9 9,1 4,2s	**3** V	3 38 10 22 16 02 22 55	9,7s 3,8s 10,0 3,5	**18** S	2 22 9 06 14 58 21 48
9,2 4,4 9,4s 4,0	**19** Ma	1 21 7 56 14 19 21 10	8,2s 5,4s 8,4s 5,0	**4** J	4 20 11 03 16 41 23 36	10,2 3,3s 10,6 2,8s	**19** V	3 21 10 00 15 50 22 33	9,4s 4,1s 9,9 3,4s	**4** S	4 33 11 18 16 54 23 46	10,2s 3,4 10,4s 3,1	**19** D	3 33 10 21 16 04 22 55
9,6 3,8s 10,1 3,2s	**20** Me	3 07 9 41 15 40 22 19	8,7 4,9 9,1s 4,1s	**5** V	5 09 11 56 17 27	10,8s 2,7s 11,1s	**20** S	4 19 11 03 16 44 23 32	10,3s 3,2s 10,8 2,5s	**5** D	5 19 12 06 17 38	10,7s 3,0 10,8s	**20** L	4 34 11 27 17 03 23 57
10,4 3,1 10,9	**21** J	4 11 10 50 16 36 23 17	9,5s 4,0 10,0s 3,2	**6** S	0 24 5 51 12 41 18 08	2,3s 11,4 2,3 11,5s	**21** D	5 10 12 00 17 34	11,2s 2,4 11,6s	**6** L	0 30 5 59 12 49 18 17	2,8 11,1s 2,7 11,1s	**21** Ma	5 30 12 28 17 59
2,4s 11,1s 2,4 11,8	**22** V	5 00 11 44 17 23	10,5 3,0s 11,0	**7** D	1 05 6 29 13 21 18 45	2,1 11,7 2,1 11,8	**22** L	0 28 5 57 12 54 18 22	1,8 12,0s 1,7 12,3s	**7** Me *NL*	1 09 6 36 13 26 18 54	2,5s 11,4 2,5 11,3s	**22** Me *PL*	0 55 6 22 13 25 18 52
1,9s 11,7s 1,9 12,0s	**23** S	0 09 5 45 12 34 18 06	2,3s 11,4 2,2 11,8s	**8** L *NL*	1 41 7 04 13 56 19 19	2,0 11,9 2,0 11,8s	**23** Ma *PL*	1 20 6 44 13 46 19 09	1,2s 12,7 1,2 12,8s	**8** Me	1 44 7 10 14 01 19 28	2,4s 11,5s 2,4 11,4	**23** J	1 50 7 13 14 19 19 43
1,6s 12,0s 1,7 12,2s	**24** D *PL*	0 59 6 28 13 23 18 49	1,6 12,1s 1,5s 12,5	**9** Ma	2 14 7 35 14 28 19 50	2,0 11,9 2,0s 11,8	**24** Me	2 10 7 29 14 36 19 56	0,9s 13,0 0,9s 13,0	**9** J	2 17 7 42 14 34 20 00	2,4s 11,8 2,4 11,3s	**24** V	2 40 8 02 15 10 20 32
1,5s 12,1s 1,6s 12,3	**25** L	1 47 7 10 14 10 19 32	1,0s 12,7 1,0s 12,9s	**10** Me	2 43 8 05 14 58 20 20	2,1 11,8s 2,1s 11,6s	**25** J	2 56 8 14 15 22 20 42	0,9s 13,0s 1,0 12,8	**10** V	2 48 8 13 15 07 20 32	2,5s 11,5 2,5 11,2	**25** S	3 28 8 49 15 57 21 19
1,6s 12,1s 1,7 12,1s	**26** Ma	2 32 7 51 14 55 20 14	0,7s 13,0 0,8s 13,1	**11** J	3 11 8 33 15 27 20 49	2,3s 11,6 2,4s 11,3	**26** V	3 40 8 59 16 07 21 28	1,2 12,7s 1,3s 12,3	**11** S	3 18 8 44 15 39 21 03	2,8 11,3 2,7s 10,9s	**26** D	4 12 9 34 16 42 22 05
1,8s 11,9s 1,9s 11,9	**27** Me	3 15 8 32 15 37 20 55	0,8 13,0 0,9s 12,8s	**12** V	3 38 9 01 15 55 21 18	2,7s 11,2s 2,8s 10,8s	**27** S	4 22 9 44 16 52 22 14	1,8 12,1s 1,9s 11,5s	**12** D	3 48 9 15 16 10 21 36	3,1 11,0 3,0s 10,6	**27** L	4 55 10 18 17 26 22 49
2,1s 11,6s 2,3s 11,4	**28** J	3 55 9 13 16 18 21 38	1,1 12,7 1,4 12,3	**13** S	4 03 9 30 16 24 21 48	3,2s 10,7s 3,3s 10,2s	**28** D	5 02 10 30 17 38 23 04	2,5s 11,4 2,6s 10,7	**13** L	4 18 9 48 16 44 22 12	3,4s 10,6 3,4s 10,1s	**28** Ma	5 36 11 03 18 09 23 34

eures UT + 1 h

NOM DU PORT	LAT. N. ° '	LONG. ° '	Niveau moyen m	HEURES AU PORT PRINCIPAL DE RÉFÉRENCE — Pleines mers VE h min	Pleines mers ME h min	Basses mers ME h min	Basses mers VE h min	HAUTEURS DE — Pleines me VE m	M m
LE HAVRE Pages : 49-53	49 29	0 07 E	4,87	11 40 23 40	5 35 17 35	11 55 23 55	6 40 18 40	7,9	6,
				Correction aux heures				Correctio	
Trouville-Deauville	49 22	0 05 E	5,14	(1) 1 00	–0 10	0 00	+0 05	+0,4	+0,
Dives (Embouchure)	49 18	0 05 W	5,08	(1) 1 00	–0 10	0 00	0 00	+0,3	+0,
Ouistreham	49 17	0 15 W	4,63	(1) –0 45	–0 10	–0 05	0 00	–0,3	–0,
Courseulles-sur-Mer	49 20	0 27 W	4,56	–0 45	–0 15	–0 20	–0 25	–0,5	–0,
Arromanches-les-Bains	49 21	0 37 W	4,43	–0 55	–0 25	–0 27	–0 35	–0,6	–0,
Port-en-Bessin	49 21	0 45 W	4,40	–0 55	–0 30	–0 30	–0 35	–0,8s	–0,
Alpha-Baie de Seine	49 49	0 20 W	4,15	+0 30	+0 20	–0 05	–0 20	–1,0	–0,
CHERBOURG Pages : 69-73	49 39	1 38 W	3,81	9 45 21 45	3 30 15 30	10 00 22 00	4 20 16 20	6,4	5,0
Grandcamp (Entrée chenal de Carentan)	49 25	1 05 W	4,40	+0 50	+1 15	+1 17	+1 30	+0,8	+0,
Îles Saint-Marcouf	49 30	1 08 W	4,28	+0 52	+1 18	+1 10	+1 25	+0,6s	+0,
Saint-Vaast-la-Hougue	49 34	1 16 W	4,12	+0 50	+1 20	+1 15	+1 20	+0,3s	+0,
Barfleur	49 40	1 15 W	3,94	+0 55	+1 10	+0 52	+0 52	+0,1	+0,
Omonville-la-Rogue	49 42	1 50 W	3,77	–0 10	–0 10	–0 15	–0 15	–0,1	–0,
SAINT-MALO Pages : 75-79	48 38	2 02 W	6,78	8 05 20 05	1 25 13 25	7 55 19 55	2 50 14 50	12,2	9,3
Goury	49 43	1 57 W	5,06	+1 00	+1 05	+0 45	+0 25	–4,0s	–2,
Diélette	49 33	1 52 W	5,44	+0 35	+0 45	+0 35	+0 20	–2,4s	–1,
Carteret	49 22	1 47 W	5,86	+0 20	+0 30	+0 30	+0 15	–1,5s	–1,
Les Écréhou	49 17	1 56 W	6,00	+0 17	+0 17	+0 13	+0 13	–1,3s	–1,
Portbail	49 18	1 45 W	6,30	+0 25	+0 30	+0 30	+0 25	–0,7s	–0,
Saint-Germain-sur-Ay	49 14	1 36 W	6,48	+0 25	+0 25	+0 35	+0 35	–0,7	–0,
Le Sénéquet	49 05	1 40 W	6,62	+0 15	+0 15	+0 23	+0 23	–0,3	–0,
Regnéville-sur-Mer	49 01	1 33 W	6,70	+0 13	+0 13	+0 23	+0 23	–0,1s	–0,
Les Minquiers	48 57	2 08 W	6,40	+0 03	+0 03	0 00	0 00	–0,7	–0,
Îles Chausey (Grande-Île)	48 52	1 49 W	7,37	+0 05	+0 05	+0 15	+0 15	+0,8	+0,
Granville	48 50	1 36 W	7,15	+0 05	+0 05	+0 10	+0 20	+0,7s	+0,
Mont Saint-Michel	48 38	1 31 W		+0 05				+1,7s	
Ca[illegible]le	48 40	1 51 W	7,20	–0 02	–0 02	+0 10	+0 10	+0,8s	+0,
[illegible]ébihens	48 37	2 11 W	6,65	–0 02	–0 02	–0 05	–0 05	–0,2	–0,
S[illegible]ast	48 38	2 15 W	6,64	–0 02	–0 02	–0 05	–0 05	–0,2	–0,
Erquy	48 38	2 28 W	6,51	–0 05	–0 10	–0 17	–0 23	–0,6	–0,
Dahouet	48 35	2 34 W	6,32	–0 10	–0 10	–0 20	–0 25	–0,9	–0,
Le Légué (Bouée)	48 34	2 41 W	6,40	–0 05	–0 05	–0 15	–0 25	–0,8	–0,
Le Légué	48 32	2 44 W		0 00	0 00			–0,6s	–0,
Binic	48 36	2 49 W	6,35	–0 08	–0 08	–0 15	–0 30	–0,8	–0,
Saint-Quay-Portrieux	48 38	2 49 W	6,30	–0 05	–0 10	–0 15	–0 25	–0,9s	–0,
PAIMPOL Pages : 93-97	48 47	3 02 W	6,12	7 50 19 50	1 15 13 15	7 25 19 25	2 10 14 10	10,8	8,4

Extraits de l'Annuaire des marées 2000 du SHOM Tome 1- Ports de France.

Nota : dans un port secondaire, on doit apporter aux heures et hauteurs de l'annuaire les corrections du tableau ci-dessus (voir le procédé page 226).

Si l'on divise par 6 la durée de la marée, on obtient : **l'heure marée**.
Si l'on divise par 12 le marnage, on obtient le **douzième**. On applique alors la règle suivante ou **règle des « douzièmes »**.

1re heure/marée 2e heure/marée 3e heure/marée 4e heure/marée 5e heure/marée 6e heure/marée	L'eau monte (ou descend)	de 1 douzième de 2 douzièmes de 3 douzièmes de 3 douzièmes de 2 douzièmes de 1 douzième

Les problèmes du manœuvrier sont les suivants :

1. De quelle profondeur est-ce que je dispose maintenant pour manœuvrer ?
2. À quelle heure aurais-je une profondeur suffisante pour le faire ?
3. À quelle heure vais-je échouer ? (profondeur = tirant d'eau)
4. À quelle heure la quille sera à sec ? (profondeur = zéro)
5. À quelle heure l'eau reviendra lécher la quille ?
6. A quelle heure flotterais-je à nouveau ?

Avec la différence entre les réponses aux questions 4 et 5 qui donne la réponse à la question :

7. Combien aurais-je de temps pour travailler ?

Les situations 3, 4 et 6.

Tous les problèmes de marées se ramènent en fait à deux questions, pour un endroit donné :

- Quelle est la **profondeur** à cet endroit à une heure donnée ?
- À quelle heure aurais-je une **profondeur** donnée à cet endroit ?

■ La recherche de la profondeur

Cette **profondeur** est égale à : **hauteur + sonde**
La **sonde** de l'endroit qui est sur les cartes ou documents est négative puisque découvrante (donnée constante dans la relation ci-dessus). Lui ajouter la **hauteur** liée à la marée. Cette hauteur varie en permanence, mais la règle des douzièmes nous permet de la calculer pour un instant donné.

Exemple : on souhaite venir sur un radier de carénage à 10 h 30. La sonde du radier est – 2,5 m. De quelle profondeur disposera-t-on ?

Souvent, de tels radiers sont en pente pour permettre leur usage sur une plage de temps plus longue.

Consultons l'annuaire. On lit pour ce jour PM 08 h 40, hauteur 4,6 m
BM 14 h 52, hauteur 1,0 m
La durée de la marée est de 6 h 12, le marnage de 3,6 m.
L'heure/marée est donc de 1 h 02 et le douzième de 0,30 m.

Décomposons le phénomène : à PM ou	08 h 40	la hauteur est	4,6 m
pendant la 1re heure/marée :	+ 01 h 02	la mer descend de	– 0,3 m
à la fin de la 1re heure, soit	09 h 42	la hauteur est	4,3 m

Mais nous arriverons en 2e heure/marée

La 2e heure/marée commence à	09 h 42	la hauteur est	4,3 m
pendant la 2e heure/marée :	+ 01 h 02	la mer aura perdu	– 0,6 m
Il sera à la fin de la 2e heure	10 h 44	la hauteur sera	3,7 m

Nous avons prévu d'arriver à 10 h 30 ou 14 minutes avant la fin de la 2e heure (où la hauteur sera de 3,7 m). Il nous faut donc calculer la baissée pendant ces 14 minutes pour ajouter cette valeur à 3,7 m et on aura la hauteur à 10 h 30.

Si en 1 h 02 ou 62 mn, la mer baisse de 0,6 m, elle baisse de 62 fois moins en 1 mn et de 14 fois plus en 14 mn.

$$\text{ou} \quad \frac{0{,}6 \text{ m} \times 14}{62} = 0{,}14 \text{ m}$$

La hauteur à 10 h 30 sera donc : 3,7 m + 0,14 m = 3,84 m,
et la profondeur = Hauteur + Sonde = 3,84 m + (– 2,5 m) = 1,34 m.

On sait donc calculer la **hauteur** à une heure donnée. Cette méthode peut être élargie à toutes les circonstances de navigation. On calculerait de la même façon la **profondeur** au-dessus d'un seuil d'entrée dans un bassin, ou au-dessus d'une sonde dans un chenal au moment du passage à cet endroit, en calculant la **hauteur** qu'on ajoute à la **sonde** de l'endroit.

En reprenant l'exemple de page précédente :
On passe à 10 h 30 sur une **sonde** 0,5 m. Quelle est la profondeur disponible ?
À 10 h 30, hauteur = 3,84 m. Profondeur = 0,5 m + 3,84 m = 4,34 m.

Recherche de l'heure correspondant à une profondeur donnée

C'est l'autre problème de marée possible. Supposons qu'on soit déçu par le calcul précédent qui nous permet de savoir qu'à 10 h 30, la **profondeur** sur le radier = 1,34 m. Supposons qu'on souhaite se présenter avec une marge de sécurité (on dit un « pied de pilote ») de 0,20 m, notre tirant d'eau étant de 1,35 m, il nous faut une **profondeur** de 1,55 m.

La situation en coupe.

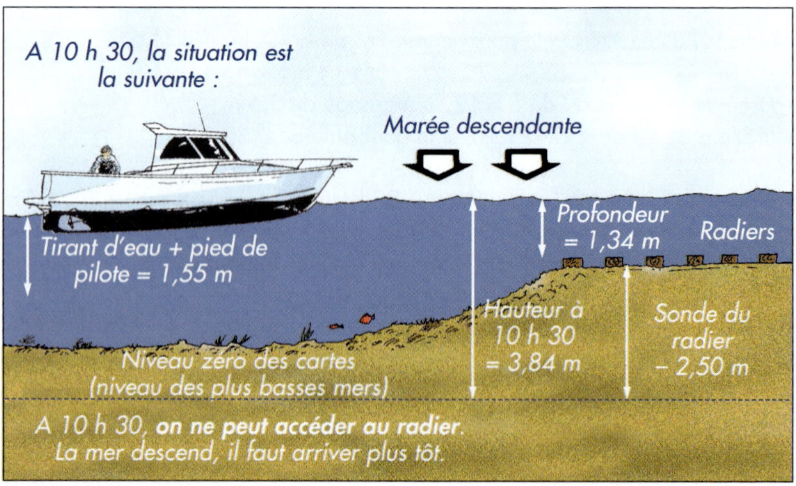

Appliquons la relation Profondeur = hauteur + sonde ou
1,55 m = hauteur – 2,5 m ou Hauteur = 1,55 + 2,5 = 4,05 m
À quelle heure aura-t-on cette hauteur ? On se souvient que :

La 2e heure/marée commence à	09 h 42	la hauteur est	4,3 m
pendant la 2e heure/marée :	+ 01 h 02	la mer aura perdu	– 0,6 m
Il sera à la fin de la 2e heure	10 h 44	la hauteur sera	3,7 m

Pour avoir la hauteur requise, on doit se présenter peu de temps après le début de la 2e heure qui commence à 09 h 42. À ce moment, la hauteur d'eau est de 4,30 m et nous n'avons besoin que de 4,05 m, soit 0,25 m de moins.

La mer baisse de 0,6 m ou 60 cm, en 1 h 02 ou 62 mn
elle baisse d'1 cm en 60 fois moins
et de 25 cm en 25 fois plus

$$\text{ou} \quad \frac{62 \text{ mn} \times 25}{60} = 26 \text{ mn}$$

donc 26 mn après 09 h 42, soit à 10 h 08, la hauteur sera 4,05 m.
Il faut manœuvrer au plus tard à : 10 h 08 pour bénéficier des conditions recherchées.
Par les mêmes procédés, on peut répondre à la **question n°3** ci-dessus : on échoue quand Profondeur = tirant d'eau ou quand la mer a descendu de la valeur du « pied de pilote » soit 0,20 m, c'est-à-dire quand la profondeur est égale à 3,85 m.

Pour la **question n°4**, la quille est à sec quand profondeur = 0
ou quand Hauteur + sonde = 0 c'est-à-dire quand Hauteur = 2,5 m.

À quelle heure accédera-t-on au radier avec un pied de pilote de 20 cm?

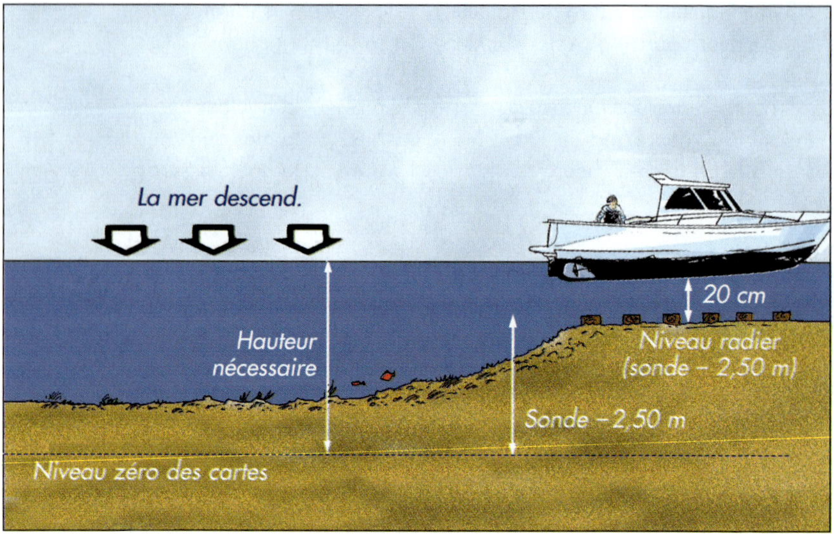

Hauteur nécessaire = tirant d'eau + pied de pilote + sonde (parce que négative)
= 1,35 m + 0,20 m + 2,50 m
= 4,05 m

A quelle heure aura-t-on 4,05 m de hauteur ?

La mer descend, c'est avant 10 h 30. Le calcul donne 10 h 08.

Les réponses aux **questions n°5 et n°6** correspondent aux mêmes calculs faits sur la marée suivante (la marée montante).
Mis à part la question n°1, il s'agit donc de calculer à quelle heure on obtient telle hauteur en disséquant la marée par la règle des douzièmes (comme démontré). Un croquis est souvent une aide précieuse au raisonnement.

■ Les corrections d'heure

L'heure de l'annuaire du SHOM est une heure d'hiver. Si les calculs se font en période d'été, ajouter une heure à celle lue sur l'annuaire, pour être en heure légale d'été. Si on utilise *L'Almanach du Marin Breton*, l'heure est celle de Greenwich, c'est-à-dire le temps universel (Heure T.U.). Il faut alors ajouter une heure en hiver et deux heures en été.

■ Le coefficient

Il s'exprime en centièmes. C'est le seul point commun pour une marée entre tous les ports du littoral, car il définit l'importance de cette marée en fonction de l'attraction exercée par les astres (Soleil et Lune).
Les coefficients vont de 20 à 120. Le coefficient 100 correspond à une marée moyenne d'équinoxe (grande marée de mars ou de septembre).
Des marées exceptionnelles atteignent les coefficients 118 ou 119, mais 120 constitue un maximum théorique jamais atteint qui correspondrait à un alignement parfait, Terre, Lune, Soleil.

Il découle de cette échelle que 70 est la marée moyenne. Les périodes où le coefficient est inférieur à 70 sont dites :
- **Mortes eaux** (le coefficient moyen de morte eau est 45).

Les périodes où le coefficient est supérieur à 70 sont dites :
- **Vives eaux** (le coefficient moyen de vive eau est 95).

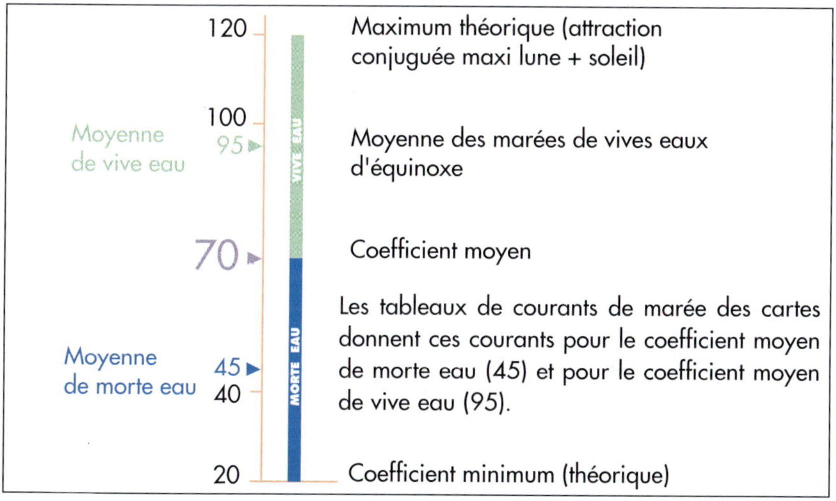

Les corrections pour un port secondaire

Quand les calculs sont à faire pour un port qui n'est pas inscrit dans l'annuaire (où l'on ne trouve que les ports dits principaux), on doit appliquer les corrections d'heures et de hauteurs qu'on trouve en début d'annuaire, en se rapportant au port principal concerné.

Ces corrections sont différentes selon que l'on est en vive eau ou en morte eau. Avec un coefficient 70, la recherche d'une précision maximum conduirait à faire la moyenne des corrections de vive eau et de morte eau. Dans le golfe du Morbihan, un décalage d'environ deux heures existe entre le plein à l'entrée et le plein à Vannes, et le marnage diminue beaucoup à mesure qu'on va vers le fond du golfe. On dressera un tableau comme ci-dessous **pour établir les heures et hauteurs corrigées pour le port concerné** (dans un port secondaire par coefficient moyen).

	Heure PM	Hauteur à PM	Heure BM	Hauteur à BM
Port principal				
Correction de VE				
Correction de ME				
Correction moyenne				
Port secondaire				

Nota : l'annuaire local évite ce calcul préalable

L'échelle de marée

L'échelle de marée indique la **profondeur** à l'endroit où elle se trouve (comme un seuil de porte de bassin). La lecture est donc utilisable directement.

Lorsqu'il s'agit d'un marégraphe, il indique la hauteur d'eau liée à la marée, il faut lui ajouter la sonde (qui peut être négative, donc à retrancher).

Bassin du « travel lift » à la Trinité (Morbihan).

■ Le vent : surcote/décote

Les vents forts ont une influence sur la hauteur d'eau. Ceux du large amènent des surcotes qui peuvent excéder 1 m par vents d'hiver forts et durables. Ceux de terre amènent des décotes moins marquées.
Ces phénomènes sont annoncés dans le bulletin météo.

■ La correction de pression

L'annuaire donne la marée astronomique, c'est-à-dire les variations de hauteur d'eau en fonction de l'attraction des astres (Lune et Soleil). Comme le vent cité plus haut, la pression barométrique exerce une influence non négligeable. On s'en méfiera par régime anticyclonique.

993	998	1003	1008	1013	1018	1023	1028	1033
+ 20 cm	+ 15 cm	+ 10 cm	+ 5 cm	00	– 5 cm	– 10 cm	– 15 cm	– 20 cm

A défaut de tableau, on se souvient qu'on perd (ou gagne) 1 cm par Hp.

Exemple complet de calculs liés aux opérations d'échouage

■ La recherche de la sonde

Problème A.

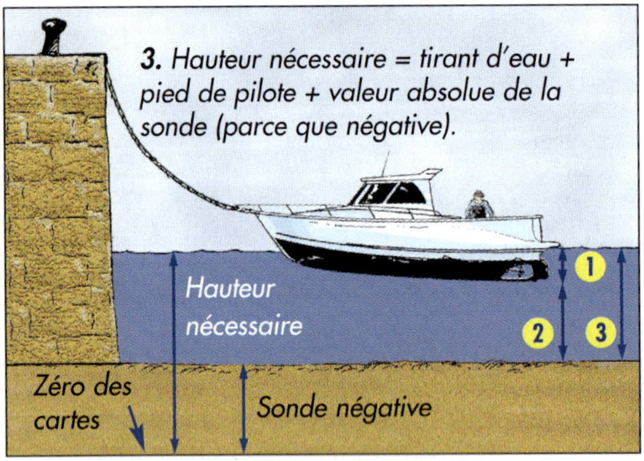

1 *Tirant d'eau.*

2 *Pied de pilote.*

3 *Profondeur souhaitée.*

***4.** Calculer à quelle heure on aura cette hauteur.*

Si l'on n'a pas la sonde de l'endroit, ce qui est pourtant nécessaire pour les calculs liés à l'opération de carénage, il faudra la calculer.
On mesurera la profondeur à un instant donné (à pleine mer simplifierait les calculs puisqu'on aurait d'emblée la hauteur dans l'annuaire).
À défaut, on calcule la hauteur pour l'heure du relevé.

Solution : venir mesurer la profondeur et noter l'heure. On mesure la profondeur à 08 h 30, elle est de 1,10 m.

Sonde = profondeur - hauteur

Rechercher la hauteur pour 08 h 30 et l'ôter de la profondeur (le résultat sera bien sûr négatif).

- L'annuaire corrigé donne :

PM 07 h 00	hauteur 5,10 m
BM 12 h 42	hauteur 0,30 m

On voit que le marnage est 5,10 m – 0,30 m = 4,80 m et 1/12° = 0,40 m.
La baissée dure 5 h 42 ; l'heure/marée est 5 h 42 : 6 = 0 h 57

Disséquons le phénomène :	à 07 h 00	la hauteur est de	5,10 m
La 1re heure/marée dure	+ 00 h 57	l'eau descend de	– 0,40 m
La fin de la 1re heure est à	07 h 57	la hauteur est	4,70 m
La 2e heure commence à	07 h 57	la hauteur est de	4,70 m
La 2e heure/marée dure	+ 00 h 57	l'eau descend de	– 0,80 m
La fin de la 2e heure est à	08 h 54	la hauteur est	3,90 m

Nous cherchons la hauteur à 08 h 30 ou 24 mn avant la fin de la 2e heure.
Si en 57 mn, la mer baisse de 0,80 m, en 1 mn elle baisse 57 fois moins et en 24 mn, 24 fois plus

ou $$\frac{0,80 \text{ m} \times 24}{57} = 0,34 \text{ m}$$

24 mn avant la fin de la 2e heure, l'eau était plus haute de 0,34 m (puisqu'elle baisse) d'où la hauteur à 08 h 30 = 3,90 m + 0,34 m soit **4,24 m**.
Sonde = Profondeur – Hauteur = 1,10 m – 4,24

Sonde = – 3,14 m

C'est une sonde fortement négative (qui découvre beaucoup) ce qui nous permettra d'être longtemps au sec.

Problème B.

À quelle heure faut-il se présenter, le lendemain, pour manœuvrer avec un pied de pilote minimum ?

> **Nota :** il importe de vérifier l'évolution de la marée. Si elle décroît (elle va vers la morte eau), l'eau monte de moins en moins à chaque pleine mer. Si l'on échoue au plein, on peut « s'amortir » (ne pas flotter à nouveau au plein suivant).

Reprenons l'exemple initial :

La sonde est – 3,14 m.

La hauteur minimum pour approcher est donc égale à :

	sonde négative	+	pied de pilote	+	tirant d'eau	
ou	3,14 m	+	0,16 m	+	1,35 m	= **4,65 m**

L'annuaire indique pour le lendemain soir, un plein à 19 h 45 avec une hauteur de 5,05 m. Il n'y a pas de risque d'amortir et l'on peut approcher en marée montante dès que la hauteur atteint 4,65 m, et jusqu'à ce que la marée descendante ramène la hauteur à 4,65 m.

Compte tenu de l'heure matinale, on décide de se présenter le plus tard possible. On recherche donc l'heure pour cette hauteur pendant le jusant (marée descendante).

L'annuaire donne :	PM 7 h 18	hauteur 5,25 m
	BM 13 h 54	hauteur 0,20 m

Le marnage est de 5,05 m et 1/12° = 0,42 m.

La baissée dure 6 h 36, l'heure marée est donc 1 heure 6 minutes.

Disséquons le phénomène :	à 7 h 18	la hauteur est de	5,25 m
La 1re heure/marée dure	+ 1 h 06	la mer descend de	– 0,42 m
La fin de la 1re heure est à	8 h 24	la hauteur est	4,83 m
La 2e heure commence à	8 h 24	la hauteur est de	4,83 m
La 2e heure/marée dure	+ 1 h 06	la mer descend de	– 0,84 m
La fin de la 2e heure est à	9 h 30	la hauteur est	3,99 m

Nous cherchons l'heure pour une hauteur de 4,65 m, c'est-à-dire peu de temps après le début de la 2e heure où l'on a encore 18 cm de « trop ».

Voyons en combien de temps l'eau baisse de 18 cm :

Si l'eau baisse de 84 cm en 66 mn, elle baisse d'1cm en 84 fois moins et de 18 cm en 18 fois plus

$$\text{ou} \quad \frac{66 \text{ mn} \times 18}{84} = 14 \text{ mn}$$

Ajoutons ce temps au début de la 2e heure marée 8 h 24 + 0 h 14 = **8 h 38**

C'est l'heure où la hauteur atteint 4,65 m, heure limite pour se présenter sur l'aire de carénage dans les conditions souhaitées.

Problème C.

À quelle heure la quille sera-t-elle à sec ?

Cela se produit quand l'eau se retire de l'endroit où la quille est posée c'est-à-dire quand la hauteur atteint la valeur de la sonde.

Dans l'exemple choisi, la quille est au sec quand la hauteur passe au-dessous de 3,14 m.

Pour connaître l'heure à laquelle la hauteur atteint 3,14 m, on poursuit, comme plus haut, l'examen de la baissée en partant de la fin de la 2e heure.

La 3e heure commence à	9 h 30	la hauteur est de	3,99 m
La 3e heure/marée dure	+ 1 h 06	la mer descend de	– 1,26 m
La fin de la 3e heure est à	10 h 36	la hauteur est	2,73 m

La hauteur a atteint 3,14 m pendant la deuxième moitié de l'heure puisque 41 cm seulement la séparent de la hauteur à la fin de l'heure.

Nous raisonnons donc par rapport à la fin de l'heure pour une meilleure précision. Voyons en combien de temps l'eau baisse de 41 cm.

Si l'eau baisse de 126 cm en 66 mn, elle baisse d'1 cm en 126 fois moins et de 41 cm en 41 fois plus

$$\text{ou} \quad \frac{66 \text{ mn} \times 41}{126} = 21 \text{ mn}$$

Retranchons ce temps à la fin de la 3e heure : 10 h 36 – 0 h 21 = **10 h 15**

À **10 h 15**, on peut commencer les travaux à pied sec.

On calculerait de la même façon **l'heure du retour de l'eau et l'heure où l'on flottera de nouveau.**

Pour s'économiser des calculs, certains ajoutent après la basse mer le même temps qu'il a fallu pour atteindre cette basse mer.

La symétrie n'existant pas dans le mouvement de la marée, on introduit généralement ainsi des erreurs de 15 à 30 minutes.

13. La sécurité / Un homme à la mer

LES PRINCIPES GÉNÉRAUX

Il y a une «stratégie de la sécurité» basée sur de grands principes constants et qui sont à adapter selon votre cas. Elle consiste à avoir réfléchi au pire et à avoir préparé un petit tableau de l'action à mener pour être sûr de faire la bonne manœuvre et de gagner un temps précieux quand le problème surgit brutalement. Autant le pessimisme ou le «catastrophisme» sont à éviter sur un navire, autant il est utile, au contraire, d'avoir envisagé toutes les situations.

■ Avant appareillage

Faire les vérifications spécifiques au bateau avec une «check-list», que vous aurez dressée et mise au point dès les premières sorties.
Les points essentiels sont les suivants.
- Pas d'eau dans les fonds.
- Pleins de carburant.
- Arrimage du matériel.
- Étanchéité des ouvertures.
- L'information météorologique.
- Matériel de sécurité.
- Avitaillement, eau, vêtements chauds.

■ La navigation côtière

- Documents suffisants et à jour.
- Cartes annuaires.
- Instructions nautiques.

Choix de la Route

- La sûreté des zones fréquentées.
- Des aides à la navigation, (balisage, phares, etc.).
- Toujours à plus d'une largeur de pouce d'un danger, (c'est une vieille règle qui définit une marge de sécurité qui varie avec l'échelle de la carte. Elle est suffisante si on utilise la bonne échelle).

La position

- Fréquence suffisante du pointage (et d'autant plus qu'on va vite ou qu'on approche de côte).
- Qualité contrôlée par l'estime. Point réalisé par plusieurs moyens, cohérence entre résultats.
- Ne jamais confier sa sécurité à un seul appareil (traceur de route, par exemple).

L'atterrissage

- Choix du point par la carte et les instructions nautiques (ou publications équivalentes), côte élevée, accore, phare puissant...
- Distance de sécurité par rapport aux dangers.
- Axes de chenalage repérés et connus.
- Feux répertoriés de nuit.
- Plan du port.

LES AVARIES

Avoir des check-lists adaptées à chaque cas, avec, dans l'ordre, les actions d'urgence à accomplir.

Nota : les rappels ci-dessous sont incomplets.

■ L'incendie

La prévention journalière contre l'incendie, revêt un caractère beaucoup plus aigu quand on utilise de l'essence. Ne jamais tolérer d'odeur de carburant à bord (car il y a fuite et vapeurs et risque d'explosion).
Le risque est maximum, quand on réunit odeurs d'essence et fumeurs imprudents.
Les origines principales d'incendie se situent :

- En cuisine.
- En cabine du fait d'un fumeur.
- En local moteur.
- Sur l'installation électrique.

Les gestes essentiels

- Fermeture des robinets gaz/carburant.
- Ne pas ouvrir le local, étouffer sous une couverture.
- Refroidir, arroser l'environnement.
- Utiliser les extincteurs.

Le matériel d'intervention

- Indiquer sa position.

Voie d'eau

- Position des vannes.
- Position du matériel de lutte.
- Pompes en route.

CET AIDE-MEMOIRE EST D'AUTANT PLUS UTILE SI LE BATEAU EST UTILISE PAR PLUSIEURS EQUIPAGES.

■ Le mauvais temps

Refaire les vérifications avant appareillage.
- **Amarrage** des corps mobiles.
- **Etanchéité** : panneaux, hublots, vannes, portes fermées (éventuellement ruban adhésif, condamner les ventilations «de confort» sauf moteurs et batteries).
- **Stabilité** :
• descendre toutes les charges possibles,
• faire asseoir les passagers,
• éviter les déplacements de groupe.
- **Autonomie** : à la cape, tourner sur le seul moteur sous le vent.
- **Sécurité** des personnes : brassières, harnais pour ceux qui doivent aller à l'extérieur.

■ L'abordage

C'est un événement qui peut provoquer une voie d'eau, des blessés et même une évacuation du bateau. L'abordeur vous doit assistance, il doit vous remorquer par exemple, si vous ne pouvez rentrer seul.

■ L'évacuation

Ne jamais évacuer un navire qui continue à flotter.
- Capeler les brassières.
- Passer un message radio «May Day».
- Vérifier l'amarrage du radeau pneumatique, le gonfler, y jeter des vêtements chauds, de l'eau, de la nourriture, des cartes et du matériel de navigation, la VHF portable, etc.
- Y amarrer l'annexe.

Pour tout accident grave, où votre responsabilité serait engagée, vous serez jugé comme marin et suivant l'application que vous aurez fait des règlements, règles de barre etc. L'homicide par imprudence pourra être retenu si des preuves d'infraction aux règles de barre ou de négligence grave étaient établies contre vous.

Un homme à la mer

GÉNÉRALITÉS

Les cinq minutes qui suivent la chute d'un homme à la mer sont déterminantes pour sa survie surtout en Atlantique Nord. Ses chances deviennent infimes, si, dans cette courte période, son équipage n'a pas pris les dispositions essentielles pour le positionner et s'en rapprocher.
C'est une manœuvre à laquelle on doit être entraîné. S'il vous paraît ridicule de commencer une croisière qui s'annonce idéale par une telle manœuvre, sachez que les professionnels exécutent régulièrement ces exercices qui sont obligatoires dans le transport de passagers.
Ainsi donc, en capitaine responsable, vous organiserez des exercices de récupération d'homme à la mer, et vous constaterez qu'une certaine mise au point s'impose si la bouée couronne ne se largue pas bien, si la présentation n'est pas très bonne, si au dernier moment on n'a pas trouvé la gaffe, ou, pis encore, si on n'avait pas enfoncé le bouton MOB du GPS.
Les raisons de tomber à la mer sont multiples. La première est le coup de mer qu'on n'a pas vu venir, mais sur les petits bateaux modernes très motorisés, une action trop brutale sur la manette des gaz peut facilement déséquilibrer un passager non prévenu.
Une personne en bonne santé tient 5 à 7 mn dans l'eau sans perdre beaucoup de ses moyens. La manœuvre appropriée pour la récupérer, dure entre 30 s et 1 mn suivant la taille du bateau.
Il est donc tout à fait inutile d'augmenter la vitesse (qui élargit le virage), il faut au contraire, moduler cette vitesse pour être **certain de réussir la manœuvre**.
On évolue donc selon une courbe assez ample pour finir par une ligne droite, afin de régler au mieux son écartement avec l'homme, tout en cassant son erre. Cette manœuvre est indépendante du courant, (sauf quand le courant porte sur des dangers immédiats ; dans ce dernier cas, on mouille et on met à l'eau une annexe). En effet, l'homme et le bateau étant portés par le même courant, leurs positions relatives n'en sont pas modifiées.

En revanche, le bateau est soumis au vent qui le fait dériver, ce qui n'est pas le cas pour l'homme. Le bateau stoppé «au vent» de l'homme, s'en rapprochera donc. C'est le raisonnement qui commande la manœuvre de récupération sur tout bateau de quelque importance. On vient se placer «au vent» de l'homme pour le protéger de la mer et du vent, et l'on dérive vers lui en position «d'équilibre stoppé».
Si la mer est agitée, l'approche du bateau n'est pas sans danger pour l'homme. L'étrave soulevée par le clapot peut retomber sur l'homme et lui briser la nuque. Il faut donc se présenter pour aborder l'homme au milieu ou à l'arrière du bateau. (hélices débrayées).
Sur de très petites unités à faible franc-bord, qui ne peuvent constituer une protection contre la mer, cette théorie ne tient plus et il faut au contraire aborder l'homme, avec l'avant du navire, en approchant sous le vent. On le tiendra ainsi plus loin de l'hélice et on le saisira directement pour le hisser à bord.
Sur des vedettes importantes, il est impossible de remonter un homme à bord autrement que par la plage arrière ou par un portillon arrière. Un naufragé en hypothermie ou tétanisé ne peut tenir un cordage ou enfiler un harnais et l'on pourra être amené à utiliser une annexe ou à mettre un plongeur à l'eau pour l'assister. La présence d'une échelle ou d'un palan est désormais obligatoire.

LA MANŒUVRE

■ L'alerte

Dès que l'alerte est donnée, marquer la position sur l'eau, par une bouée, un coussin, une défense, une brassière ou tout objet flottant qui se trouve à portée [(1)].
Marquer la position en navigation en appuyant sur la touche MOB (*Man Over Board*) du GPS. L'appareil donnera ensuite en permanence la route et distance vers ce point.
Si l'homme est en vue, désigner quelqu'un qui ne le quittera pas des yeux.

■ L'évolution

La tradition veut qu'on vire du bord où l'homme est tombé, pour le dégager des propulseurs. Sur nos petits bateaux, cela ne veut pas dire grand-chose, car l'homme est déjà dans le sillage quand on commence la manœuvre. Même réflexion sur un grand navire, quand l'alerte parvient en passerelle.

[(1)] Les flotteurs avec une longue ligne flottante permettent de rattraper une manœuvre ratée et rendent efficace un mouvement tournant.

Tout d'abord, repérer l'axe du vent, (par sa trace sur l'eau ou par des fumées ou des pavillons) et manœuvrer pour se présenter près de l'homme, au vent à lui, en position d'équilibre stoppé (sensiblement travers au vent).
Ainsi le navire n'évoluera plus et se contentera de dériver vers l'homme. Voir les dessins des évolutions de principe. La manœuvre varie avec l'angle que fait la route avec le vent au moment de l'accident.

Manœuvre de principe.

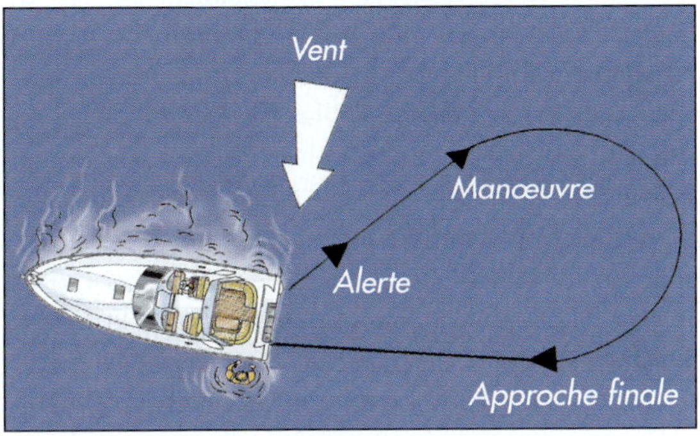

L'homme tombe «au vent».

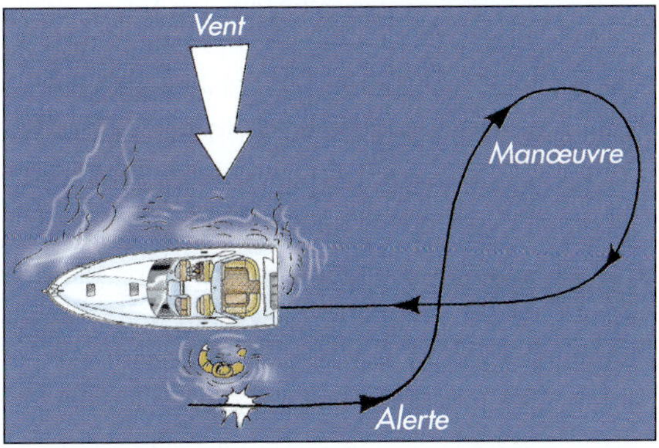

On a intérêt à renverser le sens du virage pour être rapidement bien placé.

L'homme tombe «sous le vent».

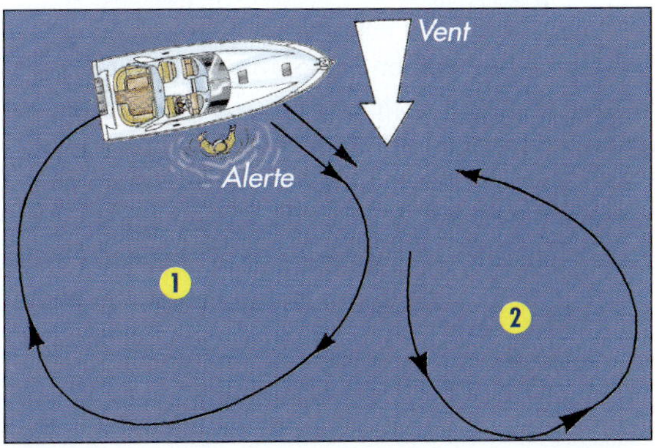

On décrit un large cercle 1.
Si on souhaite ramasser de l'autre bord, il faut renverser le sens de virage 2.

■ L'approche finale

Elle se réalise à vitesse décroissante, en ligne droite, en laissant l'homme à faible distance sous le vent. Cette distance varie beaucoup avec l'état de la mer. C'est le moment délicat et tout peut encore rater.
De plus, l'un des risques majeurs, dès que la mer est formée, est d'approcher trop l'étrave de l'homme. Cet avant qui monte et descend dans la mer peut abattre fortement en retombant, et alors même qu'on se croyait suffisamment éloigné de l'homme, retomber sur lui et le tuer. Plus il y a de vent, plus on prend d'écartement, car on sera, de toute façon, rapidement ramené par la dérive due au vent.
Par temps calme au contraire, on aura à se méfier de l'effet évolutif de l'hélice qui prendra alors toute son importance, sur un monomoteur.
Si on se présente du bord défavorable (l'homme à droite pour un pas d'hélice à droite), l'action de la marche arrière écartera de l'homme. Se présenter pour avoir l'homme à gauche dans ce cas et l'effet de la marche arrière rapprochera de l'homme. Avec plus de quinze nœuds de vent de travers, l'effet «à écarter» de la marche arrière est annulé par l'effet du vent.
Débrayer avant d'être sur l'homme. Si on est un peu loin, le vent nous rapproche. On peut lui jeter un flotteur avec une ligne qui permettra de le déhaler vers le bord. Dès qu'on peut l'atteindre, « l'assurer » avec un cordage passé sous les bras pour qu'il ne coule pas (à cause d'une crampe, d'un malaise). La difficulté à remonter le naufragé est directement liée à l'importance du franc-bord, à son état de conscience et à son poids. Ramenez-le vers l'échelle de bain. S'il est inconscient ou tétanisé par le froid, il faudra qu'un sauveteur lui passe un harnais et vous devrez le hisser au palan. Faites un essai à l'occasion d'une baignade, vous apprendrez beaucoup de choses.

LA MANŒUVRE DE NUIT[1]

■ Sur bouée à feu

(Ce matériel **désormais toujours obligatoire** est malheureusement peu fiable).
Le bon fonctionnement du feu prend ici toute son importance.
Si la bouée a été lancée sur une bonne position, on manœuvre par rapport à elle, comme de jour, mais plus largement et plus lentement et avec des veilleurs en abord. Se positionner très largement au vent du feu. **Couper les moteurs, écouter...**
Si l'homme est en surface, il vous voit. Il appellera ou sifflera (les brassières ont un sifflet dans une pochette en haut à gauche). Mettre l'annexe à l'eau avec des gens équipés de lampes, ou faire route vers les appels au ralenti. Veiller à l'avant et sous le vent. Utiliser le projecteur de pont. Si la position du feu est imprécise, il reste le GPS.

[1] *On procède de même par brouillard dense.*

■ Au GPS

Si la fonction MOB a été enclenchée au bon moment, le naufragé retrouve une bonne partie de ses chances de survie, car l'appareil va vous indiquer à tout instant la route et distance vers lui avec une précision de l'ordre de 10 m s'il n'y a pas de courant.
Manœuvrer comme indiqué précédemment, pour aborder la zone d'incertitude «au vent». Couper les moteurs et écouter, on va ainsi traverser la zone en dérive.

Venir sur le point GPS.

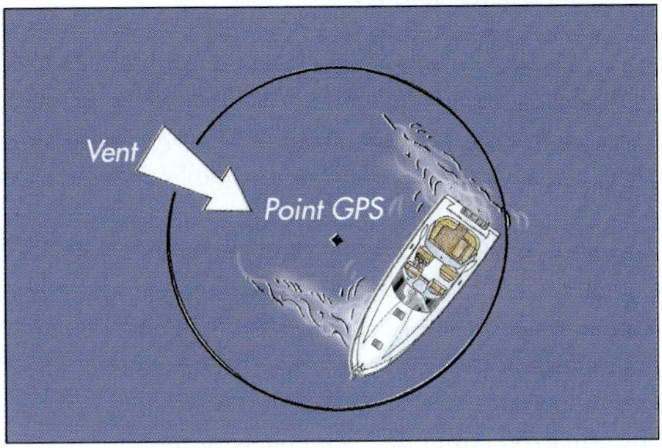

Arriver «au vent» de la zone grâce au GPS. Traverser la zone en dérive. Ensuite, patrouiller à partir du Centre (point GPS).

Si on a une annexe, la mettre à l'eau au centre présumé de la zone et commencer une patrouille en décrivant des orbites de plus en plus larges. Manœuvrer à l'aviron plutôt qu'au moteur. L'écoute est primordiale.

Attention : la position MOB du GPS est une position fond, mais l'homme dérive avec le courant. Avec un nœud de courant et une évolution classique de 40 secondes, l'homme sera déjà à 20 m de la position MOB.

■ A l'estime

On n'a pas de marquage et le retour sur la position résulte d'une estime réduite sommaire mais suffisante.

On distingue deux cas :
1. On va à moins de 10 nœuds et on voit l'homme tomber, casser l'erre très rapidement en notant le **cap suivi**. Se retourner (vers le vent) au plus court. Faire route inverse à petite vitesse, en corrigeant une éventuelle dérive au double de sa valeur estimée.
Par exemple, on estime avoir parcouru 100 m en route au nord est avec 5° de dérive par vent de nord ouest, on fait demi tour par virage à gauche, à cause du vent, et l'on fait route au cap 180° majoré de deux dérives soit 190°. Si la vitesse est réduite à 2 nœuds (1 m par seconde), on sera à l'endroit où l'homme est tombé au bout de 100 secondes (1 mn 40 s).

Manœuvrer à l'estime.

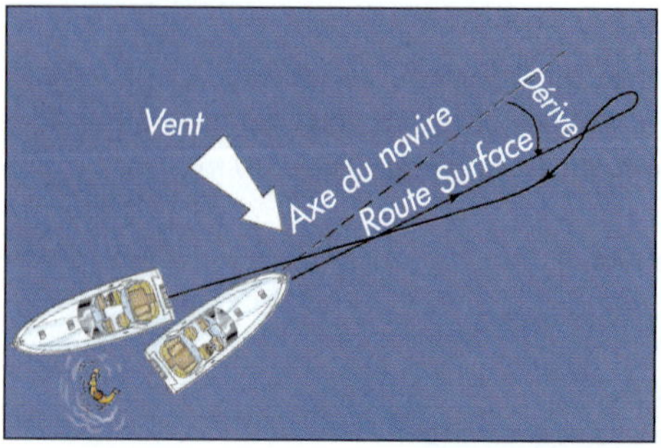

Ces méthodes d'estime réduite, seul moyen restant à notre disposition, sont d'autant plus précises que le vent est faible, et que le pilote a conservé sang-froid et lucidité pour apprécier avec précision les temps écoulés.

2. On va vite (un certain délai s'est écoulé depuis que l'homme est tombé) : lancer le chronomètre ou noter l'heure, maintenir le cap et le régime le temps de noter les éléments de navigation (route et vitesse). Prendre le top et effectuer un retournement de Boutakoff (voir le dessin ci-dessous), cette manœuvre doit nous ramener sur notre sillage en route inverse.
Remonter le sillage sur la distance parcourue en sens inverse dans la mesure où on aura pu la déduire des tops horaires. Utiliser une vitesse calibrée faible, par exemple 4 nœuds (2 mètres/seconde). Préparer un marquage du point de chute estimé par moyen lumineux lampe torche sur une bouée avec lest, ou mieux fumigène 30 minutes.
Si le vent est calme, on revient sensiblement là où l'homme est tombé.

■ Le retournement de Boutakoff

Cette manœuvre s'exécute normalement suivant un minutage précis, avec un taux de virage constant dans le but de revenir sur le sillage au cap inverse.

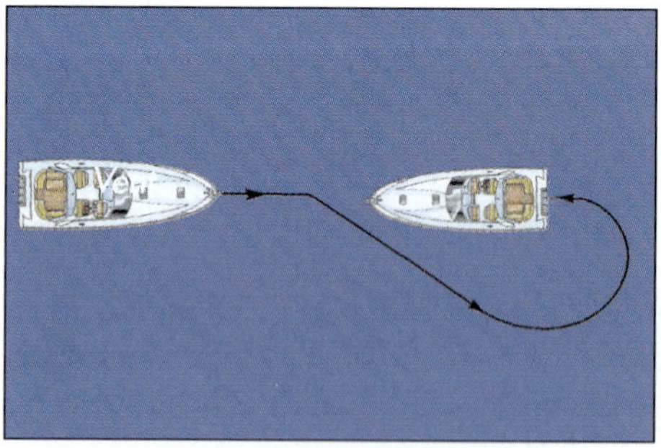

Dans l'urgence, on met barre toute d'un bord. Quand le cap a changé de 40°, on renverse le virage en mettant barre toute de l'autre bord. Il est important de connaître pour votre navire l'angle qui vous fait retomber exactement sur votre sillage.

Si le vent est frais, on termine la recherche du point de la chute sous le vent de ce point. La dérive due au vent peut se situer entre 1 et 2 nœuds. Si la dérive est d'1 nœud ou 0,5 m/s et que l'évolution a duré 3 mn, on se trouve à environ 90 m sous le vent de l'homme.

Mouiller un fumigène 30 mn (ou toute autre source lumineuse sur flotteur lesté). Ce point marquera l'extrémité sous le vent de la zone de recherche.
Relever le vent au compas et faire route face à lui, par exemple à 2 nœuds (1 m/s). 90 s plus tard, couper les moteurs et écouter. Si notre estime est correcte, on est tout près de l'homme.
Remettre en route face au vent, même vitesse pendant 90 s. Stopper, mouiller un second marquage lumineux. C'est l'extrémité au vent de notre zone de recherche. L'homme doit se trouver entre les deux points lumineux.
Elargir la recherche en patrouillant très lentement selon une grande sinusoïde, le long de l'axe balisé par les marqueurs.

Rappel : le courant est sans effet sur les évolutions ci-dessus, les marqueurs, l'homme et le navire sont soumis au mouvement de la masse d'eau de la même façon.

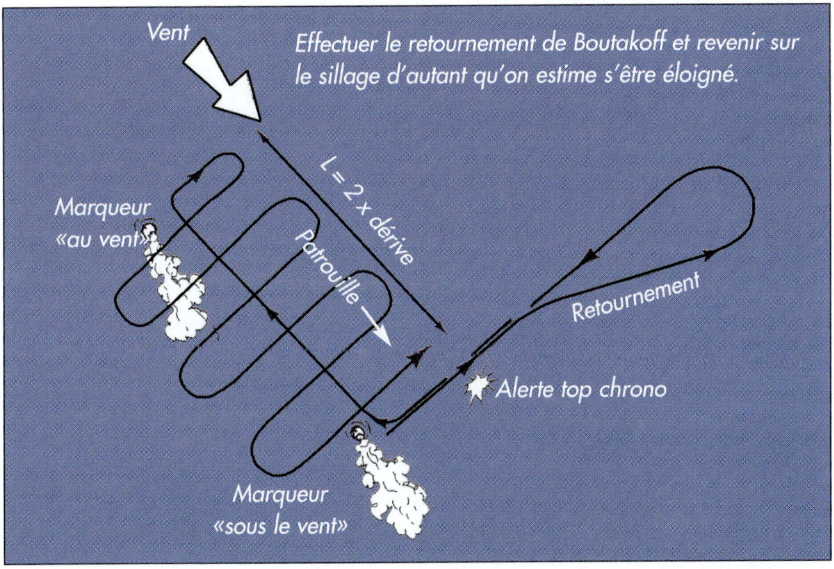

Remonter vers le vent de 2 fois la dérive supposée. Patrouiller sur cet axe. Les branches de la patrouille seront espacées d'une distance égale à la visibilité. L'homme devrait se retrouver au milieu du segment balisé par les deux marqueurs.

Au-delà de 10 mn, si l'homme n'est pas retrouvé, préparer et lancer le message «PAN, PAN, PAN» sur VHF canal 16 avec le nom du navire, la position, et tous les renseignements qui pourront aider la recherche, force et direction du courant, météo sur la zone etc. afin d'obtenir l'assistance d'autres moyens pour la recherche.

Conclusion : on voit que les chances de survie du naufragé résident dans
- **sa capacité à se maintenir sur l'eau** : brassière, veste ou pantalon flottant
- **sa capacité à se signaler** : lampe de poche ou frontale, sifflet, vêtements réfléchissants.
- **sa capacité à rester conscient** : vêtements chauds, adopter la position du fœtus.

Enfin, si, le sang-froid et la méthode du pilote, la présence d'esprit de l'équipage peuvent faire des miracles, l'entraînement aura une grande part dans la réussite du sauvetage.

Il est très difficile de sauver un homme tombé à la mer par mauvais temps et a fortiori de nuit, et aucun marin expérimenté ne vous fera le reproche de n'y être pas parvenu. Mais c'est une négligence coupable que de ne pas prendre en temps utile les précautions qui s'imposent telles que le port d'une lampe étanche de nuit, le port de brassières et de harnais, le port de vêtements chauds et voyants et de ne pas s'astreindre régulièrement à des exercices.

14. L'échouement ou l'échouage accidentel

L'échouement peut-être le résultat d'une avarie, panne de moteurs ou de barre, mais c'est le plus souvent la conséquence d'une négligence ou d'un excès de confiance en soi qui ont conduit à une erreur de navigation.
Ni l'expérience, ni la fréquentation régulière des lieux ne préviennent totalement un échouement.
Quand la chose se complique d'une rapide dégradation des conditions météorologiques, l'événement peut passer de l'anecdote amusante de vacances au drame de mer et la perte du bateau.
En matière d'échouement, tout sera donc affaire de circonstances et de bateau.
En effet, nombreux sont les navires à moteur qui ne peuvent échouer. Les coques planantes où la recherche de performances a conduit à supprimer tout aileron de protection des hélices, subissent d'emblée de graves avaries au premier contact avec un fond dur.

Coque planante.

Même avec un « Z-Drive », on aura au minimum l'hélice à changer.

En mer à marées, si on échoue en flot, il suffit en principe d'attendre un peu pour flotter de nouveau. Si on échoue en jusant (mer descendante), il faut, par contre, réagir très vite ou se résigner à passer plusieurs heures au sec. C'est pourquoi, un marin avisé, attendra la marée montante (le flot) pour remonter une rivière mal balisée ou qu'il connaît mal.
De même, si échouer en eaux abritées, à très faible vitesse et sur un fond mou, est généralement sans conséquences, talonner durement, à grande vitesse, sur une roche, provoquera toujours des avaries majeures avec voies d'eau et passagers blessés ou projetés à la mer.

LES CIRCONSTANCES

Quelles que soient ces circonstances, il faut aussitôt **débrayer les hélices et rien d'autre.**
Ensuite réfléchir et tenter d'établir un diagnostic sûr, afin de ne rien entreprendre qui aggraverait la situation. Ce que l'on tente dans la hâte et au hasard est souvent inefficace et toujours dangereux.
On peut très bien être dans une situation, ou il y a autant de risques à faire en arrière qu'en avant.

Il y a risque à faire arrière.

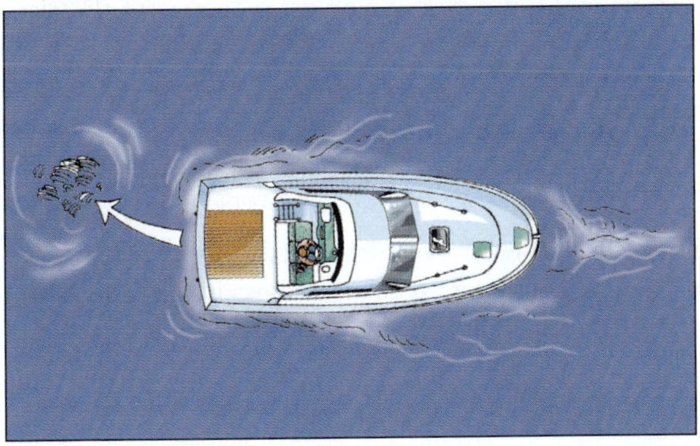

Le courant ou l'effet évolutif de l'hélice peut rabattre sur une roche en abord.

Il faut donc déduire, de la nature de l'échouement, ses conséquences possibles et la conduite à tenir :
- la façon dont le bateau s'est arrêté ,
- les bruits, chocs, frottements, entendus à cette occasion,
- la rapidité de l'arrêt,
- la position du bateau après l'arrêt,
sont des indications déterminantes.

Voyons les choses cas par cas.
1. Le bateau s'arrête doucement, sans aucun bruit, il reste droit.
On est sur un banc de vase molle, en pente douce, la chose se confirmera en regardant sur l'arrière où l'hélice brasse une eau limoneuse. Il suffit de battre en arrière aussitôt, pour sortir de ce mauvais pas[1].

2. Le bateau s'arrête plus rapidement avec des crissements, il accuse d'emblée une légère gîte. On peut penser qu'on est sur du sable dur ou du gravier. Vérifier qu'il n'y a pas d'obstacle sur l'arrière, faire gîter au maximum pour diminuer le tirant d'eau et battre en arrière.
Si le bateau est nettement gîté, voire posé sur une quille d'angle, il y a peu de chances qu'on puisse le dégager en faisant arrière. Ne pas insister si l'on n'a pas réussi au troisième essai. Là aussi, on aspire du sable qui peut détériorer le rouet de la pompe de refroidissement (facile à visiter).
Si l'ambiance est à la baignade, on peut mettre à l'eau un ou deux équipiers robustes qui pourront décoller, en poussant sous l'étrave, un bateau n'excédant pas 7,50 m.

Si vous êtes seul, ne faites pas comme cet ami qui s'étant échoué par un bel après-midi d'été sur un banc de vase dure, s'était mis à l'eau pour décoller son bateau. Le bateau remis à flot fut rapidement entraîné par un vent frais, le skipper n'eut que le temps de saisir un pied du balcon arrière et, sans pouvoir remonter à bord, il fut remorqué jusqu'au fond du port, où il arriva un quart d'heure plus tard... dans la tenue d'Adam.
La chose eut été moins drôle si les vents avaient poussé au large ce jour-là.

3. On s'arrête mollement mais avec des petits chocs d'hélice. On est dans une vase à cailloux. On ne peut battre en arrière sans risquer d'endommager sérieusement les hélices. On ne le fera que si la situation du bateau est particulièrement précaire.
Il est préférable, quand les circonstances le permettent, de porter une ancre vers une zone favorable pour se dégager. On déhale ensuite dessus avec le guindeau (à défaut un palan ou tous les gros bras du bord).

[1] *Bien rincer ensuite, le circuit de refroidissement qui peut avoir absorbé beaucoup de vase ; surveiller la température moteur, il arrive que des animaux se développent ensuite dans les tuyauteries et les obstruent, surtout quand le bateau reste inutilisé pendant une longue période.*

Porter une ancre, virer sur une ancre.

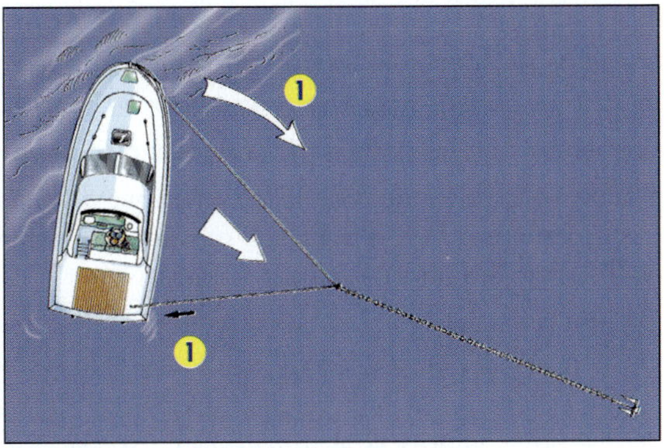

1 Placer l'ancre pour faire pivoter vers des zones de meilleurs fond.

2 A défaut de guindeau, on peut « bosser ». La traction est plus forte.

Dans ces tentatives, l'assiette du bateau joue un rôle essentiel, et l'on utilisera tous les poids mobiles et le poids de l'équipage pour donner au navire l'assiette correspondant au tirant d'eau minimum (en principe, gîté sur un bord et sur le nez). On peut aussi alléger le navire en chargeant l'annexe.

4. On s'arrête très brutalement, avec plusieurs chocs sourds, l'équipage est projeté en avant, le bateau accuse d'emblée une gîte marquée ou pivote sur lui-même. On a talonné sur une roche. Débrayer les hélices. Vérifier que personne n'est blessé ou passé par-dessus bord. Visiter les fonds.

■ Si on ne fait pas d'eau

Si la position est dangereuse, on devra tenter le déséchouement. Il y a beaucoup de risques à utiliser les moteurs, et sauf cas particulier ou urgence extrême, on devra préférer les manœuvres d'ancres ou la remorque d'un autre navire.
En tout cas, observer et vérifier qu'aucune roche ne se situe sur notre trajectoire possible. Attendre éventuellement le secours de la houle ou du sillage d'un navire pour agir au moment où l'eau est la plus haute.
Si un chalutier vous propose de vous décoller de votre perchoir, évaluez bien les risques. Il sera trop tard pour regretter votre choix quand vous en serez à jouer à saute-mouton sur les têtes de roches, inexorablement tiré par un filin d'acier gros comme un manche de pelle.

■ Si on fait de l'eau

Mettre les pompes en route, si la mer descend, le problème va rapidement trouver sa solution par une mise à sec naturelle et on pourra aviser.

Couper les moteurs avant qu'ils manquent d'eau.

Attention à la posée du bateau : car on risque d'abîmer la coque plus qu'elle n'est. On risque aussi de voir le bateau chavirer ou riper sur ses posées, de telle sorte qu'il se remplira d'eau au retour du flot.

On préparera donc des calages et protections avec des défenses, des panneaux de plancher, etc. qu'on glissera entre la coque et la roche.

Éviter le chavirement / Protéger les posées.

Quand on est à sec, on visite les hélices, les gouvernails, la coque. On traite la voie d'eau par l'extérieur si elle est accessible (c'est malheureusement rarement le cas).

On peut alors, par l'intérieur, appliquer fortement sur la coque un panneau enduit de Rubson® ou Sikkaflex® qu'on maintiendra par une épontille. La SNSM construit souvent avec succès, une boîte en contre-plaqué dans laquelle on injecte de la mousse expansive, qui fait l'étanchéité. Si l'avarie se situe dans un coffre ou sous une banquette, il suffit donc d'injecter cette mousse (avec circonspection, car elle dilate beaucoup), mais encore faut-il avoir le produit.

■ Si la mer monte

Le déséchouement va se faire naturellement et c'est la lutte contre la voie d'eau qui devient prioritaire. De plus il faut éviter d'être monté plus haut par le vent ou le ressac, et, dans ce but, on établira dès que possible, un mouillage fiable vers des eaux saines.

Dans un premier temps, on mettra tout le monde disponible sur l'assèchement (pompes électriques, pompes à main, seaux).

Rechercher l'origine de la voie d'eau, ne pas perdre de temps à ausculter des caissons où l'eau est noirâtre, donc non renouvelée, chercher là où l'eau est claire.

Les fissures se colmatent avec un chiffon forcé en place avec un couteau, un tournevis ou un couteau à enduire. Sur les bateaux métalliques on pratique de la même façon avec de la feuille de plomb poussée au burin.

Dans certains cas un baluchon de tissu très serré peut être appliqué fortement sur la voie d'eau par une épontille de fortune (aviron, panneau, etc.).

Dès qu'on contrôle la voie d'eau, penser à surélever les équipements essentiels tels que les batteries. (s'il devenait nécessaire de lancer un appel radio, la VHF du bord porterait à 30 milles alors que la VHF portable ne dépassera guère 2 à 5 milles).

Si on échoue dans une mer sans marée, l'eau n'envahira pas au-delà de la flottaison (par beau temps), on commencera donc par sauvegarder le matériel essentiel en le surélevant.

Conclusion :
- débrayer les hélices,
- ne manœuvrer qu'après s'être assuré qu'on peut le faire sans risque grave,
- couper les moteurs si l'on risque d'engorger les circuits de refroidissement,
- pouvoir porter une ancre au vent ou en amont dans le courant est une précaution très souvent essentielle.

15. Les avaries courantes

L'HÉLICE ENGAGÉE

Sur les navires à ligne d'arbre, une aussière qui tarde à rentrer à l'appareillage, un pilote trop pressé, et voilà une hélice engagée et la sortie compromise.
Avec des équipements de plongée et si la température et la couleur de l'eau s'y prêtent, on aura vite ramené le problème à un incident mineur. Prenez toutefois l'habitude de ne pas embrayer, surtout en arrière, sans vous assurer que les hélices sont claires. Mieux : faites-le annoncer par les équipiers de la plage arrière.
Il est fréquent qu'un cordage du bord fausse un arbre d'hélice et même la chaise de support dans le cas d'arbres suspendus. Cela arrive rarement si le cordage est libre et attrapé en route.
La solution courante à ce genre de problème est le coupe orin d'arbre. C'est un disque d'acier très aiguisé, ou à dents, ou encore formant massicot avec une pièce fixe. Ce disque placé sur l'arbre, devant l'hélice, sectionne le cordage dès qu'une tension suffisante s'exerce.
Certains bateaux possèdent une solution meilleure consistant en un puits de visite permettant d'accéder à l'hélice depuis l'intérieur. Dans ce cas, on parvient toujours avec un couteau de plongée, à se débarrasser du cordage, du sac en plastique, ou du morceau de filet perturbateur. Cette installation intéressante est cependant rarement rencontrée. Elle n'est possible que pour un tirant d'eau de 80/90 cm maximum.
À noter qu'on se libère plus facilement d'un gros cordage que d'un petit qui aura fait de nombreux tours avant de se manifester.

Puits d'accès à l'hélice.

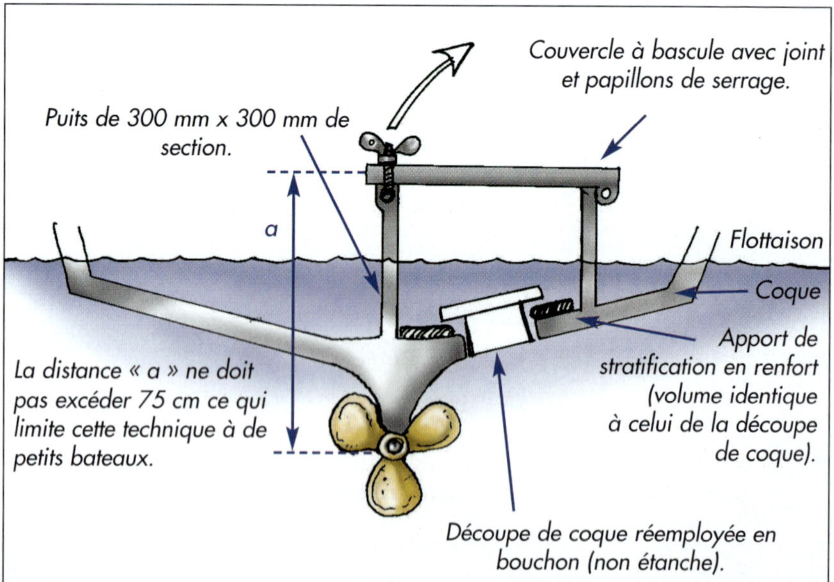

Puits d'accès à l'hélice vu du dessus.

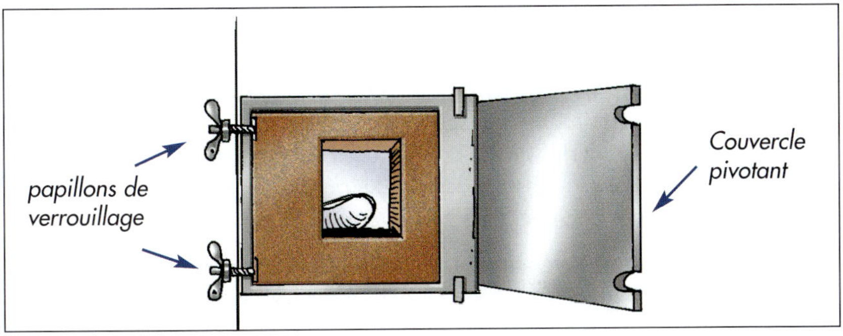

Coupe-orin.

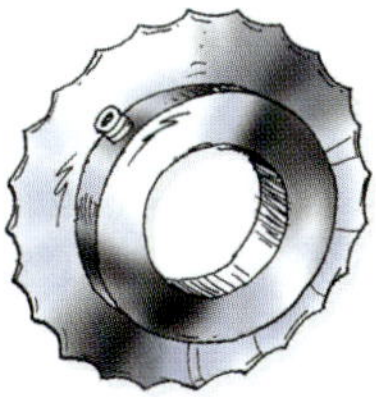

Hélice.

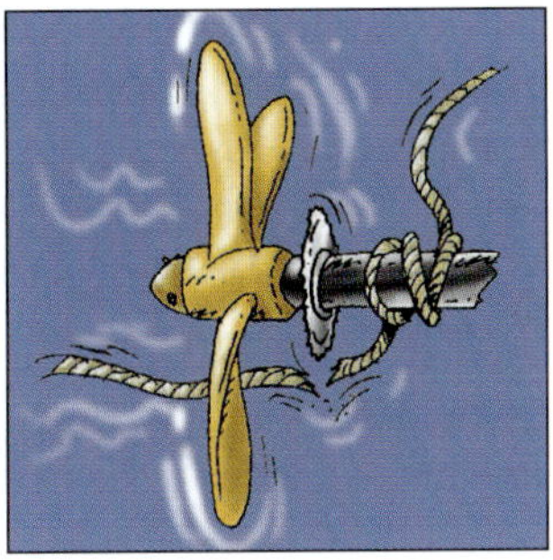

Quand on engage une hélice, on doit comme dans toute situation délicate, faire preuve de calme et de réflexion et ne pas entreprendre de manœuvre précipitée qui compromettrait la suite.

Sur bimoteur, on pourra faire route et gouverner sur un seul moteur et se sortir d'un secteur inhospitalier, pour rejoindre un plan d'eau calme où l'on avisera.

Sur monomoteur à proximité de dangers, il faudra mouiller ou se faire assister par un bateau de passage qui vous remorquera dans une zone plus saine.

Si vous êtes tenu par le bout engagé (cas d'apparaux de pêche importants), le problème de mouillage ne se pose plus. Si on dérive en entraînant le tout, il faut alors couper au plus court et il y a toutes chances pour qu'on puisse manœuvrer et faire route à petite vitesse, le cordage étant de taille modeste.

Dégager le cordage

Si l'arbre n'est pas bloqué faire d'abord les essais suivants :
- débrayer (en principe, c'est fait depuis qu'on a compris ce qui se passe), couper le moteur,
- essayer de reprendre le mou maximum du cordage d'un bout et de l'autre, il est possible qu'on déroule ainsi un tour ou deux,
- couper au plus court un des deux bouts garder l'autre amarré et sous tension,
- embrayer l'hélice dans le sens opposé à celui qu'elle avait quand on a engagé, et faire tourner doucement, par petits coups, au démarreur.

Attention ! Il ne faut pas démarrer le moteur ! On actionnera en même temps l'étouffoir sur un moteur Diesel (allumage débranché sur un moteur essence).

On est dans la bonne voie quand le cordage vient. Dès qu'il repart, changer le sens de rotation (embrayer dans l'autre sens). Ne pas insister trop sur ces manœuvres qui peuvent apporter beaucoup de carburant dans le moteur et compromettre son redémarrage. Bien ventiler sur moteur essence avant de relancer.

Quand on a une plage arrière, l'aide d'une gaffe ou d'un croc est efficace. On peut aussi mettre la tête dans l'eau avec un masque pour voir comment cela se présente.

En désespoir de cause, on coupe au plus court et l'on peut généralement faire route à petit régime.

Sur bimoteur, on peut faire route sur un moteur et ne relancer l'autre que pour la manœuvre de port. Si la remise en route était impossible, penser à s'aider de l'annexe pour l'accostage.

LES PANNES DE MOTEUR

Les pannes moteur ont des origines multiples et il ne s'agit pas d'entreprendre ici, un cours de mécanique. Cependant les pannes de moteur de bateau ont souvent deux causes principales :
- une trop faible utilisation,
- un manque d'entretien adapté.

L'usage trop occasionnel de moteurs stockés en atmosphère humide et saline, conduit, sur les moteurs à essence, à des problèmes d'allumage.

La meilleure façon d'éviter ces pannes est de tenir les cales moteur, aussi propres et sèches que possible et d'y vaporiser régulièrement des produits anti-humidité (WD 40 ou autres) en particulier sur les câblages électriques, prises et boîtiers de raccordement.
On remplacera systématiquement les faisceaux d'allumage, bougies etc. suivant la périodicité prévue par le constructeur, et au plus tard tous les trois ans.
On vaporisera les mêmes produits anti-humidité sur les faisceaux de câblage hors local moteurs et derrière le tableau de bord, quel que soit le type de motorisation.

Les carburants pollués ou dénaturés et les filtres colmatés sont à l'origine de la majorité des pannes d'alimentation.
Les mélanges huile/essence pour moteurs deux temps, sont dénaturés au bout de quelques mois. Ne jamais en conserver d'une année sur l'autre.
La condensation dans les réservoirs est la cause principale de la pollution des carburants (surtout en diesel car l'eau mélangée au gazole crée des lies). Quand les réservoirs ne sont pas pleins, l'humidité de l'air qui stationne au-dessus du carburant se condense à l'occasion des chutes de température nocturnes, des gouttelettes d'eau se déposent sur les parois et ruissellent dans le carburant. Votre réservoir fabrique de l'eau.

La solution consiste à maintenir le réservoir complètement plein, surtout hors saison ou dans les périodes de faible utilisation. C'est, de plus, une sécurité car le risque d'explosion est ainsi fortement diminué (pas de vapeurs au-dessus du liquide). On peut aussi le calorifuger, pour limiter les variations de températures. Si le carburant est pollué, il faut vidanger[1].

Le réservoir fabrique de l'eau.

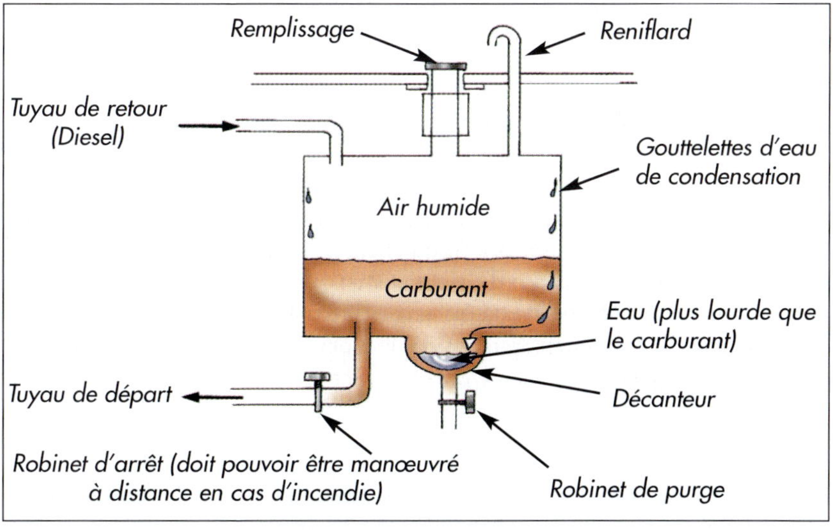

[1] Protéger le moteur avec 2 filtres et un robinet 3 voies. Si on installe de nouveaux réservoirs, les choisir en matière plastique translucide plutôt qu'en métal, on y trouvera 2 avantages : condensation réduite, niveau de carburant visible.

Le double filtre et le robinet 3 voies.

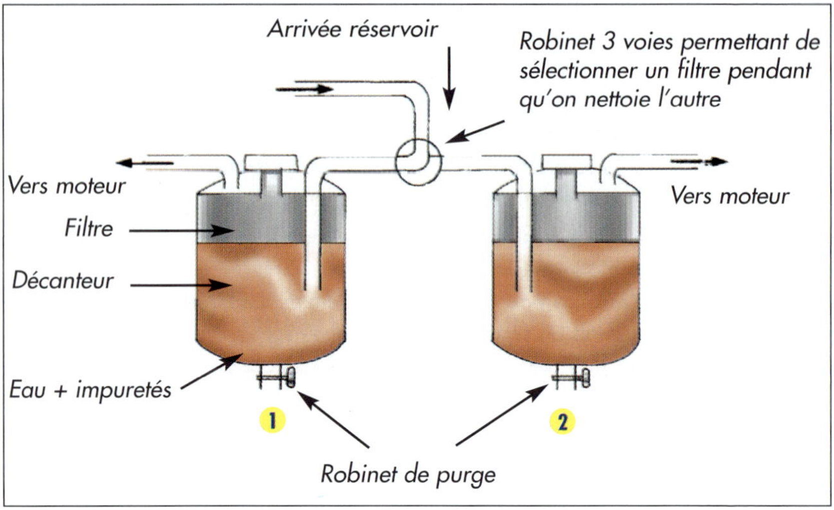

Cette installation permet le nettoyage sans arrêt moteur.
Il évite tout problème de remplissage et tout problème de désamorçage.

Dans le cas fréquent où la vidange ne peut se faire qu'avec une pompe, il faut rincer et pomper à nouveau. Ne pas réutiliser du carburant pollué après décantation ou filtration. Des bactéries ont pu s'y développer, qui pollueront ensuite tout le réservoir.
Les bactéries se développent plus vite par temps chaud.
On trouve des produits anti-bactéries à mélanger au gazole (« Bio-Stop » chez Elf®).
L'autre panne possible sur le circuit de carburant est la prise d'air. Elle conduit au désamorçage du circuit et à l'arrêt du moteur diesel. Elle appauvrit exagérément le mélange du moteur à essence. On peut s'en rendre compte, si le moteur fonctionne mieux avec le « starter » (choke) ou sur position « riche ». Dans tous les cas, on aura une légère fuite, donc une odeur. Il ne faut pas tolérer d'odeur de carburant dans un bateau. En plus d'être désagréable et dangereuse, elle favorise le mal de mer et montre la négligence du propriétaire[1].
Le souci du mécanicien doit être la recherche constante d'une propreté parfaite de la cale moteur (ainsi on détectera aussitôt la moindre fuite). L'entretien régulier et des réglages soigneux vous assureront un service sans surprises.

[1] *Il ne faut pas non plus, tolérer d'odeur de gaz brûlés, qui indique un mauvais état des échappements (les anneaux métalliques raidisseurs des gaines s'oxydent et percent l'enveloppe de caoutchouc qui laisse ensuite passer les gaz toxiques).*

■ Les manœuvres en cas de panne

Si toutefois la panne survient sur monomoteur, si le fond le permet, on envisagera de mouiller. Sur grands fonds (plus de 40/50 m) et si les vents poussent au large, il faut limiter la dérive et confectionner une ancre flottante de fortune, qu'on filera, après l'avoir saisie sur l'ancre, avec 15 à 20 mètres de mouillage.
Si, au contraire, on est près de dangers et poussés vers eux, on filera une bonne longueur de mouillage, de façon à crocher avant d'être sur des fonds dangereux. Éviter en tout cas de se laisser entraîner hors de portée radio (20/25 milles des côtes), la VHF restant le moyen le plus efficace de demander assistance si cela devient nécessaire (canal 16).
Au large, la recherche de la panne devient la priorité. Si l'on a affaire à un problème d'alimentation sur diesel (ce qui peut se produire par mer agitée, quand un fond de réservoir pollué est brassé avec l'ensemble du carburant et colmate les filtres), il est alors inutile de vouloir relancer au démarreur. Au contraire, moins on aura asséché la tuyauterie d'alimentation, et plus vite elle sera réamorcée. Il existe des signes précurseurs : le moteur n'atteint pas le régime maximum ou accuse des variations de régime.
Après nettoyage, on devra remonter le filtre rempli de gazole et compléter le gavage des tuyauteries par la pompe de réamorçage (avec la vis de purge desserrée pour éliminer toute bulle d'air).
Quand des boues sont arrivées jusqu'aux tuyaux d'injecteurs on peut se voir obligé de les déposer pour les nettoyer.
Il arrive qu'on ne parvienne pas à se dépanner, ni à héler un bateau de passage pour avoir une remorque, que la nuit tombe, que le temps se gâte ou qu'on craigne d'inquiéter ses proches (le téléphone portable est bien utile pour rassurer en cas de retard important). Il arrive donc qu'on soit contraint, après avoir épuisé toutes les solutions du bord, de demander de l'aide extérieure.
On lance alors un appel sur VHF canal 16. Préparer cet appel qui n'a pas un caractère d'extrême urgence. Il commencera par PAN, PAN, PAN, (et non pas MAY DAY qui indiquerait que vous êtes sur le point d'évacuer le navire) suivi du nom du navire et de sa position.

Précisez ensuite vos besoins et tout ce que vous pourrez donner comme indications pour faciliter votre repérage. Donnez le sens et la vitesse de votre dérive, la visibilité sur la zone, etc.

Préparez une remorque à passer au remorqueur, manillez cette remorque sur la chaîne d'ancre. On pourra ainsi donner de la souplesse à la remorque en filant la chaîne autant que nécessaire.

Il est toujours préférable de passer sa propre remorque au remorqueur.

Nota : si vous prenez la remorque d'un pêcheur, il vous passera un filin d'acier gros comme le pouce, qui vous abîmera tout à bord et que vous ne pourrez même pas larguer en cas de nécessité.

16. Le mauvais temps

LA STABILITÉ

Avant de parler de navigation dans des conditions difficiles, il faut évoquer les causes et les limites de la stabilité d'un navire.

■ La stabilité transversale

Elle vient contrer la tendance au chavirement provoquée soit par les coups de mer latéraux, soit par le roulis du bateau, ou les deux conjugués. Cette stabilité est la plupart du temps issue d'une largeur importante et d'un bouchain presque carré. On voit sur le dessin ci-dessous le couple de redressement obtenu par l'action conjuguée du déplacement du centre de carène et du poids dans un coup de roulis.

Couple de redressement transversal.

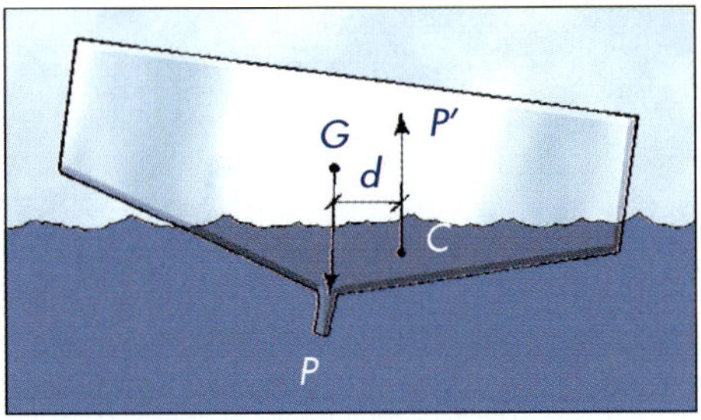

Le rappel de formes serait très brutal sur un bateau à bouchain carré. Le couple de redressement est fonction du poids et du bras de levier « d » (lui-même lié au déplacement latéral du centre de carène).

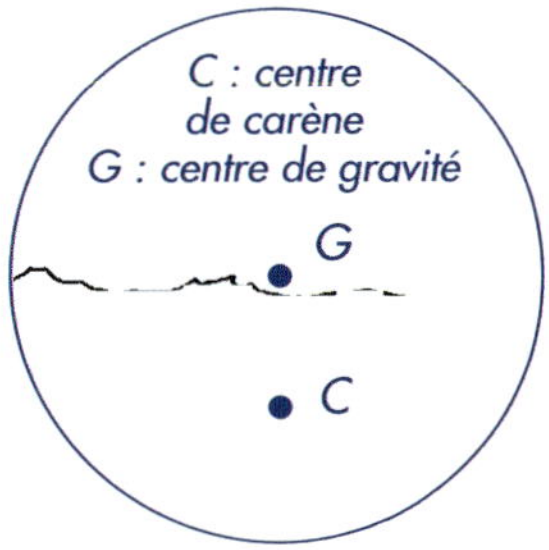

Une poutre cylindrique n'a aucune stabilité latérale.

Sur un bateau qui gîte, le centre de carène se déplace vers le bord gîté donnant un couple de redressement (P x d).

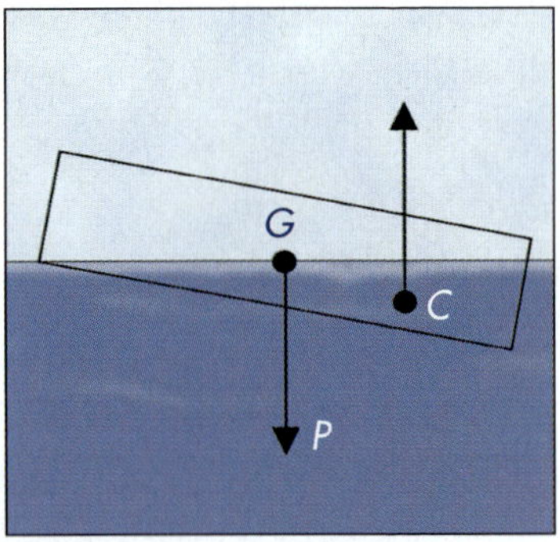

Une poutre de section rectangulaire est stable.

On a vu se développer récemment des excroissances au bouchain évoquant le catamaran. Cette tendance a ses limites et les carènes aux formes tourmentées donnent souvent de médiocres performances. De même, une stabilité transversale exagérée débouche sur une stabilité retournée qui n'est pas souhaitable (c'est le cas du catamaran). En tout état de cause, une petite unité de plaisance reste assez facilement chavirable. Ses superstructures, si elles sont étanches (capots fermés), participent à son redressement.

Rôle des superstructures.

Dans la mesure où elles ne sont pas envahies par l'eau, les superstructures aident au redressement. C, le centre de carène se déplace d'autant plus que le volume des superstructures est important.

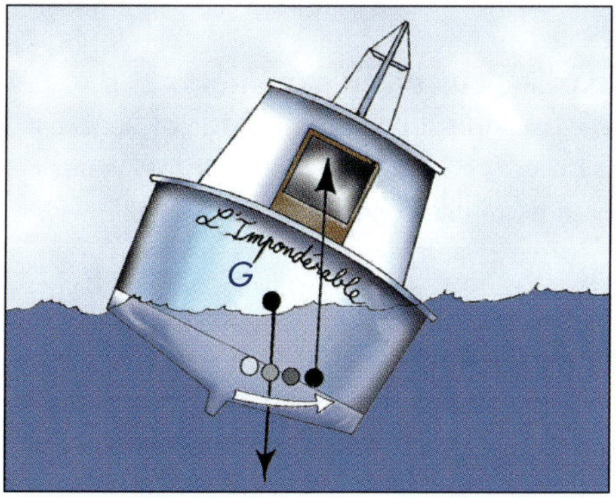

Le rôle du lest.

Plus le centre de gravité est bas, plus la stabilité est forte, plus le navire pourra subir des coups de roulis importants.

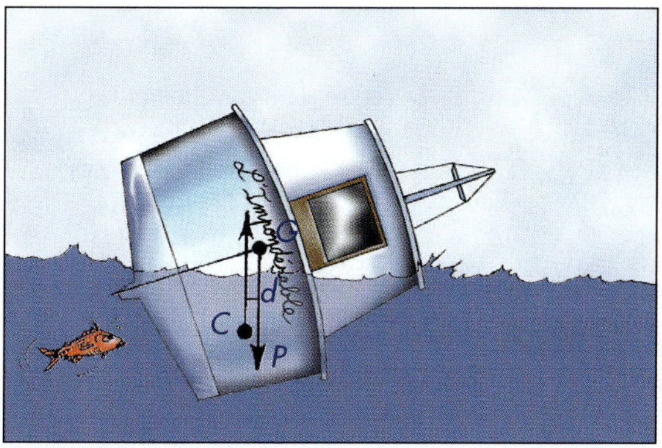

Si le centre de gravité est haut (lest insuffisant ou superstructures trop lourdes), G vient à droite de C et ***le navire chavire.***

Ce voilier dont le centre de gravité est en dessous du centre de carène C est dit ***autoredressable****.*

Un lest important, placé au plus bas, permet d'obtenir un navire auto-redressable, comme les bâtiments de sauvetage, les bateaux-pilotes ou la plupart des voiliers. Mais de tels navires peuvent aussi être roulés par une lame, même si la figure se termine dans le bon sens.

Le poids affectant beaucoup les performances, la stabilité de poids est généralement uniquement obtenue par le poids des moteurs, accessoires et réservoirs placés au plus bas du navire, à l'exclusion de tout lest sous la quille.

Embarquer des passagers supplémentaires n'augmente pas la stabilité, mais la diminue en élevant le centre de gravité.

Conclusion : le poids n'améliore la stabilité, que s'il est placé très bas, sous le centre de gravité (il abaisse ce dernier). Les superstructures importantes, légères, favorisent le redressement. Leur prise au vent diminue le roulis par fort vent de travers en « appuyant » le bateau comme la voile d'un voilier.

Excès de passagers.

Le centre de gravité initial G_1 modifié par le centre de gravité G_2 du personnel embarqué remonte le centre de gravité général et rend le navire dangereusement instable.

■ La stabilité longitudinale

Elle peut être affectée par une stabilité latérale exagérée. On se tient en principe, pour une coque de croisière, à un rapport longueur/largeur voisin de 3. Mais on rencontre souvent des coques où ce rapport est de 2,5. Ces carènes sont dangereuses par grosse mer de l'arrière surtout si les formes avant sont pincées et peu porteuses, car elles peuvent enfourner l'avant et se trouver brutalement freinées quand l'arrière est soulevé par une lame. On peut alors passer cul par-dessus tête et « sancir », c'est-à-dire chavirer par l'avant.
La longueur doit donc rester suffisante, même si une motorisation puissante permet de naviguer déjaugé en permanence. On ne peut plus naviguer ainsi quand la mer est très forte, car la conduite du bateau devient trop délicate et les chocs trop violents. On revient donc sensiblement à la vitesse de carène, la portance dynamique de la coque disparaît et les formes avant retombent dans l'eau. Rappelons aussi que l'efficacité des flaps diminue en même temps qu'on réduit la vitesse.
Il est très intéressant de déterminer quelle longueur de mer déplaît le plus à votre bateau, car les lames les plus hautes ne sont pas forcément les plus dangereuses, si elles ne déferlent pas.

■ Le centrage des poids

C'est un inconvénient majeur pour la tenue à la mer dans le gros temps, que d'avoir des poids importants dans les élancements (dans les extrémités du bateau). Ces poids, par effet pendulaire, accroissent le tangage, le bateau mouille plus et progresse moins bien dans la mer.
C'est le cas lorsqu'on tient dans le puits à chaîne des mouillages trop importants.
Si on a des mouillages de secours, il faut les stocker en soute (et amarrer les ancres). S'il devenait urgent de mouiller l'ancre « de miséricorde », on pourrait aussi bien le faire depuis le cockpit, à condition de mouiller au vent et d'avoir tourné l'aussière à l'avant en passant à l'extérieur de tout.

Poids dans les élancements.

*Moteur + équipements lourds + chaînes et ancres provoquent **tangage** et **instabilité** comme les boules d'une altère.*

Il en va de même pour les poids placés en abord (béquilles par exemple) qui accroissent et entretiennent le roulis.
On cherchera donc à centrer au maximum les poids et à les abaisser le plus possible, pour éviter d'entretenir, par leur inertie, les mouvements du navire. On améliorera du même coup sa stabilité et ses performances.

LE COMPORTEMENT À LA MER

Continuer longtemps à faire route, ou au contraire être rapidement obligé de dérouter pour s'abriter, ou encore mettre à la cape, dépend bien sûr du comportement du navire. Mais ce comportement ne tient pas aux seules qualités intrinsèques du navire, à sa stabilité initiale en particulier.
Le rapport longueur de la mer (espacement entre les crêtes) / longueur du bateau est une donnée essentielle, et, les mers courtes et hachées, sans être pour autant déjà dangereuses, peuvent rendre la vie très difficile à bord d'une petite vedette, qui s'accommoderait mieux d'une mer plus grosse.
La vitesse idéale en face d'une telle mer, n'est pas forcément la plus faible. Au contraire on peut trouver par tâtonnement, un régime où l'on passe assez vite d'une crête à l'autre pour que l'étrave ne retombe pas dans la mer. Tout est lié à la spécificité de la carène et à son adéquation avec la mer du moment.
Enfin, l'expérience du barreur, et son habileté à éviter une tête déferlante, ou à présenter l'arrière dans un rouleau, sont également déterminantes, et certains se tireront mieux d'affaire que d'autres, avec des bateaux identiques, parce qu'ils sentent bien le bateau et la mer et tirent le meilleur parti de leur matériel.

■ Le capitaine et l'équipage

Un capitaine responsable décide de poursuivre et d'affronter le mauvais temps pour des raisons sérieuses et mûrement réfléchies.
Un capitaine peu expérimenté aura souvent de la difficulté à apprécier les circonstances météorologiques et découvrira tardivement que la situation devient sérieuse. Il en éprouvera alors une crainte exagérée et pourra en arriver à demander assistance quand il pourrait encore facilement se tirer seul d'affaire. L'observation attentive du vent et de la mer doit être une préoccupation constante et forme le jugement. Il aura aussi le souci de son équipage, de sa qualification [1] et de son aptitude à étaler la mer. Le meilleur capitaine ne peut seul, faire face à des circonstances difficiles qui durent. Tous ces éléments font partie de sa décision. Il est seul responsable.

[1] *Il ne cherchera pas à poursuivre une navigation qui peut durer plus de 20 heures si personne d'autre que lui ne peut lire une carte, porter un point ou interpréter un radar.*

■ Le mal de mer

Il atteint pratiquement tout le monde, lorsque les conditions sont assez sévères. Il affecte en priorité les gens inquiets ou qui n'ont rien à faire.
Les premiers symptômes sont un mutisme et une apathie croissante puis un état somnolent et enfin des vomissements plus ou moins rapprochés.
Peu de médicaments sont efficaces, ils accroissent presque tous la somnolence ; le bracelet de caoutchouc avec une bille agit parfois. Dans tous les cas, allonger les personnes malades et les faire surveiller pour leur éviter la déshydratation par excès de vomissements.
On peut aussi « régler le quart » et faire participer chacun à son tour, même pour de courtes durées.
L'alimentation peut poser des problèmes. Avant que plus personne ne puisse le faire, préparer des nouilles ou du riz en quantité suffisante. Eviter les nourritures générant beaucoup d'acidité, certains fruits secs comme les abricots, ou les légumes à digestion lente comme les concombres ou les poivrons.

Rappel sur la sécurité : **l'homme tombé à la mer** n'a pratiquement aucune chance d'être récupéré, par gros temps. Ne laisser sortir que des gens équipés de brassières et harnais tenus par une ligne de vie (en particulier pour travailler sur la plage avant). La ligne de vie devra être suffisamment courte pour empêcher l'équipier de passer par dessus bord.

LES PRÉCAUTIONS GÉNÉRALES

Elles viseront à améliorer ou au moins à conserver les deux qualités essentielles du navire :
- **sa stabilité**
- **son étanchéité**

On fera à nouveau les vérifications qu'on a faites avant l'appareillage et en particulier, on contrôlera :
- le bon amarrage des objets lourds (ancres, béquilles, caisses à outils),
- l'étanchéité de tous les sabords, hublots, panneaux,
- le dégagement de toutes les évacuations d'eau,
- fermeture de toutes les vannes hors utilisation (lavabos, WC, évier),
- le ruban adhésif posé sur les ventilations de cabines ou toilettes, les bas de portes ou panneaux dont la médiocre étanchéité est connue,
- la bonne ventilation des moteurs, réservoirs et locaux à batteries,
- les pompes de cale,
- la saisie et la facilité du largage du radeau pneumatique ainsi que l'amarrage du cordon de déclenchement,
- l'état des fonds.

On quittera le Fly bridge pour la timonerie.

On montrera un grand calme au reste de l'équipage, car c'est le premier devoir du capitaine. Il n'y a d'ailleurs pas grand mérite à cela, car la puissance des moteurs, la fiabilité et la robustesse de conception des bateaux modernes leur assurent une grande sécurité et leur vitesse leur permet de sortir rapidement d'une zone de mauvais temps.

En effet, que l'on soit sur une vedette de 7 mètres équipée d'un 90 Cv, qu'on ne pourra pas pousser à plus de 8 à 10 nds dans une mer formée, où qu'on soit l'heureux propriétaire d'un luxueux yacht de 12 mètres avec deux fois 400 Cv dans la cale, qui passe encore à 20 nds dans un mauvais clapot, on ne sera jamais à plus de quelques heures d'un abri.

Pendant un temps si court, la mer peut devenir désagréable, mais il y a peu de risques qu'elle vous contraigne à mettre à la cape.

LE VENT

Il est à l'origine de tous nos maux. Il est donc important de savoir d'où il souffle et d'en apprécier la vitesse.

Le vent est visible sur la mer dès qu'il atteint 5 à 6 nœuds (10 à 12 km/h) et même plus tôt si on part d'une mer d'huile.

Un tel vent fait friser la surface de l'eau, créant des taches constituées de petites ondulations.

Il faut atteindre environ 15 nœuds pour en lire nettement la direction sur l'eau. Il se forme alors des zones frisées parallèles montrant nettement cette direction.

Si le vent se maintient ou fraîchit, il se forme alors, sur mer plate, des vaguelettes déferlantes à crête blanche : les « moutons ». Pour un vent stable à 15 nœuds, les moutons commenceront à se former au bout d'une heure ou deux près des côtes.

Si le vent fraîchit encore, la mer se forme et se creuse. La partie supérieure instable des crêtes, qui déferle et forme les moutons, augmente et la mer devient plus blanche. Cependant, elle reste « organisée » et les déferlantes sont parallèles puisqu'elles ont une seule et même origine : le vent.

Elle est donc plus facile à combattre qu'une mer désordonnée ses coups viennent de la même direction et attaquent le bateau de la même façon.

C'est **la mer du vent** qui se forme en l'absence de tout autre élément perturbateur, dans un bassin fermé, à faible courant, où la mer est généralement plate.

Elle sera de plus en plus forte et abrupte avec la durée et (ou) l'augmentation du vent mais restera régulière et organisée. Avec un vent établi à force 8 depuis plusieurs heures, on verra se former des traînées écumeuses parallèles au vent, entre les crêtes. Si le vent fraîchit encore, des paquets d'embruns voleront d'une crête à l'autre.

Les lames enfleront encore, mais leur hauteur sera limitée par la profondeur du bassin.

Par contre la partie déferlante pourra augmenter encore et c'est cette masse d'eau instable en crête de lame qui est dangereuse pour notre navire, par sa masse et sa vitesse.

La mer du vent.

LA HOULE

La houle existe sans vent. La houle au large n'est pas dangereuse. Même si sa hauteur est parfois impressionnante, ses sommets sont très arrondis et ses pentes sont douces. La houle seule provoque donc, au pire, un roulis gênant, si elle prend le bateau par le travers. Des houles de 7 à 8 mètres se rencontrent couramment, l'hiver, sur nos côtes Atlantiques. La vitesse de propagation de cette houle est de l'ordre de 18 nœuds (Cdt KERVILER *Manœuvre* Ecole Navale).

La houle devient dangereuse au voisinage de la côte lorsque les fonds diminuent. Elle déferle alors d'autant plus fortement qu'elle est haute.

Ainsi, un port dont l'entrée est encombrée de bancs ou de hauts fonds rocheux, peut devenir d'accès difficile, du simple fait de la houle, par vent parfaitement calme. C'est le cas d'Etel, de Bourgenay, ou de St Denis d'Oléron, pour ne citer que ceux-là. Les instructions nautiques du SHOM (Service hydrographique et océanographique de la marine) renseignent sur ces particularités.

■ Les houles croisées, le retour de houle

Dans les zones où la houle est renvoyée au large par des falaises abruptes, le retour de houle, en se composant avec la houle principale, peut donner une mer chaotique. Au large d'un cap élevé ou d'une île, des houles d'origines diverses peuvent s'entrecroiser pour donner une mer difficile. Cependant, en l'absence de vent, et sur des fonds suffisants pour éviter tout déferlement, la situation ne peut devenir dangereuse. Si, par contre, le vent souffle frais sur une telle zone, la mer y sera rapidement beaucoup plus dure qu'ailleurs.

■ Le clapot sur houle

C'est le cas le plus fréquent, en mer ouverte. C'est aussi le plus complexe. Une mer du vent est rare en mer ouverte. Le vent crée le plus souvent des vagues sur une mer parcourue de houles diverses. Les lames sont donc de hauteurs diverses et ne déferlent pas toutes de la même façon.

De plus, à l'approche d'un port, la remontée des fonds peut provoquer le déferlement de la houle donnant des lames dangereuses avec des vents seulement modérés (exemples : les Sables d'Olonne, la partie sud du grand chenal de Bénodet, etc.).

■ Les courants forts, la forme de bassin

Les choses s'aggravent aussi lorsqu'un courant fort s'oppose au vent. Le Raz Blanchard, au large de la Hague, en est l'exemple parfait par coup de vent de Sud Ouest et marée descendante. Même mer verticale semblant bouillonner sur place, à la sortie du raz de Sein, dans les mêmes conditions.

On admet généralement qu'un courant de 7 nœuds contre le vent, fait passer la mer de 5 à 7 mètres de creux, donnant des lames très abruptes qui déferlent dangereusement.

Enfin, par les courants qu'elle génère, les chenaux, goulets et hauts fonds qu'elle recèle, la forme d'un bassin peut aussi provoquer localement des mers très dures (généralement dans des zones rétrécies ou de convergence de courant).

■ Le fetch

Bien que cette notion ne concerne que le grand large, on peut en dire un mot pour compléter ce qui précède.

Le fetch est la distance parcourue par la houle et le vent sans rencontrer d'obstacles. On a vu plus haut qu'une mer du vent ne pouvait exister que dans un bassin relativement abrité : la baie de Quiberon par exemple, les fonds de 15 m y limitent rapidement la hauteur des lames, en même temps que les îles qui l'entourent la protègent de houles extérieures. Au contraire lorsque la mer est largement ouverte aux vents et à la houle, comme dans les quarantièmes sud, sans aucun obstacle sur des milliers de milles, la houle et les lames deviennent énormes.

Le tableau ci dessous, permet, en fonction du vent, de sa durée, et du fetch, de prévoir la hauteur des lames.

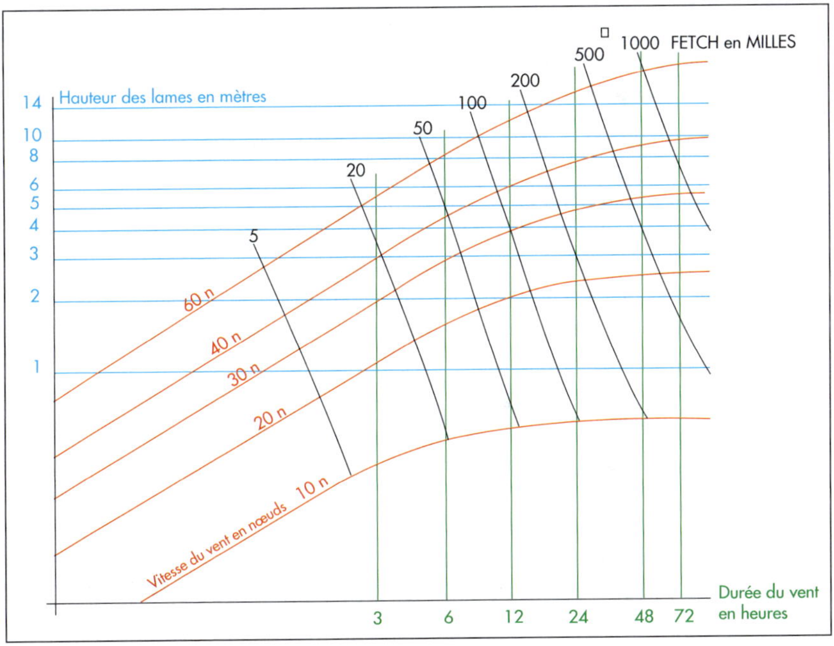

Notons cependant que sur des mers ouvertes, à grands fonds, et constamment parcourues de grandes houles, le clapot met beaucoup plus de temps à se former que près des côtes. Il faut croire que l'effet des longues houles soustrait régulièrement l'eau à l'action du vent (lorsqu'elle est dans les creux) et qu'ainsi son action est ralentie. Ceci étant valable pour les régions où le temps est généralement beau, comme la zone des Alizés en Atlantique.

LES CONDUITES À TENIR

Malgré l'abri de la timonerie, le capitaine doit sentir le temps changer. Il peut y être fortement aidé par la connaissance des prévisions météo, qu'il aura à cœur d'entretenir.

En zone côtière, la veille du canal 16 en VHF permet de recevoir les BMS (bulletins météo spéciaux) qui sont diffusés toutes les heures en cas d'aggravation prochaine.

En haute mer, la BLU (bande latérale unique) permet de recevoir nombre de bulletins français et étrangers. De même, *Radio France international* émet tous les jours à 11 heures (GMT) des bulletins pour le large (de l'Europe aux Canaries et aux Antilles).

Les Navtex offrent les mêmes services sans astreindre à l'écoute, puisque le texte s'affiche sur un écran mais on ne le reçoit que dans une large bande côtière. On obtient par le même moyen les avis urgents aux navigateurs (AVURNAV) pour la zone. Ces données sont stockées en mémoire et peuvent être relues à tout instant (par exemple, avant de prendre son quart).

Trois options s'offrent au capitaine face à une forte aggravation météo :
- soit il décide de poursuivre vers sa destination initiale même s'il faut s'adapter à la situation, par exemple en réduisant la vitesse,
- soit il se déroute vers un port proche ou mieux abrité. C'est une décision qui doit être prise avec beaucoup de sérieux et de sens marin. Un bon capitaine aura préparé une telle éventualité, il connaît les axes d'approche et les grandes lignes des plans des ports retenus comme déroutement. Il ne déroutera pas vers un port sous le vent si ses abords sont dangereux.
- soit la mer est devenue tellement difficile qu'on ne peut plus faire route et il faut mettre à la cape et tenir (sans se faire jeter sur des dangers).

FAIRE ROUTE DANS LE MAUVAIS TEMPS

Tant que la mer reste maniable, il faut impérativement faire route vers l'abri choisi. Très généralement, on l'atteindra en 2 ou 3 heures de lutte contre un gros clapot, et cela fera des histoires à raconter au bar du club-House.

Le comportement varie avec l'allure par rapport à la mer :

■ Mer sur l'avant du travers

C'est le cas le plus inconfortable, mais le plus sûr.
On subit à la fois le roulis et le tangage les plus forts, mais on voit les lames venir, et l'on peut réagir aussitôt.
C'est la route qu'on tiendra généralement pour rejoindre une côte « au vent » qui recèle les meilleurs abris dans ces circonstances.
La vitesse aura été réduite pour éviter les vibrations d'hélice et les impacts trop brutaux dans la mer. En conséquence, on arrivera peut-être de nuit, d'où l'intérêt d'une bonne préparation et d'une documentation suffisante et tenue à jour.
En Manche, ou dans des ports peu profonds, on devra refaire le calcul de hauteur d'eau pour la nouvelle heure d'arrivée.

■ Mer du travers

La vitesse importe peu par mer du travers et on peut bien souvent se tenir assez près de la vitesse de croisière optimum. C'est une sécurité, car le bateau étant bien manœuvrant, on peut le lancer dans le vent si la nécessité s'en fait sentir.
Le vent fort, s'il est avec la mer, appuie le bateau mais ne constitue pas un danger réel, car il augmente le franc bord du côté où arrive la mer et il diminue le roulis.
Si un roulis marqué subsiste, il faut craindre qu'il vienne à se synchroniser avec la mer, ce qui en aggraverait beaucoup les conséquences et pourrait faire atteindre le point de chavirement. Faire des embardées, quand on le peut, pour éviter ce synchronisme (voir le dessin page 43 « Roulis synchrone »). Les limites d'une telle allure surviennent quand le roulis devient trop impressionnant.

■ Mer de l'arrière du travers

C'est l'allure qui demande le plus d'expérience et d'habileté dans la conduite du navire. Elle est rapidement dangereuse pour un néophyte qui laisse le bateau partir « au lof » (vers le vent). En effet, ne voyant pas arriver les lames, il réagit toujours avec retard à la barre et aggrave l'embardée.
La conduite du navire doit se faire debout, en prenant le rythme de la mer qu'on sent dans les jambes, et le coup de barre part juste au moment où la hanche se soulève. Il est préférable, quand on le peut, de faire route avec la mer plein arrière, on part alors dans des « surfs » superbes à plusieurs nœuds au-dessus de la vitesse maximum.
La limite à cette allure est l'embardée sous la poussée d'une lame qui prend alors par le travers et peut coucher le bateau au fond du creux. Si l'on vient à être drossé sur la lame précédente, le choc sera très brutal et l'on peut s'attendre à des avaries graves, vitres latérales brisées, entrées d'eau. On peut prolonger cette allure en filant des traînards qui stabiliseront la route (voir « La fuite », page 275).

A LA CAPE

Enfin, ça se gâte vraiment, on ne peut plus faire route, il faut mettre à la cape.[1]
Cependant, il y a peu de risques d'en arriver là, en navigant à quelques heures d'un abri.

Dès lors qu'on ne peut plus faire route, se pose le problème du carburant. Etaler, même sur un seul moteur au quart de son régime, consomme environ le dixième du carburant utilisé en une heure de croisière rapide.

Sur une vedette moyenne, on n'a guère que 200 milles d'autonomie (ce qui est un peu court), on aura du mal à trouver en cours de croisière de quoi étaler même au ralenti, pendant 30 ou 40 heures.

■ La cape traditionnelle

Il faut parfois se méfier des traditions. Cette cape est la cape des voiliers, mais sans l'appui de la voilure qui annule le roulis, et sans le remous d'une quille importante qui aplatit la mer. Elle se prend à 30 à 45° de la mer et du vent et présente l'inconvénient, pour le navire à moteur de cumuler encore une fois roulis et tangage maximum.

L'intérêt est qu'on surveille bien la mer et qu'on est manœuvrant. Les seuls navires capables de tenir cette cape sans moteur sont les navires « à déplacement » équipés de voiles de tape-cul (*Grand Bank, Island Gipsy*, etc.)

Tous les navires à coque planante ou semi planante devront s'aider du moteur pour tenir cette cape et ne pas trop dériver. Réduire les moteurs au minimum, mais pas trop, pour ne pas tomber en travers en sommet de crête, quand on est repris par le vent.

■ La cape bout à la mer

Elle consiste à tenir au moteur, face à la mer, pour ne supporter que le tangage. On ne dérive pas, on est manœuvrant, on voit parfaitement l'évolution du temps, on mouille beaucoup mais on n'embarque pas, on doit être très attentif et prêt à moduler le régime moteur (augmenter face à la lame, réduire derrière), c'est la seule manœuvre possible au vent d'une côte dangereuse.

Le tangage est violent, la visibilité réduite, le régime moteur (et la consommation) ne sont pas au minimum. Enfin l'expérience et les mathématiques montrent que la vitesse minimum n'est pas la meilleure et ceci est très intéressant à savoir si l'on a besoin de gagner « au vent ».

[1] *Il est évident que toutes les situations intermédiaires sont possibles. On peut continuer à faire route à très petite vitesse pour atténuer les chocs avec la mer. A un certain moment, la progression devient tellement faible que cela ressemble à une cape.*

■ La cholle ou choule

Stoppé en travers à la mer, cette pratique des chalutiers boulonnais ou fécampois, s'entend par vent violent où le fardage du navire est tel que les superstructures agissent comme une voile et limitent le roulis en provoquant une gîte sous le vent. La forte dérive en travers de ces lourdes coques aplatit la mer au vent. Votre bateau est peut-être adapté à cette cape. Attention ! La sécurité venant du **remous de dérive**, cette manœuvre n'est pas à confondre avec « faire route avec la mer par le travers ».

Peu de bateaux modernes sont adaptés à cette cape car ils manquent d'appendices et de poids.

■ La fuite

Avec beaucoup de place sous le vent, c'est une allure attirante et grisante à la fois, car le navire plein vent arrière peut accélérer dans des « surfs sauvages » où il dépasse sa vitesse limite. Le risque, moins grand qu'avec la mer sur la hanche, reste d'engager en partant « au lof », voire d'être roulé par une lame (comme on l'a vu plus haut).

Dans le but de ralentir et de stabiliser le navire, il peut être intéressant de filer par l'arrière, un ou deux « traînards », gros cordages amarrés à un dispositif à forte traînée. Une ancre flottante est l'idéal.

Ne pas rallier ainsi un port proche mais sous le vent et qui ne serait pas praticable par ce temps, car on se retrouverait à capeyer immédiatement au vent d'une côte dangereuse.

■ Les cas extrêmes : l'ancre flottante

Quand c'est vraiment très mauvais et que le carburant se fait rare, il faut durer, en limitant la dérive, moteurs coupés.

La solution consiste à immerger par l'avant, une ancre flottante lestée, ou, à défaut un dispositif ralentisseur qui peut être constitué d'un aviron, de paquets de cordages, défenses ou autre qui freineront la dérive du navire et lui permettront de faire face ou d'épauler la mer.

Ce dispositif est immergé après avoir été solidement amarré sur la chaîne de mouillage dont on file 25 à 50 mètres selon les fonds.

On peut corriger l'angle de tire, en rappelant ce dispositif par un bout venu de l'arrière comme on le fait pour embosser sur une seule ancre (voir page 105).

Il n'y a plus qu'à attendre que cela s'arrange. Organiser la veille, le repos, l'alimentation. Allonger les malades sur le côté si leur état est grave. Faire la chasse aux entrées d'eau, surveiller les fonds, assécher, veiller à l'économie des batteries, pointer les positions et contrôler la dérive, prendre les bulletins météo… Etaler, ça finira bien par passer.

Les ancres flottantes.

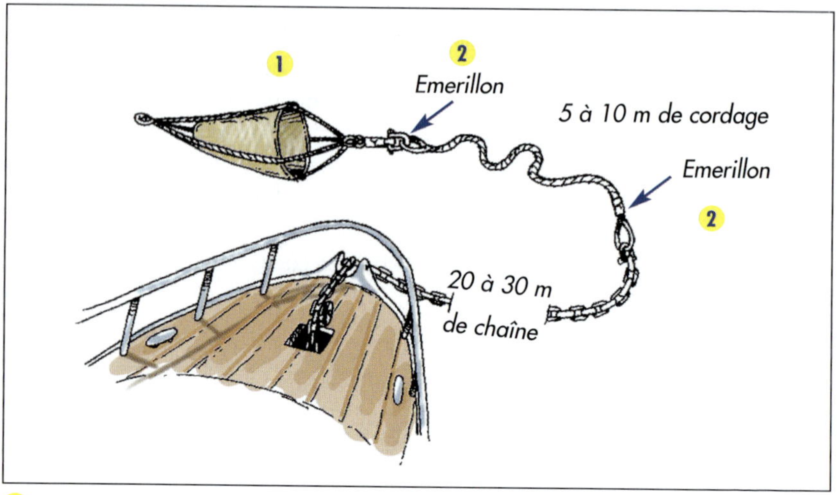

1 *L'ensemble doit être robuste mais pas plus qu'un mouillage compatible avec le bateau.*

2 *Des émerillons doivent être interposés pour éviter tout vrillage qui détruirait la ligne.*

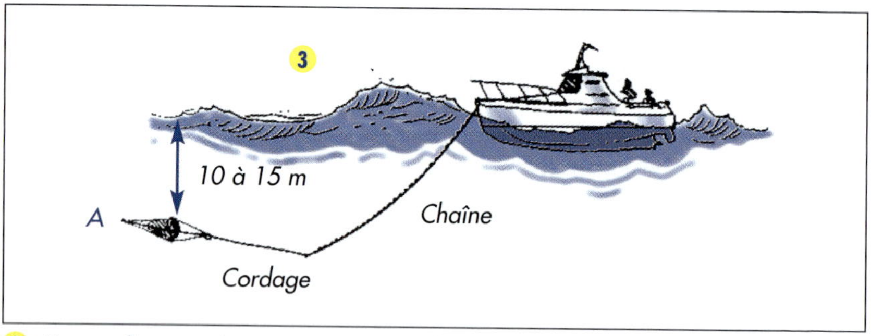

3 *L'ancre flottante doit être immergée suffisamment pour être efficace. Certains suggèrent une ligne de relevage en A, cela complique inutilement et de plus, elle a toutes les chances de s'emmêler.*

17. Manœuvrer au radar

Quand la visibilité est devenue tellementt médiocre que vous ne pouvez plus progresser qu'au radar, vous comprendrez l'utilité qu'il y a, par temps clair, à s'entraîner à l'usage de cet appareil.
Outre les réglages : Brillance, Gain, Échelle, Tune, Rain Clutter, Sea Clutter[1] qu'il faut savoir utiliser (dans cert ordre) pour obtenir la meilleure image, vous devrez aussi apprendre le paysage radar « des parages fréquentés pour y reconnaître les obstacles » comme sur une carte. Cela suppose une bonne habitude de cette image, comparée fréquemment au paysage réel. La solution est d'avoir le radar en route dès que vous appareillez.
De plus, le réglage n'est faisable que dans un environnement comportant des échos et il vaut mieux le faire dans un paysage connu. Le brouillard vous surprenant en haute mer, il se pourrait qu'il n'y ait pas de cibles pour faire votre réglage, ce dernier serait alors approximatif, voire dangereux.

■ Par mauvaise visibilité, d'abord réduire la vitesse

Dès que la visibilité diminue gravement, **réduire la vitesse à 5 nœuds**. Charger un équipier d'effectuer les signaux sonores (vous serez assez occupé par ailleurs). Renforcer la veille visuelle, surtout sur l'avant et en abord.
Si le radar est en route ou en veille (sinon il faudra attendre de 1 min 30 s à 3 min), affinez le réglage pour la nouvelle luminosité. Si vous êtes entre Houat et Belle-Île au mois d'août, vous allez recevoir 40 échos sur votre radar. Quelle sont leurs routes ? Leurs vitesses ? Font-ils avec vous une route de collision ? Comment les éviter ? Voilà les questions posées.

■ Route et vitesse stabilisées, établir un cercle de garde

Dans un premier temps, prenez une route bien stable à 5 nœuds vers votre destination afin que les navires qui vous voient au radar puissent apprécier votre trajectoire et manœuvrer si c'est à eux de le faire.
Définissez un cercle de garde par exemple, 1/4 de mille de rayon autour du navire. Tout écho entrant dans cette zone déclenchera une alarme. Ainsi, vous n'aurez qu'à traiter les échos proches et éventuellement menaçants. L'échelle peut être aussi réglée pour que des cercles de distance soient espacés de 1/8″ de mille. Les performances du radar seront meilleures ainsi.

[1] *Brillance : si elle est insuffisante, l'écran est noir ; régler suivant la luminosité ambiante.*
Gain : sensibilité (si on en met trop, des échos fictifs blanchissent tout l'écran).
Échelle : en fonction de l'usage, anti-collision, pilotage ou navigation.
Tune : accord d'antenne ; c'est un réglage essentiel, qu'il faut corriger quand on change d'échelle.
Sea Clutter : ou « retour de mer ». C'est l'écho des vagues qui blanchit le centre du radar ; il est fonction de l'état de la mer. Si on l'atténue trop, on supprime les petits échos.
Rain Clutter : atténue les échos de pluie en ne gardant que le front de pluie ; permet de « voir » derrière un grain.

Vous pouvez également construire un secteur de garde vers l'avant. Cette technique est plutôt celle d'un navire possédant un radar évolué qui fait apparaitre les routes et vitesses des échos. Cet équipement permet de garder une bonne vitesse. (Les radars professionnels calculent même la correction de route à effectuer éventuellement).

■ Pointer les échos dangereux, activer la fonction Echo Trail (Sillage d'écho)

En principe, les échos dangereux sont sur l'avant, mais avec vos 5 nœuds, il y aura des rattrapants (le danger viendra aussi de l'arrière), car certains navires conservent une vitesse élevée, et c'est pourquoi le cercle de garde est sûr.

Rappelez-vous que vous êtes au centre du radar, **tout écho qui se dirige nettement vers ce centre est en route de collision avec vous**.

L'Echo Trail (sillage d'écho) laisse une rémanence, ressemblant à une queue de comête. Ceci permet d'apprécier la trajectoire et, en la prolongeant, de voir si elle se dirige vers le centre du radar. Quand l'alarme se déclenchera, vous saurez dans quelle direction est le navire dangereux et vers où diriger la veille à vue et les signaux sonores[1].

Il vous restera 400 m pour décider de la manœuvre, mais cela ne fait **guère plus d'une minute de temps**, si la vitesse de rapprochement est de 12 nds.

La veille méthode du pointage au crayon gras faite à des intervalles de temps réguliers apporte un renseignement supplémentaire, celui de la vitesse de rapprochement ; encore faut-il avoir le temps de la calculer ou de « l'estimer » (voir croquis page 280).

Quelle que soit la méthode, le tracé de cette trajectoire permet d'apprécier à quelle distance minimale l'écho va passer du centre du radar (et de vous), et s'il faut manœuvrer ou non.

Nota : il est clair qu'un écran qui n'est pas immédiatement sous l'œil du pilote perd beaucoup de son intérêt, car il faut alors un autre équipier (compétent) pour apprécier le risque d'abordage et celui qui est à la barre n'a pas une vue d'ensemble de la situation surface.

[1] **Attention :**

*- Si le radar est **stabilisé en azimut** (le Nord est en haut de l'écran et l'image ne bascule pas quand vous virez) à vue, vous rechercherez les échos au compas de relèvement, suivant les directions lues sur l'écran par rapport au Nord.*

*- **Si le radar n'est pas stabilisé**, la ligne de foi (vers le haut et dans l'axe de l'écran) est l'axe du navire. Le paysage radar bascule à gauche quand vous virez à droite, comme le paysage réel. Les directions des échos sont alors indiquées par rapport à l'axe du navire. Un écho en haut, à droite, est sur l'avant droite. Un écho tout en bas dans l'axe de l'écran est juste derrière vous. Cela ne veut pas dire qu'il est dans le Sud, comme c'eût été le cas avec un radar stabilisé (si on fait route au Sud, il est au contraire dans le Nord).*

Radar « Nord en haut » (stabilisé) : les directions des échos sont des relèvements.
Radar non stabilisé (cap en haut) : les directions des échos sont des gisements.

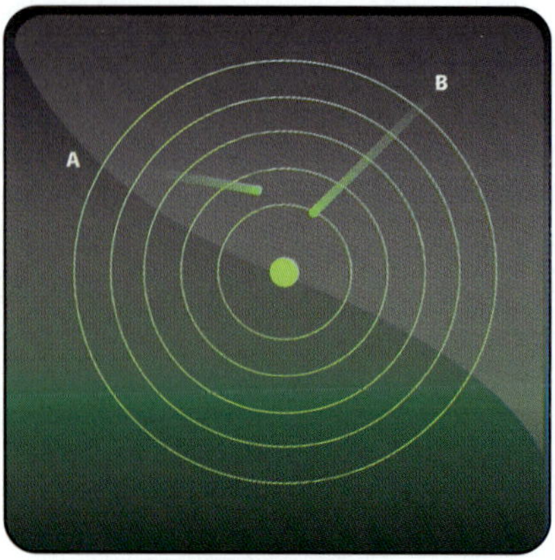

Echo Trail.
On « apprécie » la trajectoire.

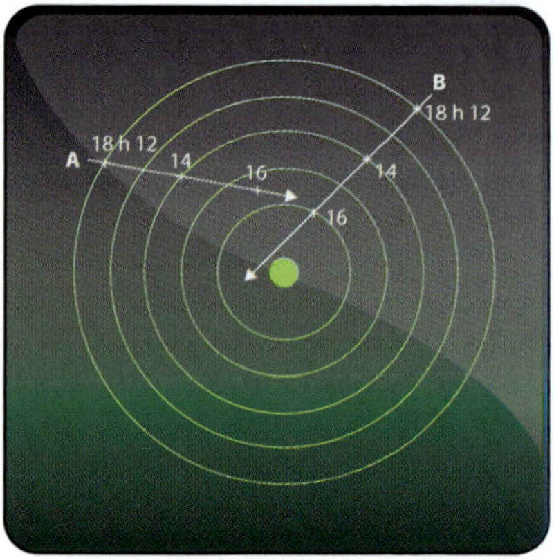

Pointage.
Plus astreignant, mais vous voyez ici qu'il faut manœuvrer avant 18 h 18 pour l'écho « B ».

■ La manœuvre

La manœuvre est fonction du secteur par où arrive l'écho (ou les échos) qui vous inquiète(nt). La règle de barre n° 19 détermine la conduite à tenir « quand-des-navires-naviguent-sans-être-en-vue-les-uns-des-autres » (la connaissance et le respect de ces principes sont très importants pour la sécurité dans la brume).
Il ressort de la règle 19 qu'une manœuvre pour éviter un abordage doit être, sauf exception, **entreprise vers la droite**.

Les deux exceptions sont les suivantes :

1. Quand l'écho qui est entré dans votre cercle de sécurité (par exemple, en haut à droite), est un navire que vous rattrapez (il y entre à reculons en quelque sorte, car tout ceci est du mouvement relatif), il est évident qu'une manœuvre à gauche constitue un moindre changement de route et c'est mieux pour tout le monde (plus une situation surface est « stable » et plus elle est facile à suivre).

Venir à Gauche déroute moins que de venir à droite pour ce « rattrapé ».

2. Quand l'écho vient par le travers droit ou sur l'arrière du travers droit, car alors la manœuvre à droite vous rapprocherait de lui.

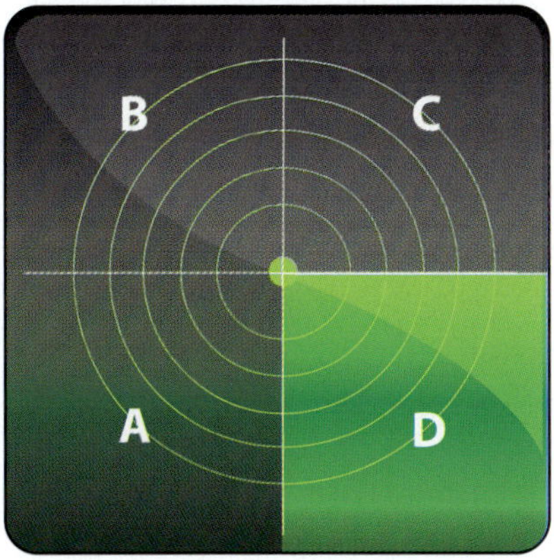

Pour tout écho dangereux des secteurs A, B ou C, manœuvrez à droite ; pour un écho du secteur D, venez à gauche ou stoppez.

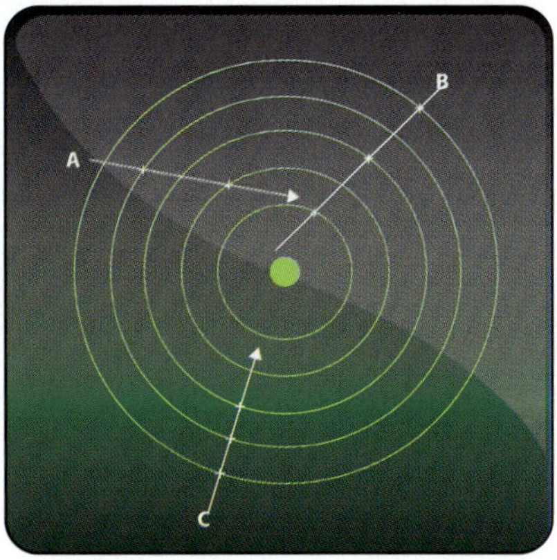

A n'est pas dangereux ; venez à droite pour B ; C est rattrapant et devrait manœuvrer, à surveiller surtout si l'écho est gros.

Dans la situation d'après-midi d'été évoqué ici, le danger vient des gens qui gardent trop de vitesse sans pour autant bien maîtriser la situation, parce que leur matériel ou leur accoutumance sont insuffisants.

Les navires à passagers (qui sont tenus à des horaires) pourront vous faire de belles frayeurs en arrivant sur votre arrière. Sachez que si vous voyez bien leur gros écho, eux ne voient peut-être pas bien le vôtre... quand à vos signaux sonores ; et pourtant ils devraient manœuvrer, étant rattrapants !

18. Annexes

CHECK LIST type d'une vedette de 6 à 9 m
(à modifier pour l'adapter à votre propre navire)

■ Les manœuvres standard

La mise en route
- Ouvrir la vanne d'arrivée d'eau.
- Etat des fonds.
- Niveau d'huile.
- Contact batterie.
- Ouvrir robinet de gazole.
- Débrayer, mettre un peu de gaz.
- Démarreur.

Après le démarrage
- Pression d'huile établie.
- Débit d'eau de refroidissement.
- Réchauffer à 1200 t/mn.
- Essai d'inverseur GPS, VHF, radar, essuie-glaces, corne, pompe de cale.

De nuit
- Eclairage instruments.
- Feux de route.
- Eclairage compas.
- Essai projecteur.

Les documents - La sécurité
- Titres du pilote, permis, CRR
- Acte de francisation.
- Livret du radeau de sauvetage.
- Licence radio.
- Cartes et instructions nautiques.
- Textes réglementaires, annuaire des marées, etc. ou *L'Almanach du Marin Breton* ou les guides Chagnon *Escales*, règle de navigation, etc.
- Sécurité complète vérifiée.

L'arrêt moteur

- Gaz au ralenti, hélice débrayée.
- Etouffoir jusqu'à l'arrêt moteur.
- Couper le contact.
- Couper la vanne d'eau, celle de gazole.
- Couper les équipements : GPS, sondeur, radar, etc.
- Couper le contact général.

Avant de débarquer

- Matériel et pavillons rentrés.
- Portes et sabords fermés ou en ventilation.
- Amarrage vérifié.

LE PROPULSEUR D'ÉTRAVE (BOW THRUSTER)

■ Description

Le propulseur d'étrave est constitué d'un tunnel, posé en travers de l'étrave d'un navire, contenant une ou deux hélices mues électriquement ou hydrauliquement.
Ces hélices tournent dans un sens ou dans l'autre provoquant une poussée transversale sur l'avant du navire.
Certains modèles sont rétractables, ce sont les plus faibles. Les modèles les plus puissants sont hydrauliques.
On trouve sur le marché des puissances qui varient de 23 kgf à 600 kgf, un navire inférieur à 20 mètres se contentera d'une puissance inférieure à 250 kgf.
Les principaux constructeurs sont VETUS®, VOLVO®, SLEIPNER®, CELTIC®, LEWMAR®, VOSPER®, KORT®, etc.
L'hélice du propulseur possède des pales à profil biconvexe pour être d'efficacité identique dans un sens et dans l'autre. Certaines de ces hélices sont réalisées en composites. Cela ne constitue pas une solution miracle car d'autres éléments, boîtier de transmission ou autre sont métalliques et nécessitent la pose et l'entretien d'anodes.
Enfin, certains fabricants utilisent deux hélices contra-rotatives (VOLVO®) pour un meilleur rendement dans les puissances élevées.

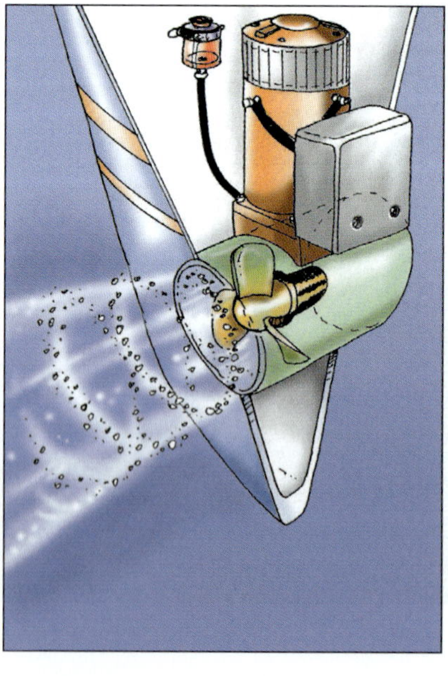

■ Son rôle

Que peut-on attendre d'un tel dispositif ?
Comme on l'a vu plus haut, à basse vitesse, ou stoppé, ou encore lorsqu'on bat en arrière, l'étrave du navire tend à tomber sous le vent pour rejoindre la fameuse position d'équilibre qui se situe généralement travers au vent.
Le propulseur d'étrave doit permettre de contrer cette tendance et même de remonter l'étrave vers le vent.
Mais l'effet du vent peut être considérable. Il s'applique sur l'ensemble des surfaces émergées. Son action est fonction :
- de leur superficie,
- de leur forme,
- de la position du centre de poussée.

Le couple à virer (à abattre) varie donc beaucoup d'un navire à l'autre pour un vent identique. Enfin, la vitesse d'abattée est aussi fonction de la résistance de carène, (tirant d'eau, coque lisse ou à ailerons) et de la position de l'axe de pivotement de la carène par rapport au centre de poussée du vent, ce qui détermine un bras de levier plus ou moins grand.
Sur une surface plane d'un mètre carré qui se présente perpendiculairement à sa trajectoire, un vent de 10 nœuds (force 3) exerce une pression de 2 kgf, mais cette pression est fonction du carré de sa vitesse. Un vent de 20 nœuds exerce une pression de plus de 7 kgf quand on atteint 28 kgf pour un vent de 40 nœuds (force 8 ou coup de vent).
On voit qu'un propulseur, même puissant, ne peut être le remède à tous les maux du manœuvrier, et qu'un vent fort ou un courant traversier supérieur à 1,5/2 nœuds poseront toujours de graves problèmes.

■ Les éléments du choix d'un propulseur

Si vous décidez d'améliorer la manœuvrabilité de votre navire par l'installation d'un propulseur d'étrave, sachez qu'il s'agira là d'une dépense importante. Au prix de l'appareil lui-même s'ajouteront celui de l'installation, souvent complexe et sans doute celui de batteries de capacité plus importante pour faire face à la consommation du moteur du propulseur.
Si le propulseur est hydraulique, il suppose la présence à bord d'un générateur de pression hydraulique suffisant.
Les propulseurs du marché fournissent entre 5 et 15 kgf de force de propulsion transversale par kW de puissance du moteur installé. La puissance du moteur n'est donc pas une bonne référence (sauf pour établir un bilan électrique).
Il faut au contraire prendre en compte principalement la poussée en kgf de l'appareil.

Une approche sommaire du calcul d'un propulseur d'étrave peut s'établir comme suit.

- Déterminer la superficie de la surface transversale exposée au vent. C'est possible avec un plan ou une photo réalisée après avoir posé des repères de dimensions sur les superstructures.
- Déterminer le centre de poussée sur cette surface. C'est plus délicat mais on peut trouver sur quel axe vertical il se situe.

Un jour de grand vent, **on cherche le point d'amarrage** où le bateau reste parallèle au quai, travers au vent, tenu par une seule amarre. La traction du cordage passe par cet axe.

De la même façon, on recherche l'axe de pivotement de la carène travers au courant. La distance entre ces deux axes donne le bras de levier avec lequel s'applique la poussée du vent sur les superstructures.

Surfaces exposées au vent.

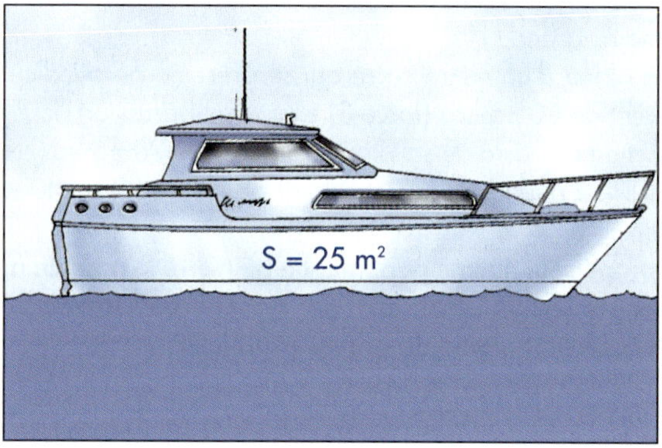

Axe de poussée sur la superstructure déterminé dans le vent (avec courant nul).

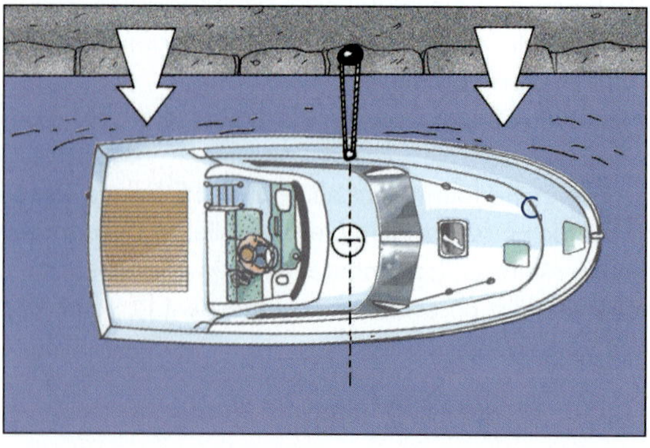

Axe de poussée sur la carène déterminé ans le courant (avec vent nul).

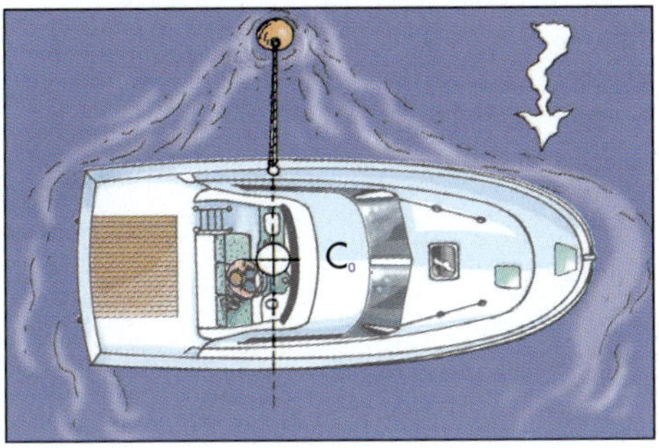

Rechercher le point d'implantation possible du propulseur.
Implanter le propulseur très à l'avant augmente le bras de levier donc l'efficacité, mais diminue la longueur du tunnel et en même temps le rendement. Cette longueur ne doit pas être inférieure à deux fois le diamètre de l'hélice.
Le bord supérieur du tunnel doit être, aussi, à au moins une fois son diamètre sous la flottaison.

■ Utilisation courante

Le propulseur d'étrave est un gouffre à énergie électrique. Le temps d'usage en continu est de l'ordre de 30 secondes, et doit être respecté pour éviter un échauffement excessif des conducteurs et accessoires. Cependant, de trop courtes impulsions sont à éviter pour des raisons d'inertie. Le propulseur s'utilise donc stoppé ou à très faible vitesse - quand justement le gouvernail perd son efficacité - et par impulsions de 5 à 6 secondes.
Enfin, ne vous rendez pas trop dépendant de cet équipement par un usage systématique, car il arrivera bien un jour où il refusera tout service pour avoir avalé un cordage ou grillé un fusible.

Installation d'un propulseur d'étrave.

NOTES

Toutes les manœuvres du bateau à moteur - 3e édition
Imprimé en Espagne
Dépôt légal : janvier 2007
ISBN N° 978-2-85725-534-5